中文表达技巧丛书

能说会道

说话的艺术

（修订版）

吴礼权 著

暨南大学出版社
JINAN UNIVERSITY PRESS

中国·广州

图书在版编目（CIP）数据

能说会道：说话的艺术（修订版）/吴礼权著. —广州：暨南大学出版社，2014.1（2014.9 重印）
（中文表达技巧丛书）
ISBN 978 - 7 - 5668 - 0715 - 1

Ⅰ.①能… Ⅱ.①吴… Ⅲ.①口才学—通俗读物
Ⅳ.①H019 - 49

中国版本图书馆 CIP 数据核字（2013）第 181045 号

能说会道：说话的艺术（修订版）
著   者 吴礼权

出 版 人 徐义雄
策划编辑 杜小陆
责任编辑 刘 晶
责任校对 黄多多
出版发行 暨南大学出版社（广州暨南大学   邮编：510630）
网   址 http：//www. jnupress. com   http：//press. jnu. edu. cn
电   话 总编室（8620）85221601
          营销部（8620）85225284 85228291 85228292（邮购）
排   版 弓设计
印   刷 佛山市浩文彩色印刷有限公司
开   本 787mm×960mm 1/16
印   张 14
字   数 200 千
版   次 2014 年 1 月第 1 版
印   次 2014 年 9 月第 2 次
定   价 29.80 元

（暨大版图书如有印装质量问题，请与出版社总编室联系调换）

编辑寄语

　　本书系著名修辞学家、中国古典文学专家、历史小说家,复旦大学中国语言文学研究所教授、博士生导师吴礼权博士所著,2004年由吉林教育出版社作为"中华语言魅力丛书"之一种出版(原名《能说会道:表达的艺术》),深受学术界好评与认同,已故著名语言学家、国家语委语言文字应用研究所研究员陈建民先生曾专门撰文评论道:

　　读王力、吕叔湘先生的著述,领会的深浅是自己的水平问题,根本不存在读不懂的感觉。而今,为什么一些不见经传的人写的文章,我们却完全读不懂呢?是自己理解能力退步了呢?还是年轻人的文风有问题了呢?久思不得其解,最终想到了西方哲学家叔本华说过的一段名言:"世界上没有任何一件事比把一个普通的道理讲得让很多人不懂更容易;世界上没有任何一件事比把一个深刻的道理讲得让很多人都懂更难的事。"这才恍然大悟,原来令人读不懂的著作与文章,并不是因为它见解多么高深,而是因为它没有什么实质性的内容和新意,就只好借那些令人弄不懂的新名词新术语和曲里拐弯、绕来绕去的表达方式叫人感到莫测高深。

　　而读了吴礼权教授的这套丛书,感觉则完全不同。他的书中所提出的观点,所总结的语言表达规律与技巧,都是他长期研究的心得,内容比较扎实。还有书中百分之八九十的篇幅都是作者自己博览群书,从古今各类典籍中找来的典型而生动的例证和紧扣这些例证的具体分析。他的行文有口语之活泼明快、流转自如之长,无口语之破碎繁复、节奏缓慢之短,这得益于作者多年研究口语修辞炼就的功夫。可以说,作者这三本书无论是学术见解还是学术资料,都是"硬通货"。正因为作者书中有"硬通货"，加之作者本身就是研究语言学与修辞学有成就的专家，所以作者在书中对他所要表述的学术见解，所要向读者传达的研究心得，所要传授的语言表达的相关技巧、规律等知识，往往都能找到恰当的语言表述方式，将深奥的学理浅易化，将枯燥的理论生动化，真正达到了作者预期的学术著作平易化的写作目标。书中引到的古代文献并不少，所讲的学理并不浅，但是在作者笔下，古奥的文言例证并没有成为读者阅读的障碍，艰深的理论与学理阐释并没有使读者觉得乏味，反而觉得生动、浅易。因为作者善于用现代生动的语言化解古奥的文言，在不着痕迹的叙述中就把文言例证的故事及所涉及的典故解说得明明白白。这样，读者不仅获得了知识，也同时感受到一种阅读的快慰。因此，只要读者对此三书略略通览，便能感受到其可读性强的特点。可以说，他的文章是按叔本华的话身体力行的，绝无传统意义上的"学究气"，展现在读者面前的是"深奥学理浅易化""平淡情事艺术化"的一种全新的境界，凸显出年轻一代学者的独特魅力与崭新风采。(《语言研究的意义与价值展示——评〈中华语言魅力丛书〉》，载《语言文字应用》2004 年第 4 期)

本书除了在学术界产生了重要影响，在读书界更是受到了广泛好评，相当一段时间内都是非常受欢迎的语言类著作。2005 年获吉林省长白山优秀图书一等奖（吉林省政府奖），2006 年被评为吉林省首届"新华杯"读书节读者最喜爱的十种吉版图书，2007 年被评为吉林省新闻出版奖图书精品奖。

——暨南大学出版社人文社科分社

目　录

引　言

　　幽默大师林语堂早年曾在上海青年会作过一次演讲，记得内中说过这样一段话：

　　　　语言向来是人的专长，鸟兽所知道的只有饥啼痛吼等表示本能需要的号呼而已。如马鸣牛嘶虎啸，都不出于这本能需要的范围。所以老虎吃人，只会狂吼，却不会说："我吃你，是因为你危害民国。"这是人与兽之不同。何芸樵主席反对现代小学课本"鹅姐姐说、狗弟弟说"这种文字，鄙人十分同情。《伊索寓言》一书，专门替鸟兽造谣，谤毁兽类与人类一样的奸诈。假定鸟兽能读这种故事，他们也不会懂得。比如狐狸看见树上葡萄吃不着，只有走开，决不会无聊地骂酸葡萄。惟有人类才有这样的聪明。因为鸟兽没有语言，所以也没有名，遂也没有正名哲学。因此，假定狐狸要强迫农民种鸦片，也必不会"正"勒种鸦片捐之"名"为"懒捐"。如果会，这狐狸便不老实了。
　　　　（林语堂《谈言论自由》）

　　我们都知道，林教授是德国的语言学博士，他说得一点也不错，语言确是人类的专长。人之所以是万物之灵长，正是因为有语言。因为有语言，人类可以交流思想，可以协同工作，可以传承文化，可以接受前人的生产生活经验，接受前人思维的成果，从而一代超过一代，可以使人类历史发展的进程不断地加速，后代往往可以有一年超过前代几十年的奇迹出现。我们今天能上天，能入地，能耐那么大，不正是因为有了语言的结果吗？同样是灵长类动物的

1

猴子、大猩猩之类，它们不也长得"人模人样"吗？为什么它们却被人玩弄于股掌之上，只能爬爬树、翻翻跟斗，给人逗逗乐而已呢？它们吃亏就吃在没有语言能力，所以不能做科研，不能讲哲学，也不会搞文学之类，弄得几十万年还是那副德行。

不过，尽管语言是人的专长，几乎所有正常的人都有语言能力，都能说话，但说话可不是那么简单，因为它还有说得好说得不好的区别，也就是说有个效果问题，不是吗？

　　昔有富翁生三女：长女、次女俱适秀才，幼女只嫁常人。一日，富翁生辰，三婿齐来上寿。翁见长婿、次婿言谈斯文，小婿村俗相齿。一日，设席，翁曰："今日卑老，无肴相陪，筵中不许胡言乱道。"酒行数巡，岳父举箸请大婿请食。大婿欠身答云："君子谋道不谋食。"翁大喜。酒至半酣，举盏请次婿饮酒。次婿起居答曰："惟酒无量，不及乱。"翁亦喜甚。岳母见夫只劝长婿、次婿二人酒食，遂乃举杯酌酒，请小婿饮酒。小婿昂然欠身起谓岳母曰："我和你酒逢知己千杯少。"翁怒骂曰："这畜生如此假乖，说甚么斯文？"小婿掷盏起曰："我与你话不投机半句多。"
　　（明·无名氏《笑海千金》）

这则故事虽是一则笑话，却颇有发人深省的地方。富翁有三女，长、次二女都嫁了有学问的秀才，小女儿却只嫁了个普通的村夫。长婿、次婿言谈自然斯文有礼，老丈人也就欢心了；而小婿是个村夫，言谈自然要粗鲁俚俗了，老丈人不喜欢也是情理之中的事。老丈人过生日，三个女婿都前往庆贺，岳父母招待他们吃酒也是自然之理。酒席开始时，老丈人首先致祝酒辞："今天我又痴添一岁，也没什么好菜招待你们，略备几杯薄酒，希望大家不要胡说八道。"这是老丈人在给大家打预防针，叫三个女婿不要贪杯，免得喝多后说了不吉利的话，惹自己生气。酒过数巡，老丈人自己来劲儿了，就举筷请大女婿吃菜喝酒，大女婿很懂礼貌，马上起身答

2

谢，说："君子谋道不谋食。"引用的是《论语·卫灵公第十五》中孔子的一句名言，意思是说：有德行的君子追求的是学术道理，而不热衷于讲求衣食之类。这表达了自己远大的志向，老丈人听了自然高兴，这女婿有出息！再喝了一会儿，老丈人又劝第二个女婿酒食，二女婿也起身答谢，说了一句雅致的话："惟酒无量，不及乱。"引的是《论语·乡党》中孔子的话，意思是说：只有酒不限量，但不能多喝而到了神志昏乱的地步。他引这话，是向老丈人表明：您老人家虽然殷勤劝我喝酒，但我会牢记孔圣人的话，会自己节制酒量的。说得得体，又透着学问，老丈人也很高兴。岳母见老头子只劝大女婿和二女婿而不理小女婿，觉得过意不去，就自己给小女婿斟酒，请他喝酒。小女婿就站起来跟丈母娘干杯，说了句："我和你酒逢知己千杯少。"他想掉文，在老丈人面前也露一手，引了一句谚语，结果却词不达意，非常不得体。因为这话用错了对象，跟女性说不合适，跟老丈母娘说就更不得体了，所以被老丈人臭骂一顿："你这个畜牲，无知却要装斯文，竟然调戏起你家丈母娘了！"小女婿自然就不高兴了，他老早就不满老丈人那德行了，加上他又是个粗人，没什么修养，就甩了酒杯跟老丈人说："我与你话不投机半句多。"虽然也是引用谚语，但这样对老丈人说，自然也是不得体的。这个故事当然是个笑话，但讲明了一个道理：即使是喝酒，说话也是有学问的，也能显现出一个人的层次与水平来。如果没有学问，不会表达的艺术，说出的话就会有失身份和水平，肯定会成为笑话并被人耻笑。

其实，我们仔细想想，说话实在是很难的事，说得好尤其难。因为根据不同的交际情境，说话便有不同的目标要求。言语交际中，有时候我们会为客观形势所迫需要对别人的话进行回答应对；有时候心有郁积需要把自己的情感情绪呈露出来；有时候则需要向别人推销自己的思想理念，要说服他人；有时候又要主动或被动地要求陈述自己对某一问题或某一事情的见解意向；有时候，在言语交际冲突中或言语竞争中需要互相排调、战胜对手等。这一切，如果没有一定的语言修养，没有足够的语言智慧，不掌握相当的语言表达艺术，要想在言语交际中实现自己预期的目标，那是不可能的。

如果我们目前还不具备这些先天或后天的条件，那么，我们也是有办法补救的。补救的办法就是从我们中国无数妙语生花的先哲时贤的语言实践中去师法，认真揣摩，并掌握一些基本的表达艺术或策略，这样自然也就能大大提升自己的语言表达艺术水平。

一

司马景王东征，取上党李喜以为从事中郎。因问喜曰："昔先公辟君，不就；今孤召君，何以来？"喜对曰："先公以礼见待，故得以礼进退。明公以法见绳，喜畏法而至耳。"（南朝宋·刘义庆《世说新语·言语第二》）

这则故事中的司马景王，乃三国魏国权臣司马懿之子——司马师。司马懿死后，司马师继任为景王，后来其侄子司马炎称帝建立西晋时，追尊其为景帝。当然，这是后话。却说司马师当国时，曾想东征东吴，就任命上党（今山西境内）人李喜为自己的东征军总司令的参谋长（即从事中郎）。李喜接命后立马就来向司马师报到。司马师见他这么爽快地来了，不禁十分得意，于是就意味深长地对他说："早先我爹（即司马懿）很客气地请您出来做官，您不肯就任；现在我命召您来为官，为什么您就来得这么快呢？"李喜知道这意思，这是在对自己耍流氓，炫耀武力呢！他就回了司马师一句说："你爹请我做官是以礼相待，所以我可以以礼相辞让；明公您请我出山是以国法为理由，我是害怕国法才来的。"司马师当然知道李喜话中的意思，但他也抓不住李喜的毛病，只能佩服他确是高人，请他出山为三军总参谋长是没有错的，尽管这人有点清高孤傲，喜欢拿个名士的臭架子，但毕竟还是个人才，而国家正在用人之际。

了解历史者都知道，司马氏为了篡夺曹魏政权，扫清谋朝篡位道路上的障碍，自曹丕死后就不断打击迫害曹党及异己势力。因为李喜为曹魏时代的高士，在士林中颇有名望，因此司马懿当政时就想拉拢他成为自己的羽翼。而李喜早就看出了司马氏与曹氏集团斗争的残酷性，于是采取回避态度，婉拒了司马懿的请求。到了司马师继任大将军，独断朝政的时候，已完全抛却了司马懿那点半遮半掩的作风，对政治异己势力的打击迫害已是赤裸裸的了。所以，当司马师东征要李喜为从事中郎（高级幕僚）时，李喜就只得言听计从，没有讨价还价的份了。这里，司马师问李喜的话，表面是说"为什么我的父亲司马懿礼请你出来为官而推却，而我命令你为官你却来了"，实质意思则是说"你为什么敬酒不吃要吃罚酒"。李喜心知其意，但好汉不吃眼前亏，留得青山在，不怕没柴烧。反正跟这种武夫也没什么理可讲，如今虽是曹家做皇帝，实际上还不是司马氏在当家独断朝政？但李喜也不是那种没骨头的人，于是就弦外有音地回答了他一句："先公以礼见待，故得以礼进退。明公以法见绳，喜畏法而至耳。"回答得不卑不亢。这话的表层意思似乎是在歌颂司马懿礼贤下士，司马师法治清明。实际上则是在委婉地讽刺司马师的专制黑暗甚于其父，已容不得人有选择的余地了。这等应对艺术，是何等的高明！司马师听得懂其中的弦外之音，但又实在没法抓他的小辫子。所以，李喜他摆名士的谱，其实也是有资格的，就凭他这应对的表达艺术，就没人可比，不是吗？

大家都了解中国的历史，也知道中国封建时代的皇帝不好侍候，跟他们说话一不小心就要大祸临头，应对这些皇帝老儿实在不是一件容易的事。所以，没有那能耐，一般人最好还是不要读什么破书，中什么劳什子科举，做什么担惊受怕的官儿，不如在家种地耕田、吃烘山芋什么的，虽然生活苦一点，但倒可以过得气定神闲，一家老小平安无忧。俱往矣，封建时代终于已经过去了，皇帝也随着袁世凯八十三天春梦和张勋拥废帝溥仪复辟十二天秋梦的相继残破而从此销声匿迹了。现而今，我们已然进入了现代社会，没有皇帝了，说话自由了。但是，如果你要是想当或不小心当上了政治家或外交家，那就不自由了，因为你要侍候那帮难缠的国际记者。要知道，记者可是无冕之王，全世界都认这个账。皇帝没有了，这无冕之王却越来越多，而且越来越厉害。如果说错了一句话或一句话说得不妥，那就会造成国家间的矛盾，引起国际纠纷或政治风波。这种事例大家天天都可以见到，例如美国总统、意大利总理在记者会上因应对记者时言语不慎而闹得两国失和，以致最后要以总统或总理之尊或国家的名义向对方道歉才能了事，就是明证。

不过，值得自豪的是，中华民族向来是善于说话的民族，美辞和美食都是中国的绝活。所以中国是"江山代有才人出"，善于说话、长于辞令的政治家、外交家是层出不穷的。别的不说，就拿我们的周恩来总理来说，那是举世闻名的大政治家和外交家，全世界哪个不佩服他的口才辞令之美。这里，不妨举个例吧：

　　一次，周恩来总理在记者招待会上介绍了我国的经济建设和对外方针后，一位西方记者问道："请问总理先生，中国可有妓女?"周总理正色答道："有。"回答引起了全场骚动。周总理接着说："在我国台湾省。"话音一落，全场爆发出阵阵掌声。（骆小所编《公关语言学教程》）

由于众所周知的原因，西方对新中国一直是持敌对态度的。西方的新闻媒体更是不放过任何一次想让中国出乖露丑的机会，总想搞些政治风波出来才甘心。这不就来了一位别有用心的西方记者吗？周总理召开记者招待会介绍中国的经济建设和对外方针，他却问了一个与此主题无关的问题："请问总理先生，中国可有妓女?"这问题怎么应对？实在太难、太敏感！按照一般外交家的思路，可以有两种办法，一是说："这问题与本次记者招待会主题无关。"或说："无可奉告。"二是保持沉默，不予理睬。这也是一种外交上常用办法。但是，前者证明外交官无能，有损国家形象。后者则给人以傲慢的恶感。如果确有自信，敢于回答，那么一般的外交官肯定毫不犹豫地回答说："没有！我们是社会主义国家，怎么会有这种资本主义社会腐朽的东西呢?"要是中国的外交官这样回答了，嘿嘿，你就上了他的大当了！他要引诱你说的就是这句话。如果你说没有，那么他马上就问你："台湾算不算中国领土?"这时你就没法回答了，不仅造成了政治麻烦，你在记者会上也下不了台，你这外交官准备怎么收场？毕竟回答这问题的是我们的周恩来总理，他早就洞悉了西方记者问这问题的圈套所在，所以他出人意料、斩钉截铁地回答说："有。"这一回答本来就出人意料，所以才引起大家的骚动。可是，周总理却不急于马上解释原因，而是等到大家安静下来，才道出原因说："在我国台湾省。"结果，话音一落，全场爆发出阵阵掌声。

那么，为什么如此？这是因为周总理这句应对之语，其表达艺术的高明是一般人所无法想见的。先说"有"，给人一种坦诚磊落的印象，在国际上树立了中国实事求是的诚信国家形象；然后再解释说妓女只在台湾省存在，又解除了大家的疑虑，清楚地表明：在中国共产党领导下实行社会主义制度的大陆，没有这种丑恶的社会现象。而在中国的台湾省因为还在国民党统治下，实行的还是资本主义制度，这种丑恶的社会现象还是存在的。这样，一方面明确地向世界宣示了社会主义制度优于资本主义的事实，同时也明白清楚地表明了台湾是中国不可分割的一部分的严正立场。由于周总理采用了"引而后发"的表达策略，没有一气而下把话说尽，而是把关键性的话留而不发，等大家因疑虑重重而骚动后，才把话中的关键部分说出来，给人一种出乎意料、恍然大悟的感觉，因而就显得机趣幽默，一下子活跃了记者招待会的气氛。

可见，言语交际中的应对确实是需要讲究表达的艺术的。如果你想成为或已是一个重要人物或是社会公众人物，或是有些头面的人，就必须讲究应对表达的艺术，否则必然失败，最起码也不会再有成功的机会了。

二

太祖尝面许张思光（融）为司徒长史，敕竟不下。张乘一马甚瘦，太祖见之，问曰："卿马何瘦？给粟多少？"张曰："日给粟一石。"上曰："食粟不少，何瘦如此？"张曰："臣许而不与。"明日即除司徒长史。（明·何良俊

《语林·排调第二十七》）

我们都知道，做皇帝的或是当政治家的，多半都是信口开河，说话不算数的。如果你把他的许诺当真，或是怀抱很大希望，等他自动兑现诺言，恐怕很难。这种情况，在中国古代就很常见。上引南朝齐太祖萧道成，就是这样一个好空口许诺而又不肯兑现诺言的皇帝。不过，他不幸遇到了一个厉害的大臣，最后逼得他不得不兑现了诺言。这个厉害的大臣，不是别人，就是当时的才子张融。

张融，字思光，一名少子，出身世族，吴郡人，乃南朝刘宋时会稽太守张畅之子。初仕刘宋朝为封溪令，后举秀才，对策中第，官为尚书殿中郎，不就，改为仪曹郎。不久奔叔父丧而得罪免官，后复摄祠部、仓部二曹。入南齐，官拜黄门郎、太子中庶子、司徒左长史等职。其人形貌短丑，行止怪诞。初出仕为封溪令时，路经嶂岭，为獠贼所执，将杀食之，他竟然神色不动，作《洛生》咏，獠贼怪而异之，终未加害。又有一次，浮海至交州，遇大风，不仅毫无惧色，而且自咏："干鱼自可还其本乡，肉脯复何为者哉"，又作《海赋》。除了胆识过人，他还才情过人，于清谈、佛学、书法等方面都有过人的造诣，尤其擅长草书，并为此而得意。有一次齐太祖萧道成跟他说："卿书殊有骨力，但恨无二王法。"他竟回答道："非恨臣无二王法，亦恨二王无臣法。"又常叹息："不恨我不见古人，所恨古人不见我。"萧道成曾笑言："此人不可无一，不可有二。"（参见吴礼权《言辩的智慧》修订本）

张融既然是这样的有才情，齐太祖萧道成自然要高看他一眼。所以，有一次萧道成跟张融说得高兴，一时兴起，便随口许诺要升他为司徒长史（宰相的属官，但职权约略于副首相）。这么大的官儿，谁不想做？于是，张融就眼巴巴地在家等着皇上颁布任命书，急着去走马上任。可是，等了好久，就是没见动静。这下张融急了，知道皇上的话可能不算数了。如果真的不算数，那他不是空欢喜了一场？也许换作别人，在家郁闷几天也就过去了，皇帝要赖皮，谁能拿他怎么样？可是，张融不是一般的人，他可不肯吃闷亏，不满自然也不肯闷在心里。于是，就决意要找萧道成讨个说法。

众所周知，作为一个大臣，要跟皇帝讨说法，那可不是闹着玩的。搞不好，皇帝翻脸，说法没讨到，小命还得搭上，甚至连全家或九族都可能赔上。张融不愧是个大才子，精明过人，不是那么迂腐，所以没有直接去跟皇上老萧论理，而是想了一个办法，故意找了一匹瘦骨伶仃的马骑着，找着机会就在老萧面前晃悠晃悠。开始老萧不以为意，后来有一天，老萧看见张融还是骑着那匹瘦马，就很好奇地问他："张爱卿，你的马怎么这么瘦？一天给它吃多少粟食啊？"张融回答说："我一天给一石（约合今天的一百二十市斤）。"老萧感到奇怪，便追问道："吃的粮食不少啊，怎么还这么瘦呢？"张融回答说："我答应给粟一石，实际上没喂那么多。"说到这里，老萧突然醒悟了，知道张融是什么意思了。于是，第二天就颁布了任命的诏书，张融由此就当上了司徒长史。

张融对萧道成"许而不与"的行为很生气，但是，他作为臣子既不便也不能对皇上表达不满的情绪。可是，如果自己的情绪不表达出来，他心中的积郁就不能消解，想得到的高官也到不了手。这可是吃亏一辈子的事，他怎肯罢休呢？要知道，张融也不是那么没出息的人，他毕竟属于齐太祖所说的那种"不可无一，不可有二"的奇才。所以，他最终找到了最恰当的表达情感情绪的策略，以"设彀"的方法，先引诱老萧问他他的马何以那么瘦，然后再夸说自己给粟之多，令老萧越加奇怪，穷追不已，最后上了圈套。与此同时，张融则顺势说出了"许而不与"四个字，婉转地批评了老萧开空头支票而不兑现的行为，表达了自己的不满之情。但是，这种批评与情绪的展露是婉转含蓄、自然而不着痕迹的，既让齐太祖明白其不满之意，又给了他面子，齐太祖就是蛮横不讲理，要抓把柄也没有。对于这等"不可无一，不可有二"的大臣，老萧自然不敢再耍赖皮了，只得乖乖地兑现了诺言。如果换成别的大臣，没这等高妙的表达策略，以开国之君萧道成的本性，自然是不会兑现诺言的。由此可见，就是要官，也得会说话，表达要有艺术性才行。张融的表达艺术，你不佩服吗？

古代君臣相处，情感、情绪的表达自然需要讲究艺术。同样，在现代社会，就是最平常（其实也是最难处）的夫妻关系，同样也存在着一个情感表达的艺术性问题。不是吗？下面请看中国现代爱情史上颇具"盛名"的陆小曼如何发嗲，如何表达其对徐志摩的希望与殷殷之情：

徐志摩曾向别人讲过清末外务部左丞辜鸿铭有关一夫多妻的譬喻："丈夫如同茶壶，老婆如同茶杯。一把茶壶，可配四个杯子，哪有一个茶杯配四把茶壶的？"

徐志摩和陆小曼结婚后，陆小曼怕徐志摩再和别人爱恋，就对他说："志摩，你可不能拿辜老的茶壶譬喻来作借口而多置茶杯。你要知道，你不是我的茶壶，而是我的牙刷；茶壶可以公用，牙刷可不行。"（张在新、张再义编《中国名人辩才趣闻》）

众所周知，徐志摩是中国现代文学史上的"诗哲"，不仅以诗名闻遐迩，也以风流浪漫而成为人们津津乐道的情场中的名流。1915 年，徐志摩在父母之命下与张幼仪结婚。张幼仪深得徐家的珍爱，可是徐志摩却与她感情不太融洽。1921 年徐志摩在英国剑桥大学留学时与林长民之女林徽因相识，一见倾心并疯狂地向她求爱。但是，林徽因因徐志摩是有妇之夫不肯答应，二人难以谈婚论嫁。为此，徐志摩与结发妻子张幼仪展开了一场离婚马拉松，历经曲折，最终于 1922 年与张幼仪解除婚姻关系。可是，等到 1922 年徐志摩回国任北京大学教授时，林徽因却已与梁启超之子梁思成订了婚。1924 年，徐志摩又结识了有夫之妇陆小曼，很快浪漫风流的"诗哲"又深陷情网之中不得自拔，二人爱得死去活来。但是，在当时那种时代风气下，一个身兼大学教授和社会名流身份的人与一个有夫之妇发生爱情关系，这要承受多大的社会压力。况且陆小曼之夫王赓不是一般普通男人，而是一位毕业于美国西点军校的高级军官，这爱情要成功有多难就可想而知了。同时，徐志摩的父母对于儿子与陆小曼的爱情更是反对。徐父为了阻止这桩婚姻，向徐志摩提出了一个先决条件：除非能请到梁任公（启超）作证婚人。这个条件其实是几乎不可能实现的，因为大家都知道梁启超对婚姻家庭的态度是比较保守的，律人律己都是非常严格的。梁启超早年应康有为之请，去美国华侨聚居的檀香山岛办理保皇会事宜，曾遇到一个倾心相爱的华商千金何蕙珍。何蕙珍英文极好，当时清廷驻檀香山领事馆买通一家英文报不断登文攻击梁启超，不懂英文的梁启超无能为力。何小姐在梁启超不知情的情况下，不署名用英文写了大量批驳清廷攻击的文章，为梁辩护，文字清丽，论说精辟。后来梁明白真相后，惊奇感动不已，再加上何小姐落落大方的大家闺秀风范，对他了解之深、情意之殷，使梁启超情不自禁地与之产生了真切的感情，于是双双坠入情网。梁启超为此写了24首情诗，其中有一首说："颇愧年来负盛名，天涯到处有逢迎；识荆说项寻常事，第一知己总让卿。"然而，对于这样的"第一知己"何蕙珍小姐，梁启超最终还是理智战胜了感情，忍痛断绝了这场恋情。但何小姐还是痴情相恋，十几年后，辛亥革命胜利，梁启超出任袁世凯政府的司法总长时，何小姐专程从檀香山来北京相见，意欲与梁结为秦晋之好，可梁启超只是在总长的客厅招待了她。后来梁启超的元配夫人李惠仙病逝，何小姐再来北京，梁启超仍然婉拒。①

可见，梁启超在家庭与婚姻方面是何等保守。正因为如此，徐志摩的父亲要拿梁任公来将儿子一军，意借梁任公的名望和师道之尊来阻止徐志摩的这桩令社会轰动、令徐家声名扫地的尴尬婚姻。没想到，徐志摩毕竟是梁启超的得意门生，又是社会名流，梁启超实在是却之不过，最后还是被他拉来作了证婚人，终于成就了这桩曾在社会上闹成"桃色大新闻"的徐陆联姻。台湾学者沈谦教授的《徐志摩的宗教——爱、自由、美》一文曾记述徐陆婚礼及梁启超证婚之事：

> 民国十五年十月三日，徐志摩与陆小曼在北海公园漪澜堂举行婚礼。五四时代的名流几乎全部到齐，成为二十

---

① 事略参见张德玉等编：《百年婚恋》，沈阳：辽宁人民出版社，2003 年。转引自《梁启超的婚恋》，《文汇报》2003 年 10 月 13 日第 11 版。

世纪文坛上最引人瞩目的婚礼。证婚人是梁启超先生，徐志摩对他的老师极为崇敬爱戴，曾经说："先生之文章矫若神龙之盘空，力可拔山，气可盖世，淋漓沉痛，固不独志摩为之低首慷慨，举凡天下有血性之人，无不攘胜激发，有不能自已者矣。"

梁启超对徐志摩却是既爱又怜，对徐志摩的宗教信仰——爱、自由、美，不以为然却又无可奈何，勉强被拉来作证婚人，微笑着说：

"我的学生徐志摩，什么都好，就是不该找我当证婚人，希望不要再有下回了！"

大家都知道，中国人有个习惯，在婚礼或葬礼上，无论当事人或事主有多不好，这种场合大家都会说好话而不说难听话。而梁启超却在徐志摩与陆小曼的婚礼上，当着到场的所有"五四"时代的名流，说出上述证婚词，可见他对徐陆联姻是多么反对与反感！

正因为徐陆联姻遭到了当时来自社会各方面那么多、那么大的阻力和压力，所以对当事人陆小曼来说，她格外珍惜这桩来之不易的婚姻，自然也是意料中的事了。陆小曼能够冲破当时社会的种种偏见与重重压力，与徐志摩结成夫妻，其中经历的挫折之多是可以想见的。陆小曼对徐志摩为人的了解自然也是很深的，他为了追求林徽因而与元配张幼仪进行马拉松式的离婚挣扎，是当时的新闻，人人尽知；在与徐相爱相恋过程中，她所感知到的徐的激情浪漫，自然异常深切。正因为对徐志摩个性的深刻了解，为了维护这段得来不易的婚姻，陆小曼才心有余悸、意味深长地对徐志摩说："志摩，你可不能拿辜老的茶壶譬喻来作借口而多置茶杯。你要知道，你不是我的茶壶，而是我的牙刷；茶壶可以公用，牙刷可不行。"给徐志摩先打了一个预防针：你千万不要拿你们男人都很乐道的辜鸿铭的"茶壶茶杯"的"妙喻"为借口，再找什么别的女人。你只能属于我，我们的爱情不容别的女人来分享。但是，陆小曼没有这样直截了当地表达，而是运用"比喻"表达策略，将徐志摩比作她的牙刷，既形象地表明了他们之间亲密无比的关系，又明确地宣示了他们爱情的排他性。在醋意十足的语意中包含了对徐志摩无限的深情与殷切叮咛，着实让人为之深切感动，充分展示了一个女性在深爱的丈夫面前又嗲又醋的妩媚。女人的可爱处，有时正是在这种细微处得以体现，夫妻的闺中情趣与夫妻关系的融洽也常常在这种既嗲又醋的特殊言语表达中得以实现。

　　人是感情动物，喜怒哀乐怨都是人之常情。但是，人又是社会动物，社会关系的复杂，往往又不容人们直接地表露他们的情感情绪，而必须要选择恰当的、得体的表达方式，将其情感情绪有效地表达出来，从而能够有效地处理好各种人际关系，为自己争取到一个健康快乐顺利的人生。正因为如此，处于日益纷繁复杂的当今社会，我们在展露自己的情感情绪时，就不得不注意自己的表达方式，讲究些表达的艺术，以免给自己的人生带来不必要的挫折，误了自己美好的前程。由上述二例，我们可以约略知道，情感情绪的表达确实是需要讲究一点艺术性的。

三

　　　　许允为吏部郎，多用其乡里。魏明帝遣虎贲收之。其妇出戒允曰："明主可以理夺，难以情求。"既至，帝核问之。允对曰："'举尔所知'，臣之乡人，臣所知也。陛下检校，为称职与不？若不称职，臣受其罪。"既检校，皆官得其人，于是乃释。允衣服败坏，诏赐新衣。初，允被收，举家号哭。允新妇自若云："无忧，寻还。"作粟粥待。顷之，允至。（南朝宋·刘义庆《世说新语·贤媛第十九》）

　　这则故事中的许允，是三国魏明帝（就是曹操的孙子曹叡）时代的吏部郎。吏部在中国封建时代的中央行政机构中是个特别要害的部门，特别是隋唐时代，吏部为内阁六部之首。吏部的行政长官叫吏部尚书，那权力可大了，专门掌管全国官吏的任免、考课、升降、调动等事务。三国魏的吏部制度虽然不可与隋唐时代等而视之，但其职守与地位无疑是相同的。许允做了魏明帝的吏部郎，其当时在魏朝地位的显赫也就可想而知了。尽管如此，在中国漫长的历史长河中，像许允这样的角色还是排不上号的，很多历史典籍中都难寻许允的行事传略。他的名字能见诸历史，完全是沾了他的老婆阮氏的光。关于许允的老婆阮氏，在历史上可是个有名的角儿，刘义庆的《世说新语》中就有很多记载。就是这样好的老婆，许允当初还不愿娶呢！《世说新语·贤媛第十九》记有这样一则有趣的故事：

> 许允妇是阮卫尉女，德如妹，奇丑。交礼竟，允无复入理，家人深以为忧。会允有客至，妇令婢视之，还，答曰："是桓郎。"桓郎者，桓范也。妇云："无忧，桓必劝入。"桓果语许云："阮家既嫁丑女与卿，故当有意，卿宜察之。"许便回入内。既见妇，即欲出。妇料其此出无复入理，便捉裾停之。许因谓曰："妇有四德，卿有其几？"妇曰："新妇所乏唯容尔。然士有百行，君有几？"许云："皆备。"妇曰："夫百行以德为首。君好色不好德，何谓皆备？"允有惭色，遂相敬重。

我们都知道，封建时代男女婚姻都是由"父母之命，媒妁之言"决定的，男女双方当事人在婚前是互相见不到面的，男的长得帅不帅或说酷不酷，女的生得美不美或说是不是个靓妹，谁也不知道，全靠自己的运气了。哪知，许允这帅哥运气真不好，他一心想娶个"闭月羞花，沉鱼落雁"的美女，却偏偏不能天遂人愿，结果娶了个奇丑无比的阮氏。这阮氏可不简单，她爹是魏代有名的阮共阮卫尉，她哥哥是名流阮德如，阮氏可是当时的名门望族。阮氏过门之前，许允想象得挺美：阮氏是望族大户人家的闺秀，俗话说"林中有好花，富家有美女"，阮氏这样的望门贵族家的闺女，能差得到哪里去呢？所以他信心满满地期待着与他的娇艳美妻的大喜日子的到来。可是，当他满怀期望地"掀起了你的盖头来，让我来看看你的脸"时，可把他吓坏了！怎么世界上还有这么丑的女人？"一拜天地，二拜高堂，夫妻对拜"之后，按程序应该是"送入洞房"。可是大礼行毕，许允竟然因失望而失态，不进洞房，不理新娘子。许允父母及家人都为之很忧虑，不知如何是好。恰在这尴尬时分，许允有客来访。新娘子阮氏听说有客来找许允，就让丫环去看是谁来了，丫环答说："是桓郎。"阮氏知道，这桓郎就是桓家的公子桓范了。因为桓家在当时是一更了不得的士族大家，势力名望之大是人尽皆知的。阮氏说："不用担心，既然桓范来了，他一定会劝官人进洞房的。"果不其然，桓范就跟许允说："阮家既然嫁丑女给您，其中必有道理，您应该用心体会。"许允想想也对，阮氏是什么样的人家啊！但是，见了新娘子阮氏，许允实在倒了胃口，还是忍不住想出去。阮氏想，他这一出去，就不会再进来了，怎么样也不能让他再出去了。于是，便捉住了他的衣裾，把他绊住了。许允见此，就对她说："女人有四德，你有几德?"许允所说的"四德"，就是《周礼·天官·九嫔》篇所说的"妇德"、"妇言"、"妇容"、"妇功"，这是《周礼》规定女人必须具备的四种德行。这"四德"的具体内容，汉人郑玄曾注解说："妇德谓贞顺，妇言谓辞令，妇容谓婉娩，妇功谓丝枲。"也就是说，妇德是考察女子是不是具有坚贞的节操，不跟别的男人有染（如果贞节污点不是由女人自己所引起，而是由强加其愿造成，那不能算是女人的过错），还有丈夫死了，不再嫁人，要守节，即"烈马不吃回头草，烈女不嫁二夫男"；妇言是考察女人是不是擅长辞令，也就是有没有能说会道的嘴上功夫；妇容考察的是女人是否温柔动人；妇功是考察女人会不会纺纱织布之类的手艺水平。这"四德"也太难了，许允可能也不真是要他心目中的新妇有这"四德"，只是他不满太太长得太难看，故意拿"四德"来为难阮氏，好让她知难而退，自己回娘家，他好再去找美貌新妇。没想到，阮氏不上他的当，如法炮制，回许允说："我除了长得难看点，妇容上亏缺一点，其他三德都具备。我问你，士有百行，你具备几行?"意思是说，有品位的男人

15

（"士"）应该具备各种德行，你有什么德行？这是讥笑许允呢！可是许允自我感觉还特别好，回答说："我各种德行都具备。"阮氏很生气，心想，这人脸皮这样厚，不教训一下他，不把话说狠一点、重一点还真不行。于是就说："'百行以德为首'，这是大家都知道的道理。你只好色不好德，怎么说百行都具备呢？"一句话把许允噎得没话了。细思量，太太的话确实很在理，这才感到惭愧不已。从此，对太太非常敬重，夫妻感情深厚，不久就有了儿女，家庭生活和谐稳定。

幸亏许允最终悔悟到自己重色不重德的错误，娶下阮氏为妻，并对太太雅相敬重，不然他在官场上不但没得混，连脑袋也是保不住的（尽管最终他还是被晋景王所杀，那是后话）。这不，许允当了魏明帝的吏部郎，大权在握，人事安排上因为多任用了自己的老乡，结果被人逮住了把柄，说他结党营私。这还了得！魏明帝一听弹劾，立马派皇家卫戍部队司令（虎贲）亲自将许允逮到朝廷。许允被逮时，他本人和家人都很紧张，那是皇帝派人来捕人，不是天大的事，能有如此动静吗？可是许允的太太阮氏却一点也不紧张，丈夫临行前，她出闺向丈夫面授机宜，告诫一点："明主可以跟他讲道理，千万不要跟他求情。"许允牢记了太太吩咐的应对皇帝的基本原则。到了朝廷，皇帝就质询他有没有多用同乡人。许允回答说："孔子说过：'荐举你所了解的人为官。'我的同乡人，是我所了解的。请陛下审察考核一下我所任用的人，看他们是不是称职？如果不称职，我愿受处罚，甘心伏罪。"魏明帝就对许允所任用的官员一一检校审察，发现他们都很称职，官得其人，于是就释放了许允。许允的朝服本来就不新，又被虎贲捆绑，衣服就更破旧了。皇帝看到，就下诏赐给新服。这样，许允不仅安全地度过了政治危机，还得了皇帝的赏赐，着新袍服还家，那是多么风光啊！谁能料到会有这样的结果呢？当初，许允被捕时，许家上下哭成一团。只有许允这个过门不多久的新娘子阮氏神色自若，向丈夫面授机宜后，对家人说："大家不要担忧，过一会儿就会回来。"并熬了一锅小米稀饭，等着丈夫归来。过了不多久，许允果然回来了。

　　许允说服了魏明帝，不仅保住了自己的脑袋和官位，还让明帝认可了他所推销的一套官员任用的基本理念，即官员的任命与起用要坚持一个基本原则，看他是否称职，能不能做好工作、做出成绩，而不是看被任命的官员与吏部行政长官是什么关系。这个道理当然是对的，现代东西方的政治家都懂这个人事任命的道理。可是，许允当时所处的是封建时代，而且是在明帝钦定了他结党营私之罪并逮捕起来问罪的情况之下，许允如果直接跟明帝讲出上述这番道理，明帝一定认为他是狡辩，不仅免不了罪，还要罪加一等。值得叹赏的是，许允很聪明，他首先牢记了太太的告诫："明主可以理夺，难以情求。"他没有一见明帝就像封建时代的许多大臣那样，不管三七二十一地伏地谢罪说"臣罪该万死！请皇上饶命"之类的求情话，而是跟明帝讲道理。因为他知道，明帝这个皇帝不算糊涂，还能算个明君。但是，明君也不能直接跟他讲道理，这是个特殊的交际对象，不是一般人，你在跟谁说话呢？他是皇上，你得讲道理讲得特别有技巧才行。不然，逆了他的心意和面子，管你什么道理不道理，管你讲得多么有道理，照样杀你没商量。许允真是聪明，他讲理不讲自己的理，而是讲圣人的理。他先引圣人的话："举尔所知。"许允先抬出圣人话，然后由此引申开来，说自己的同乡是自己最了解的。意思是说，我正是按照圣人的话执行的啊！这话说得好，说得也很厉害。皇上没得说了，他能说什么？圣人说要"举尔所知"，我许允任用同乡也就名正言顺了。但是，许允并没有就此打住，他不仅要驳掉强加到自己身上的罪行，还要推销自己人事任命的基本理念：任命官员不应该看任命者与被任命者之间的关系，因为早在他们之前的古代就有了"内举不避亲，外举不避仇"的原则，而要看被任命的官员有没有能力，称不称职。为此，许允在抬出圣人之言之后，又进一步主动要求皇上对他所任命的同乡官员进行考察复核，看是否称职。结果，明帝在考察检校中没发现任何问题。这样，就让明帝不仅不能处罚许允，而且自然而然地就信服了许允所提出的人事任命的基本理念。

　　我们都知道，向皇帝推销自己的思想理念当然是很困难的一件事，没有诸如许允这样好的表达艺术，那是想都不要想的。那么，除了皇帝不好说服，向他们推销自己的思想理念比较困难外，向其他人推销自己的思想理念，是否就要容易得多呢？这话恐怕也不能这样贸贸然地说！实际上，有时候即使是向你的家人或亲属推销你的某种政治理念，或说服他们接受你的某种观点，恐怕也是很难的。比方说，有生活经验的人都知道，老丈人就是比较难以说服的。假使有不识相的女婿要向老丈人推销自己的某种观点或某种政治理念，恐怕十个就有十个被骂得狗血喷头，找不着北的。当然，如果你擅长表达艺术，那就另当别论了。不是吗？下面我们看看陈毅元帅是如何说服并向老丈人推销其政治思想理念的：

陈　毅　好，老人家，我也来问你。你是喜欢国民党，还是喜欢共产党？

张大爷　你问这个干什么？

陈　毅　我看你老人家是喜欢国民党。

张大爷　（发火）什么？我喜欢国民党？

陈小妹　哥哥！

陈　毅　（打断陈小妹）不用你插嘴！（对张大爷）这么说，你不喜欢国民党？

张大爷　我喜欢国民党干什么？

陈　毅　那又为什么不喜欢？

张大爷　（没好气地）国民党腐败！

陈　毅　怎么腐败？比如人事上！

张大爷　这我们都见过的嘛，任人唯亲，裙带关系，一人得道，鸡犬升天。

陈　毅　说得好！所以国民党要倒台！老人家喜不喜欢共产党也这样？

张大爷　那我当初就不会同意张茜到新四军去了！

陈　毅　好！那你喜欢不喜欢你的女婿也这样？

张大爷　这……（沙叶新《陈毅市长》）

　　这是话剧作品中的人物陈毅与其岳丈张大爷的一段对话。众所周知，解放初期，陈毅担任上海市市长。为了不搞特殊化，他劝他的岳丈张大爷回老家生活。张大爷想不通，怎么女婿做了大官就这样对老丈人，天下没有这样的事情。因为按照中国传统的惯例，大凡儿子或女婿一旦做了大官，全家和所有亲戚朋友自然都能沾光，不说大家都弄他个一官半职干干，最起码在生活上享受享受，也是理所当然的。这从中国封建时代一直到北洋军阀政府、国民党政府时代，无不如此。也正因为如此，这些腐败的政权要垮台。中国共产党的宗旨是为人民谋利益，共产党奋斗几十年推翻"三座大山"，推翻国民党政权，目的就是为了清除政治腐败及各种经济、社会腐败。陈毅是共产党的高级领导人，自然应该以身作则，不能为自己及亲属谋取一丝一毫之私利。如果也像中国封建时代及国民党统治时代的官员那样，"一人得道，鸡犬升天"，搞裙带关系，那与他们有什么区别呢？再说，上海刚刚解放，百废待兴，稳定人心更是当务之急。如果陈毅作为市长不以身作则，带头管好自己的亲属，何以服众，何以在广大市民心中树立中国共产党的威信，从而稳定上海，发展生产和经济，巩固新中国的经济基础呢？所以，他必须让自己的老丈人张大爷离开上海，因为那时是经济特别艰难的时候，生活日用实行的是配给制，陈毅是市长也不能搞特殊化。但是，怎样说服张大爷，推销自己的政治理念并让老丈人愉快地回家呢？这话实在不好表达。如果陈毅直通通地说：搞特殊化、任人唯亲、裙带关系是腐败行为，国民党搞这一套，结果垮了台，我是共产党的高级干部不能搞这一套，你是我的岳丈应支持我，还是回老家生活去吧。这话当然一点也不错，任人唯贤、反对各种腐败行为、不搞特殊化是中国共产党的宗旨，是一种政治理念，是每个共产党员都必须遵循与信守的。但你这样直通通地推销和宣示共产党的政治理念，张大爷是位普通的百姓，且是一位老人，他不可能有那么高的政治觉悟，他有的是中国传统的那些旧观念，认为女婿发达了，跟他享享福是天经地义的，子女本来就有孝敬父母的义务，女婿是半子，自然也没得说。这事搁哪一位老人都会这样想，所以要直接跟他宣示共产党的政治理念，事实上是很难说服张大爷并让他听进去的。我们都知道，陈毅是十分擅长辞令的，精于表达的艺术。他知道，按常规的表达无法说服岳父张大爷，他就选择运用了"设彀"的表达策略，通过设置语言圈套，诱使张大爷把他想表达的意思按他预先设计好的思路一步步地说出来，最后以逻辑的力量，让张大爷自己说服了自己，由自己亲口说出的话将了自己一军，搞得无话可说。陈毅想推销的政治理念，最后竟由他要说服的老丈人自己帮他说出来了。这位市长还真是儒雅，不仅是能征惯战的大元帅，还是一个地地道道的能做思想政治工作的出众人才，真是让人感佩得五体投地！

由上述许允说服魏明帝与陈毅说服老丈人张大爷的故事，我们可以清楚地看出，要想在言语交际中推销自己的思想理念或某种观点，并让对方心悦诚服地接受，不是一件易于做到的事，也不是任何人都可以企及的交际目标。如果你没有足够的语言智慧，不特别重视表达的艺术，是不可能实现的。由上述两例的分析，我们是否能从中受到些启发，领悟到思想理念、观点推销的表达艺术呢？

四

> 上尝罢朝，怒曰："会须杀此田舍翁！"后问为谁。上曰："魏征每廷辱我。"后退，具朝服立于庭。上惊问其故。后曰："妾闻主明臣直；今魏征直，由陛下之明故也。妾敢不贺？"上乃悦。（宋·司马光《资治通鉴》卷一百九十四）

这则故事，记述的是长孙皇后智谏唐太宗的一段史实。只要是中国人，只要是学过一点点历史的，都知道唐太宗李世民。他的文韬武略，他的开明贤圣，在中国历史上都是非常有名的。要说中国封建时代的明君，他肯定要算一个。他所创造的"贞观之治"，不仅使中国的百姓真正实现了丰衣足食的理想（史载贞观时期，斗米仅值三四钱），而且使当时的中国国力确确实实臻至世界上独一无二的地步。不过，熟悉历史的人也会知道，唐太宗这一丰功伟绩的取得实际上与他有很多贤臣辅佐是密不可分的。在这些贤臣中，尤以魏征最为有名。魏征（580—643），字玄成，巨鹿（今属河北）人，后移居相州内黄（今河南内黄西）。少孤贫，曾为道士。隋末天下大乱，参加李密的瓦岗军。李密失败后，降唐。后又被窦建德所俘获，任窦建德（窦立国号夏）的起居舍人（专门记录皇帝言行的史官）。窦建德失败后，为唐太子洗马（侍从太子的官员）。唐太宗即位之初任命他为谏议大夫（专掌侍从规谏的官员），前后进谏二百余事。贞观三年（629）为秘书监（约相当于国家图书馆馆长），参预朝政。后一度任侍中（唐代的左丞相），封郑国公。一生向唐太宗直谏甚多，以犯颜直谏而闻名。曾提出"兼听则明，偏信则暗"，多次劝太宗以隋亡为鉴，引《荀子》语，说君似舟，民似水，"水能载舟，亦能覆舟"。力言必须"居安思危，戒奢以俭"，"任贤受谏"，"薄赋敛，轻租税"。① 其中，所上太宗《十思疏》，太宗以之为座右铭。太宗是个明君，常常能够深察魏征的忠心，所以能听得进他的直谏，也十分倚重他。魏征死后，太宗十分悲伤，认为失去"人鉴"。

　　虽然唐太宗是明君，但有时也会受不了魏征的直谏。这样，君臣二人有时就免不了要闹得不开心，甚至太宗会大为光火。一次魏征又犯颜直谏，搞得太宗很尴尬，气得要命，罢朝回到后宫还余怒未消，忍不住大骂："一定要把这个乡巴佬杀了！"长孙皇后一听太宗说出这番狠话，知道肯定有大臣惹他生气了，就问他："是谁敢惹皇上生气？把皇上气成这样？"太宗说："还有谁？不就是那个魏征！他每次都要在朝廷之上令我难堪！"长孙皇后没说什么，忙退下换了一套礼服立于后庭。太宗觉得奇怪，便问她何故要换这身行头。长孙皇后说："我听说皇上英明，大臣就忠直。现在魏征忠直，这是因为皇上您英明的缘故。我怎么能不向您表达祝贺呢？"太宗一听，觉得有理，转怒为喜。

---

　　① 参见《辞海》，上海：上海辞书出版社，1991 年，第 2286 页。

可以说，唐太宗能有那么好的雅量，听得进魏征的忠言直谏，不能抹杀长孙皇后这个贤内助的功劳。如果换一个不贤惠的皇后，早就顺着太宗的脾气火上浇油了，那么哪里还有魏征，十个八个魏征都被杀掉了。那么，中国历史上的唐太宗也就不是我们后代称道的唐太宗了，大唐王朝会搞成什么样子，谁也说不准。我们都应该承认，凡是人都有自尊，有虚荣心，喜欢听顺耳话、好话和恭维话，不喜欢听逆耳的批评，这是人之常情。皇帝也是人，而且因为他是天下至尊，听惯了恭维话，所以一般更难听进逆耳之言。魏征忠心耿直，但他不注意表达策略，所以常常惹得唐太宗生气。这次太宗气生大了，要杀他了。幸亏长孙皇后贤明，又注意表达策略的运用，她没有直言说："皇上，魏征直言，虽然让您面子上过不去，但他是一片忠心，您不能杀这样的忠臣。"而是选择了折绕的表达策略，说魏征直话直说的行为是因为皇上的英明所致，有英明的皇上才可能有犯颜直谏的大臣。长孙皇后这是通过夸赞太宗的方法把自己的意思婉转地表达出来，让太宗情绪上比较愉快，所以能听进意见，最后容忍魏征的直谏行为。如果长孙皇后没有采用有效的表达策略，就不能保住魏征的性命，最起码是不能让太宗继续听进魏征的忠言直谏的。大家都对太宗说恭维话，都去拍马逢迎，那么，岂有唐太宗的英明，岂有"贞观之治"的奇迹？

长孙皇后善于陈述自己的意见与见解，意思的表达非常具有艺术性，最终发挥了"安国全性"的巨大作用，实在令人感佩！我们现在没有皇帝可以规谏了，要陈述自己对国家大政方针的意见或见解，途径多得很，不必像长孙皇后费那么大的心力。但是，我们今天仍然需要时不时地向自己的上司、朋友、下属乃至晚辈等表达自己对某些问题或具体事情的意见或见解（或主动或被动），因此，我们今天仍然需要讲究表达的艺术，使自己的"进言"能够为人所接受，从而发挥预想的效果。下面我们来看一个现实的例子：

　　有一回，我到华视录教学节目，遇见华视教学部主任周奉和，见他笑口常开，在电视台如此复杂的环境里，颇得人缘，向他请教有什么妙方，他笑了笑说：

<u>"做什么事，采低姿势总是比较安全顺当，飞机低空飞行，连雷达都探测不到！"</u>

这是台湾学者沈谦教授所讲的一个故事。① 我们都知道，在现代这个世界，随着人际互动的日益频繁，人事关系也是越来越复杂了，这个大家都有体会的。因此，如何为人处世，确是人生的一大学问。大家都知道，传媒娱乐界因为是名利最集中的地方，人际关系的复杂也就不言而喻了。要想在这种地方处好人际关系，站稳脚跟，确实不容易。可是，在台湾三大电视台之一的华视，教学部主任周奉和却长期执掌远程教学节目事务，且能游刃有余。这就引起了台湾中兴大学中文系主任、空中大学人文学系主任沈谦教授的不解。因为沈谦博士做教授之余，还是华视《锦绣中华》、《中华文化之美》节目的主持人，他知道华视内不容易"混事儿"。于是沈教授就请教周奉和这位华视"老法师"如何在电视台这种复杂的人际环境中与人相处的处世经验。周奉和就给了他一个意见，说："做什么事，采低姿态总是比较安全顺当，飞机低空飞行，连雷达都探测不到！"周奉和所说的话，概括的是一种处世原则，不失为一种处世的人生智慧。对于这一处世原则的表述，周奉和没有采用理性、直接的语言加以表述，而是选择运用了一个比喻，将"做什么事，采低姿势总是比较安全顺当"与"飞机低空飞行，连雷达都探测不到"联系在一起，从而生动形象地说明了低姿态为人处世，切忌恃才傲物的作风的好处。由于表达得很有艺术性，不仅所说的道理具有说服力，易于为人接受，而且新颖幽默，使人一听难忘，从而成为过耳不忘的至理名言，真是令人叹服！

由上述二例，我们可以清楚地见出，向人进言，陈述自己的意见或见解，其实并不是一件很简单的事，要想使进言有效果，要想使自己的意见或见解为人所重视、采纳，注重表达的艺术是十分重要的。

---

① 参见沈谦：《修辞学》，台北：台湾空中大学印行，1996 年版，第 33 页。

五

侯白好俳谑，一日杨素与牛弘退朝，白语之曰："日之夕矣。"素曰："以我为牛羊下来耶？"（明·何良俊《语林·排调第二十七》）

这则故事，是讲侯白排调杨素和牛弘二人的故事。侯白，字君素，临漳（在今河北南部、漳河沿岸，邻接河南）人。生性好学，才思敏捷，为人滑稽诙谐，尤其善于辩论。应科举而中秀才后，官任儒林郎（一种学官）。大概因为官不大，所以他常是"通脱不持威仪"（不喜欢摆什么架子）。因为"好为俳谐杂说"（说笑话），所以人人见了他都愿跟他玩，相互调侃。因为他学问很好，所以隋文帝就安排他在秘书省修国史。他工作表现很好，也有成绩，隋文帝命"给五品食"（即享受五品官的待遇）。可是，他这人天生命苦，享受五品官员待遇才一个多月就死了，真是没福气。

至于杨素，那可是个大人物！他字处道，弘农华阴（今属陕西）人。出身于士族大家，长于文章，还写得一笔非常好的草书和隶书。北周武帝（宇文邕）时，官任司城大夫等职。他很善于钻营，会看人，与当时的隋国公也就是国丈的杨坚深相结纳。静帝（宇文阐）幼年即位，杨坚任丞相，大权独揽。静帝大定元年（581），杨坚取静帝而自代，史称隋文帝，改元开皇，国号隋。隋朝建立后，他屡向杨坚献灭陈之计。开皇八年（588）杨坚命他率水军从三峡东下，次年灭陈，因功封为越国公。后又领兵镇压荆州和江南各地的反隋势力，为杨坚大隋政权结束南北朝分立局面、统一中国立下了汗马功劳。后官至尚书左仆射（宰相之位），执掌朝政。文帝开皇二十年（600）参与宫廷阴谋，废太子杨勇，拥立杨广（即炀帝）。文帝仁寿四年（604）杨广杀父称帝，杨素因拥立有功被封为楚国公，官至司徒（宰相）之位。

那么牛弘呢？这牛弘，也不简单。他字里仁，安定鹑觚（今陕西省长武县一带）人。隋文帝时历任秘书监、吏部尚书等职。虽然没有什么显赫的经历，但官职却不小，尤其他所居的吏部尚书，那可是掌管全国的官员升迁、考绩、任免等生杀大权的职位，谁不巴结他？只怕巴结不上呢。

虽然杨素和牛弘都是当朝大人物，可是侯白本无往上爬的欲望，所以他并不怎么尊重他们，而是找着机会就要调侃戏弄他们一下。一次，宰相大人杨素和吏部尚书牛弘退朝走出，侯白见到，便对杨素和牛弘说："日之夕矣。"（即太阳下山了）杨素马上接着说："好哇，你在说我们是'牛羊下来'吧？"

那么，侯白说"日之夕矣"，杨素何以说侯白是讽刺他和牛弘"牛羊下来"呢？杨素有没有意会错？告诉你，没有错！杨素还是学问很好的，他书法那么好，还能没有学问？侯白所说的"日之夕矣"，是中国最早的诗歌作品《诗经·王风》中的《君子于役》篇内的一句，这句的后一句即是"牛羊下来"。《诗经》是中国古代读书人个个都背得滚瓜烂熟的，其中《君子于役》又是一个名篇，杨素和牛弘还能不知道？所以，侯白一说"日之夕矣"四个字，他们就知道，这是侯白在骂他们是牛羊。侯白运用的是"藏词"和"双关"两种表达策略，先说"日之夕矣，牛羊下来"两句的前一句，藏掉要说的后半句，利用读书人个个皆知《诗经》的语境，自然而然地让他们联想到诗的后一句"牛羊下来"。同时，又利用杨素的"杨"与"羊"同音，巧妙地将杨素、牛弘联系在一起，以他们二人之姓关合"牛羊"二字，从而与杨、牛退朝下来的情景联系起来，说他们是"牛羊下来"，不着痕迹地戏骂了杨素和牛弘两个权臣。但因为骂得无恶意，又排调得诙谐机趣，令被调侃的杨素、牛弘也觉得有趣，自然就不能怪罪于他，而只得佩服他排调水平的高妙了。可见，骂人、调侃人也是要有表达艺术的！

中国的文人向来是善于调侃人的，这个大家都知道。其实，有时候武人们在此方面水平也不低，不是吗？请看下面一例：

　　　　大约在四三年初，忽传白崇禧到了桂林，而且说他将
　　　　定居桂林，重拉山头，重新向蒋闹"独立"了。为了探询

究竟，我去访问了李将军，名义上是"入村拜土地"，作为我到桂林后的正式拜访。

他给我的印象是态度和蔼，谈吐不俗。照例寒暄以后，我单刀直入问起白今后的动向。

他含笑说："你大概听到些谣传了。其实，健生哪有此胆量。而且，今天已飞回重庆去了。"

我忙问："那究竟是怎么回事呢？"

他说："他和蒋闹别扭是真的。原因是蒋去（参加）开罗会议，健生原想一定会带他这个参谋总长去，不想却带了何敬之（应钦），因此，他一直不痛快，这次，借故飞回了桂林。蒋回到重庆后，昨天给他来了一个电报，许了些愿，他于是就欣然回去了。"

我说："这也可以看出这个人的骨头。"

他忽然忍不住笑地问我："你知道过去北京有一种'上炕老妈子'吗？"

我莫名所以地笑道："在我上大学的时候，就听到过了。"

"健生这个人，其实连一个侍妾都不如，撒了一阵娇柔，被主子拉拉袖子，就乖乖地'上炕'了！"

以后的十几年，我和任潮先生不断有所接触，却从未再听到他对人有过这样辛辣的评议。可见，那次他对白崇禧的所作所为，实在引起由衷的鄙视。（徐铸成《李任潮的妙喻》）

这段文字见载于作者所著《旧闻杂忆》中，所记乃是李济深调侃白崇禧的故事。李济深（1885—1959），字任潮，广西苍梧人。北京陆军大学毕业，曾任粤军第一师代理师长，国民革命军第四军军长、总司令部参谋长，黄埔军校副校长。1927年参加"四·一五"广州大屠杀。1932年"一·二八事变"后，在上海抗击日军的十九路军被蒋介石调往福建进行反共内战。1933年11月20日，李济深联合反蒋的十九路军将领蔡廷锴、陈铭枢、蒋光鼐等发动事变，在福州成立抗日反蒋的"中华共和国人民革命政府"，由李济深任主席兼军委主席，这就是历史上所称的"福建事变"。抗日战争爆发后，李济深响应中国共产党一致抗日的号召，反对国民党政府反共卖国的政策。1948 年发起成立中国国民党革命委员会，任主席。新中国成立后，历任中华人民共和国中央人民政府副主席、全国人大常委会副委员长、全国政协副主席①。白崇禧（1893—1966），字健生，国民党桂系将领，广西临桂人，保定军校第三期毕业。1923 年起任广西讨逆军参谋长，广西绥靖公署及桂军第二军参谋长。北伐战争时期，任国民革命军副总参谋长、东路军前敌总指挥。1927 年任淞沪警备司令，参与蒋介石发动的"四·一二"反革命政变。后任国民党第四集团军副总司令兼新编第十三军军长。1929 年蒋桂战争失败后，与李宗仁等退回广西。1931 年起，历任国民党中央执行委员、国民党政府军事委员会副总参谋长兼军训部长、桂林行营主任、国防部长、战略顾问委员会主任、华中军政长官。1949 年去台湾。②

白崇禧虽是李济深的广西同乡，又在国民党内有"小诸葛"之称，但李济深觉得他人品不行，打心眼儿里瞧不起他。所以，当《大公报》著名记者徐铸成采访他，打探白崇禧消息时，李济深对白崇禧的轻蔑之情于情不自禁中脱口而出，把他比作是"上炕老妈子"，以致令徐铸成觉得"以后的十几年，我和任潮先生不断有所接触，却从未再听到他对人有过这样辛辣的评议。可见，那次他对白崇禧的所作所为，实在引起由衷的鄙视"。那么，李济深的"上炕老妈子"之喻何以有那么大的讽刺力呢？这是因为这"上炕老妈子"本身品位太低了，她就是一般人所说的"土娼"。记得清人小石道人《嘻谈录》中有一则"嘲土娼"文字说：

一南客嘲北方土娼曰："门前一阵车马过，灰扬，哪

---

① 参见《辞海》，上海：上海辞书出版社，1991 年，第 1429 页。
② 参见《辞海》，上海：上海辞书出版社，1991 年，第 1987 页。

里有踏花归去马蹄香？棉袄棉裙棉裤子，膀胀，哪里有春风初试薄罗裳？生葱生蒜生韭菜，腌脏，哪里有夜深私语口脂香？开口便唱黄昏后，歪腔，哪里有春风一曲杜韦娘？莲船盈尺装高低，肮脏，哪里有春娇一掬描弓样？涂来白粉似东瓜，妆腔，哪里有蛾眉淡扫翠凝妆？举杯定吃烧刀子，难当，哪里有兰陵美酒郁金香？头上鬏髻高尺三，蛮娘，哪里有斜簪云髻巧梳妆？行云行雨在何方，土炕，哪里有鸳鸯夜宿销金帐？五钱一两等头昂，便忘，哪里有嫁得刘郎胜阮郎？"

可见，"上炕老妈子"确是品位太低的女人。李济深出人意料地把白崇禧与这种"上炕老妈子"联系在一起，以比喻策略来概括白崇禧的为人与人品，不仅生动形象、入木三分地嘲弄了白崇禧，而且机趣幽默。如果白崇禧亲耳听见，简直要气疯的。可见，李济深调侃人的表达水平确实不凡，确是一位武能杀人、文也能杀人的好手，由不得你不打心眼儿里佩服！

由上二例我们可以清楚地了解到，即使是骂人或调侃人，也是有一个水平问题的。而要有水平，排调得机趣风雅，就得有表达的艺术。否则，便如同泼妇骂街，还有什么可取？

讲了上面那么多，读者诸位，你们是否已经感到语言表达确实是有学问呢？那么你们是否觉得确有必要提升一下自己的说话艺术水平呢？如果你们有这样的想法，那么，不妨从本书提供的线索与先哲时贤的语言实践范例中用心体会一下，相信定能获益匪浅的。

第一章　适情切境的应对艺术

尼克松一次问周恩来总理："总理阁下，中国好，林彪为什么往苏联跑？"

周恩来回答："这不奇怪。大自然好，苍蝇还是要往厕所跑嘛！"（段名贵编《名人的幽默》）

这段文字，讲的是四十年前的故事。大凡出身于 20 世纪 60 年代的人，大多都会知道，上文所提到的林彪，在那个时代可是个了不得的历史人物。特别是在文化大革命时期，他可谓是中国红极一时的人物，是中共中央副主席、中央军委副主席、国防部长，而且是被写进中共党章中的党的接班人。可是，他并不甘心久居"一人之下，万人之上"的现有地位。"文革"中，他同陈伯达等结成以他为首的政治利益集团，并勾结以江青为代表的另一政治利益集团，阴谋夺取中共中央和国家的最高权力。1971 年 9 月 8 日，他利用手中所掌握的国家军队大权，下达武装政变手令，妄图谋害毛泽东，另立中央。阴谋败露后，与其妻叶群、其子林立果等仓皇乘飞机出逃苏联，结果机毁人亡，葬身于蒙古的温都尔汗。林彪叛党叛国的事件，不仅震惊了全中国，也震惊了全世界。

林彪事件刚过几个月，1972 年 2 月，美国总统尼克松冲破重重阻力来华访问，经过谈判，中美两国发表了《上海联合公报》，从而开启了中美两国关系正常化的艰难外交历程。以林彪在中国的特殊地位而叛逃苏联，这件事确实令西方世界不可理解，更令中国政府难以解释。而偏偏这样一个难题，尼克松却要拿出来问周恩来总理，明显是一种出于意识形态作怪的心理和作为资本主义大国政治家的别有用心。他问："总理阁下，中国好，林彪为什么往苏联跑？"表面是个问题，实际上内有深刻的含义，意思是说："既然中国的社会主义那么好，林彪那样的高官就不应该逃往苏联的。"尼克松提出这个问题，事实上就是要拿林彪叛逃一事来以偏概全地否定中国的社会主义制度和中国共产党政府，要出中国政府的丑。因此，尼克松的这个问题，搁谁都难以回答。如果从政治路线上的分歧去回答，很难对一个不了解中国政治情况的美国总统说清楚；如果不回答，他会作出很多有关中共内部斗争等无端的猜测。再说，真的不回答问题，一来显得不礼貌，尼克松能够冲破国内那么大的阻力以秘密的方式飞抵中国访问，中国的总理却以不回答问题的方式待客，似乎不合外交礼仪；二来还可能让尼克松觉得中共内部真有什么见不得人的内幕。但是，要老老实实、一本正经地回答这个问题，又是不易让尼克松明白清楚的。毕竟中美由于意识形态上的差异和美国对中国共产党政权的偏见，双方在政治、思想、理念等方面本来就没有什么共识或共同语言。

但是，这样的外交难题，却丝毫也没有难住我们的周恩来总理。他以一个十分巧妙的比喻"这不奇怪。大自然好，苍蝇还是要往厕所跑嘛！"——把中国比作美好的大自然，把林彪比作苍蝇，把与中国对立的苏联（当时称为苏修）比作厕所，说林彪叛离中国、逃往苏联就像是苍蝇不喜欢美好的大自然而喜欢污秽的厕所一样，比得新颖独特，而又机趣幽默，使崇尚幽默的美国人不得不佩服；同时，在比喻中又不着痕迹地夸赞了中国社会主义好，贬斥了霸权主义与大国沙文主义的苏联，把林彪的人格也贬得一文不值。这样，既荡开了政治或意识形态问题，又可以活跃外交气氛，体现新中国领导人的外交风采，让尼克松不得不佩服他的政治对手，不得不正视与中国改善关系并共同抑制苏联霸权主义的战略意义。

那么，周恩来总理为何能作出如此巧妙的回答而令人叹为观止呢？这就是他重视表达艺术、长于辞令的缘故。应该说，在言语交际中，因为应对是即兴的语言活动，所以一般要应对得好，就不是那么容易。但是，如果掌握了一定的应对表达艺术，应对自如，妙语生花也是可能的。下面我们就简要介绍一些中国古今贤哲的应对智慧，相信大家定能从他们的语言实践中获益多多。

一、兵来将挡，水来土掩：郑崇"臣心如水"

> 汉哀帝语尚书郑崇曰："卿门何以如市?"崇答曰：
> "臣门如市，臣心如水。"（明·何良俊《语林·言语第四》）

我们都知道，汉高祖刘邦虽是地痞无赖出身，品行人格是谈不上的，但他毕竟还是有能耐的，能笼络住张良、韩信、萧何这"三人杰"，最终打败了不可一世的贵族名门出身的西楚霸王，建立了中国历史上非常强大的中央集权制的汉帝国。虽然历史上很多人都说不能以成败论英雄，但现实就是"成者为王败者为寇"，现实就是铁证。中国人长久就有一种说法，叫作"老子英雄儿好汉"。其实，很多时候都未必。就说刘邦吧，他牛吧? 他有手腕有能耐，能唱出"大风起兮云飞扬，威加海内兮归故乡，安得猛士兮守四方"的《大风歌》，还真颇有一代帝王雄主之风。可是，他的子孙却算不得都是好汉。刘邦死后，大汉王朝一路走来，跌跌撞撞，可谓曲折坎坷。先是刘家天下转手成了后党吕氏的天下，吕后死后幸得有陈平与周勃设计剪除了吕产、吕禄等人，为刘氏讨回了江山。经过文帝和景帝的"文景之治"后，出了个刘彻，算给刘邦长了一下脸。刘彻就是汉武帝，他文韬武略都不错，算得上雄才大略，与他太爷爷刘邦一样，会用人，派张骞两次至西域，加强了对西域的控制；派唐蒙至夜郎，在西南先后建立了七个郡；特别是任用卫青、霍去病，出大兵将北方强敌匈奴打得落花流水，从此解除了北方的忧患，原来一见匈奴就感到畏惧的大汉朝，至此终于抬起了头来。政治、经济、军事实力至此都达到了空前强大的地步，在当时的世界上可谓是如日中天，周围大小国家都要仰大汉王朝之鼻息。这时，大汉王朝可谓走向了辉煌的顶峰。然而，辉煌的顶峰之后，便是不断地走下坡路。到哀帝刘欣时，大汉王朝气数似乎将尽。哀帝在位不到 6 年，继他之后的平帝干了 5 年，孺子刘婴居摄了 3 年。接着，刘家天下又被王莽篡了位，建立了国号为新的王朝。本来，刘家天下到此就完了。可是，偏偏天不佑王莽，与王莽"五百年前是一家"的农民好汉王匡、王凤于王莽末年发动了"绿林起义"，刘邦的远支子孙刘秀乘机跳了出来，混迹绿林好汉之中，从中渔利，势力逐渐坐大，于公元 25 年称帝。后又镇压赤眉起义军，削平各地割据称雄的诸侯，统一了全国，历史上叫作"东汉"（称刘邦所建立的汉王朝为"西汉"，以定都地不同而名之）。刘秀"光武中兴"，也算得是刘邦的好儿孙了。但刘家天下终究是不长久的，到公元 91 年，距光武帝刘秀称帝只有 66 年，刘家又出了两个不肖子孙，一是刘志，即汉桓帝；二是刘宏，即灵帝。这二位是历史上有名的昏庸之主，宠信宦官，胡乱用人，结果搞得朝政日坏，奸佞当道，政治腐败，从而直接造成了汉末天下大乱，生灵涂炭，各路诸侯烽烟四起，最终以魏、蜀、吴三国鼎立而结束。后来诸葛亮在《出师表》中还不忘拿这二位昏君告诫教育蜀汉后主刘禅说："亲贤臣，远小人，此先汉所以兴隆也；亲小人，远贤臣，此后汉所以倾颓也。先帝在时，每与臣论此事，未尝不叹息痛恨于桓、灵也。"

不过，汉室在哀帝时就已显衰弱了，哀帝本人也是个没有什么能耐的人，在臣子中也没有多少威信。但他毕竟还是皇帝，所以当时很多大臣见了他还是很怕的，郑崇就是一个。郑崇，字子游，出身高密（今山东）大族。郑崇少时为郡文学史，显现出不凡的才华，因而得到大司徒（即丞相，西汉哀帝始改丞相为大司徒，东汉时改为司徒）傅喜的赏识。傅喜向哀帝推荐，哀帝就提拔郑崇当了尚书仆射（尚书在汉武帝以后，在皇帝左右办事，掌管文书章奏。尚书仆射是尚书之首）。郑崇很有识见，屡次求见哀帝提出尖锐的意见，哀帝也采纳了一些。郑崇每次见哀帝总是拖着皮底鞋，踢嗒踢嗒，哀帝一见他就笑说："我识郑尚书履声。"大概因为郑崇是傅喜和哀帝赏识的人，又是哀帝身边的亲近人，因此很多权贵都想走郑崇的门路，以至于每天到郑崇府上的达官贵人络绎不绝，一时竟成门庭若市之景观。这种情况，哀帝的近臣肯定是要将其通报给哀帝的。于是，哀帝就问郑崇："卿门何以如市？"这话问得巧妙，弦外有音：你不过是一个尚书仆射而已，怎么有那么多人到你家拜访，他们是求你帮他们升官发财，还是你结党搞山头主义啊？你想干什么？虽然这话内里充满了杀机，但表面却显得客气有加。可是郑崇毕竟是聪明人，他知道皇上的话事实上分量有多重，所以就很机智地回答了哀帝一句："臣门如市，臣心如水。"兵来将挡，水来土掩。皇上问得意味深长，他答得明白诚恳：他们要往我家去，搞得我家门庭若市，这是他们的事，我不能阻挡他们；他们想干什么，有什么意图，我也不管；反正，我对皇上您的忠心犹如一泓清水，透碧见底。那些拜访我的人心里想什么不可测知，但我的心是明明白白。皇上，您应该信得过我！郑崇这八个字的回答，你看有多高妙！如果费尽口舌解释那些大臣为什么到他家里去的原因，肯定会越说越不清，越辩越让皇上疑窦丛生。那样，郑崇小命还能保全吗？仔细玩味，郑崇的回答，妙就妙在他八个字的答语同时运用了比喻、对偶、对比三种修辞策略。"门庭若市"是个成语，本身是个比喻，皇上拿来问他，他接过这个成语，以同样四个字的比喻"臣心如水"来接对，从而构成"门庭若市"与"臣心如水"八个字形式上的对偶对仗，在意义内涵上则形成映衬对比，从而言简意赅、婉转含蓄地推翻了皇上的责难，表达了自己的忠心清白。可以说，这一应对的高妙，再也没有出其右者，是千古难见的妙答！

二、缘情蓄意，借题发挥：裴楷解卦悦武帝

> 晋武帝始登阼，探策得一。王者世数，系此多少。帝既不说，群臣失色，莫能有言者。侍中裴楷进曰："臣闻天得一以清，地得一以宁，侯王得一以为天下贞。"帝说，群臣叹服。（南朝宋·刘义庆《世说新语·言语第二》）

这段文字，讲的是这样一个历史故事：晋武帝司马炎夺了曹家天下，良心不安，做贼心虚，登基之初就求神问卦，想知道司马氏

的江山到底有多长气数。

说到晋武帝司马炎做贼心虚问气数，这里想起元代的话本小说《三国志平话》的开头讲了这样一个故事：地痞无赖出身的刘邦依靠韩信等大将打败了西楚霸王项羽，一步登天而至九五之尊，做起了大汉王朝的开国帝君。哪知天下甫定之后，这个没良心的刘三，竟然过河拆桥（用司马迁的话来说叫作"狡兔死，良狗烹；高鸟尽，良弓藏"）。这刘三倒也有些自知之明，他知道自己文韬武略都谈不上，完全是仰仗张良、萧何等谋臣策士的运筹帷幄和韩信、彭越、英布等战将的浴血奋战，才打下了江山。他就心里盘算着，张、萧是文臣，不会危及自己的地位，韩、彭、英等三将却随时可以发动军事政变，推翻自己而南面称帝。其实，就实力最强的韩信来说，事实上并无此心，否则早就听了齐人蒯通之计称帝了。可是，刘三心理阴暗，以小人之心度君子之腹，为了稳固自己的江山，便设计先后消灭了韩信、彭越、英布等异姓诸侯王。韩、彭、英三大将是开国之勋，世人皆知，他们被屈杀，自然死不瞑目。于是，三人便向玉皇大帝诉冤，要求平反昭雪，落实政策，求个公道，至少也要讨个说法。玉帝听了三人的申诉，觉得确实是冤苦深重，便让一个人间秀才司马仲相判决此案。司马秀才思虑再三，不知如何处罚这个流氓刘三。最后，他终于想到一个办法，即设置一个因果报应的结果：让韩信投生为曹操，彭越投生为孙权，英布投生为刘备，三分刘邦的汉室天下，以报宿怨。玉帝觉得这个秀才判决得公允，便再命司马仲相为司马懿，削平三国，重新收拾天下残局，三国归晋。当然，这只是小说家的"满纸荒唐言"。但是，历史事实上是这样，晋武帝司马炎正是首先夺了曹家的天下，然后灭蜀亡吴而逐渐统一天下的。

司马氏觊觎曹家的江山已经很久了，但司马懿和他的两个儿子司马师、司马昭都没有动手。司马懿曾做过曹操的主簿（掌管文书、办理事务的官员），很有计谋。魏文帝时为太子中庶子，深为文帝所信用。魏明帝曹叡时则任大将军，统帅三军与蜀汉诸葛亮相抗衡。如果没有他，诸葛亮肯定能够实现恢复汉室的愿望。齐王曹芳执政时代，他与皇室曹爽同是受明帝遗诏辅政的重臣。后来，因为曹爽不自量力，自以为自己是曹操侄孙，在明帝时做过武卫将军，便用何晏等人为心腹，试图与司马懿争权，司马懿一生气把他给杀了。即使在这种情况下，司马懿仍然没有取曹氏而自代，到底他还算够义气，大概是看在曹操和曹丕的份上吧，或许他想效法当年曹操"挟天子以令诸侯"而不自代的榜样吧。想想也是，他与曹操比，还是差多了。曹操当年都不敢放手去做，他这资历怎么好意思对曹操的子孙下手呢？司马懿死后，其长子司马师继任大将军，把持朝政，独断专行。嘉平六年（254），司马师废曹芳，立高贵乡公曹髦。次年，司马师病故。其弟司马昭继任大将军，更加专横，连曹髦也说："司马昭之心，路人所知也。"人人都明白，曹家的江山实际上是司马家的人在坐着，但司马师、司马昭不管怎么专横，毕竟没有公开夺位。魏元帝曹奂咸熙二年（265），司马昭一死，司马昭的儿子司马炎再也没他祖父、父亲、伯父的修养了，迫不及待地要可怜兮兮的傀儡皇帝曹奂把帝位禅让给他。

司马炎如愿以偿后，想想他爷爷、他爸爸，还有他那急吼吼的司马师伯父都没敢要曹家禅位，自己这点能耐是否能坐稳江山？他心里就打鼓了，老是觉得不踏实。怎么办？那时代，信占卜问卦，于是，司马炎就让人给占了卦，结果得"一"。这下子，他傻了。怎么？司马家的天下比曹家还要短命，只有一年的气数？下面的大臣更傻眼了，怎么说呢？就在大家都很尴尬之时，侍中裴楷出班奏说："臣听说天得一可以寰宇澄清，地得一可以太平安宁，侯王（司马炎即位前是侯王）您得一是好兆头，是得天下的卦象。"这话自然会讨得司马皇帝的欢心，毫无疑问。

我们都知道，卦辞都是字少词寡，语义模糊的。解释起来可以有很大的自由度，根本没有一定的标准，也无所谓到底谁的解释是正确的。正是因为如此，不同的人就有不同的解释，而且解释者常常揣度卜卦者的心理，迎合其意而解之，以讨其欢心与安心。因为占卦的目的，也就是为了求个好兆头。同样，司马炎荣登大宝之日就卜卦问国祚，自然是想得个千秋万代、江山永固的好卦。但是，卦辞是"一"又使人自然而然地想到是晋朝国祚只有一年。正因为如此，司马炎才会"不说"（不高兴），群臣才会"失色"。裴楷的聪明之处，在于抓住了这个只有一个"一"字的卦辞，揣度好司马炎的心理，迎合其意，利用"一"的语义模糊性，缘情蓄意，借题发挥，对"一"予以别出心裁的解释，说出了上述那番话，让司马炎吃了一颗定心丸。由于"一"语义的模糊性，裴楷那样解释，没有人能够说不对，当然即使有人想说不对也不敢。

说到裴楷解"一"取悦司马炎，这里想到以前听到的一个故事：说古代有三个考生进京参加会试，路上听说前面有座庙，里面有个得道高僧能预测未来。三人就想进庙求高僧预测一下考试结果。这在封建社会非常正常，读书人只有中了进士才有可能进入仕途，升官发财，飞黄腾达，否则一生只能潦倒困厄。三人见了高僧，虔诚相问，希望高僧明示自己这次的功名前程。高僧看了看三人，半天不言一语，最后瞑目，伸出一个指头。除此，别无片言只语。三人只好悻悻然而去，各自在心中揣度那一指之意。考试结束，发榜时，三人一齐高中了。三人高高兴兴地去看高僧，表示感谢。其实，这高僧一点也不高，要说他高，就高在他利用"一"的模糊性。如果三人一齐考取，他的一指就表示"一齐中"；如果三人考取二人，一指表示"一人不能中，其余二人可以中"；如果三人考取一人，一指表示"一人能中，其余二人不中"；如果三人都没考取，则一指又表示"三人一个也不中"。说到底，解卦也好，算命也罢，说解者大多是利用语言的模糊性来从中蒙人的。但是，对于裴楷和上述所谓的"高僧"，他们的表达艺术又不能不令人感佩得五体投地。

三、借力使力，反转因果：孔融"小时了了"

孔文举年十岁，随父到洛。时李元礼有盛名，为司隶校尉，诣门者皆俊才清称及中表亲戚，乃通。文举至门，谓吏曰："我是李府君亲。"既通，前坐。元礼问曰："君与仆有何亲?"对曰:"昔先君仲尼与君先人伯阳有师资之尊,是仆与君奕世为通好也。"元礼及宾客莫不奇之。太中大夫陈韪后至,人以其语语之。韪曰:"<u>小时了了,大未必佳。</u>"文举曰:"<u>想君小时,必当了了。</u>"韪大踧踖。
(南朝宋·刘义庆《世说新语·言语第二》)

这段文字,讲的是这样一个故事:孔融十岁时,跟随其父到了京都洛阳。当时,洛阳有一个大名人叫李膺,字元礼。东汉桓帝宠信宦官,政治腐败。元礼为司隶校尉(校尉在西汉时是仅次于将军的武职。汉武帝时的校尉就是统率一校之军官,每校人数少则七百,多则一千二百人),官不大,但因为与太学生首领郭泰等人结交,反对宦官专权。这在当时要有很大勇气,所以当时太学生们有一句口号,叫作"天下楷模李元礼"。因为元礼有盛名,到李府的人都是些才俊名流,或是元礼的中表亲戚,其余闲杂人等,一律无由进得李府大门,要见到元礼,不容易。也难怪,什么时代不这样,只要一成为名人,哪个不摆个臭架子?孔融听说元礼如此牛气,就越发想见识这位大名人,看他到底有什么了不得的能耐!于是,孔融自己就跑去了。与其他慕名而来的求见者一样,门卫一看是个小孩子,自然不让他进门:"大人不够条件老爷还不让进呢,你小孩子还见什么李大人?不行,走!"孔融见此,就说:"我是李大人的亲戚。"这样,够条件了,自然就进了门。进了门就是客,元礼就问:"您说您跟我是亲戚,到底是什么亲戚呀?"(元礼这点还不错,对小孩子也用敬称,称"君",大约相当于今天我们所说的"您")孔融回答说:"从前我的先祖仲尼(即儒家创始人孔圣人孔夫子,名丘,字仲尼)与您先祖伯阳(即道家创始人老子,姓李名耳,字伯阳)有师生之谊(相传孔子曾问礼于老子)。所以我与您算得上是一代接一代的通家之好。"元礼和家中的满座高朋宾客对这小孩子的话无不震惊。太中大夫陈韪也来拜访元礼,因为来晚了,于是就有人转述孔融的话。陈大人自视甚高,不仅没表扬孔融,反而讽刺:"小时候聪明,大了未必有什么出息。"孔融一听这老头怎么这么说话呢？于是就反唇相讥，不客气地反驳了他一句："以此推知，想必陈大人小时候一定很聪明。"陈大人一听，知道自己吃了大亏，但又不得不佩服！真是站也不好，坐也不是，很是尴尬。

那么，孔融的一句话何以让陈韪"大踧踖"（一种既恭敬又不安的神情）呢？这是因为孔融回答陈韪的话运用了"借力使力，反转因果"的表达策略。陈韪说："小时聪明，长大了未必聪明。"孔融顺着他的话，按照他的逻辑，进行反转因果的逻辑推理，说"想您小时一定很聪明。"这话是借着陈韪的逻辑来骂陈韪，说陈韪现在是个很笨的人，但骂得巧妙，骂得自然，婉转有韵致，令人拍案叫好，令陈韪哭笑不得。不过，平心而论，就后来孔融的结果来看，这位孔圣人的后裔确实不怎么样。虽然他在汉献帝时曾被拜为北海相，立学校，表儒术，做了一点工作，但与那个时代的要求已脱节。那时汉室倾颓，要的是"挽大厦之将倾"的能人，而不是像他标榜的那种"座中客常满，杯中酒不空，吾无忧矣"的腐儒。汉献帝信任他，但他志大意疏，终不能成事，空负了献帝给他的太中大夫之高位。虽然我们不能说他一点也不行，但最起码可以说算不得一位有出息的政治家。如果他稍微会做人一点，也不至于被曹操所忌，最后落得个被杀头的下场。不知道陈韪看到了孔融的结局没有，如果看到了，陈大人肯定拍手说："还是我说得对！"孔融"大未必佳"是后话，就小时而论，我们还是应该佩服他的语言智慧和表达艺术的高妙的！

四、含糊其词，无理而妙：钟士季"闻所闻而来"

钟士季精有才理，先不识嵇康。钟要于时贤俊之士，俱往寻康。康方大树下锻，向子期为佐鼓排。康扬槌不辍，旁若无人，移时不交一言。钟起去，康曰："<u>何所闻而来？何所见而去？</u>"钟曰："<u>闻所闻而来，见所见而去。</u>"（南朝宋·刘义庆《世说新语·简傲第二十四》）

　　这段文字，述说的是钟会拜访嵇康一事。钟会，字士季，是三国曹魏时代的显赫人物。对三国历史如果不是特别熟悉的人，也许对钟会还有些陌生；但如果说到钟会他爹，肯定很多人都知道。他爹不是别人，就是中国书法史上大名鼎鼎的钟繇。钟繇的书法师法曹喜、蔡邕、刘德升，但又博取了三家之长，兼善各体，尤精隶、楷，"点划之间多有异趣，结体朴茂，出乎自然，形成了由隶入楷的新貌"①，与晋王羲之并称"钟王"。除了以书法名世外，钟繇的官做得也很大。早在东汉末年，就官至黄门侍郎（最亲近皇帝的机要官员）。曹操当权时代，官任侍中守司隶校尉，持节督关中诸军（代表中央政府加强对关中地区军队的控制）。曹丕代汉称帝后，任廷尉（九卿之一，掌管刑狱）。魏明帝即位时升任太傅（辅导太子的官，位仅次于太师），人称"钟太傅"。钟繇虽任多种武职，实际上并不长于金戈铁马的沙场征战与运筹帷幄的军事谋划，说到底他还是一个文人。可是他的儿子就不一样了，钟会在曹魏时代是以武名世，官至司徒，那是一人之下万人之上的位置，比他爹的"太傅"名誉位置强了不知多少。他长于计谋，是曹魏时代的权臣司马昭的重要谋士。魏元帝景元四年（263），他与邓艾（就是那个期期艾艾，说话口吃的曹魏镇西将军，长期与蜀汉诸葛亮的接班人姜维大将相抗衡的人物）分军灭了蜀汉。可见，他的军事才能有多大。也许是因为自己位高权重，在灭蜀统一天下的过程中又觉得功劳不小，于是就有了非分之想，密谋发动军事政变，结果被司马昭给杀了。

　　那么，嵇康又是何许人也？这人也不简单。只要对中国文学有所了解或有一点基本常识，都知道他是谁。嵇康，字叔夜，谯郡铚（今安徽宿县西南）人。擅长文学、音乐，还是个很有个性的思想家。与阮籍、山涛、向秀、阮咸、王戎、刘伶等六人"相与友善，游于竹林，号为七贤"，这就是后来文学史上所称的"竹林七贤"。官至中散大夫，世称嵇中散。他崇尚老庄，讲求服食养生之道，也

---

　　① 《辞海》，上海：上海辞书出版社，1991年，第1916页。

许因为与曹魏皇帝是安徽淮北同乡之故，嵇康娶了魏宗室之女。这一步对他一生大有影响。曹魏时代，曹氏皇室集团与权臣司马氏集团的矛盾是尽人皆知的。嵇康因为是曹家的女婿，自然被司马氏集团视为与曹氏集团对立的政敌，又因他不满司马氏专权，最后为钟会构陷，被司马昭所杀。

上引故事，讲的还是曹氏皇室集团与司马氏集团的早期斗争。钟会是司马集团的谋士和核心人物，他除了长于计谋外，大概是因为有家学熏陶的缘故，博学而有才理，长于名家之学，曾著《道论》二十篇。熟悉历史者都知道，由于"三曹"的缘故（曹操、曹丕、曹植父子都是文学成就很高的文学家，曾引领过一代风骚），魏晋那时代的文学之士地位很高，大凡擅长文学之士自然就是社会名流、名士。嵇康是"竹林七贤"之首，文学成就斐然，又标榜老庄之学，自然更是风雅之士。所以，博雅的钟会虽然不认识嵇康，却也慕名想去拜访他。于是就邀请了当时的一些贤俊之士，一起去拜访嵇康。到嵇康府上，一看嵇康正在门前大树下打铁呢！"竹林七贤"之一的向子期（向秀，官拜黄门侍郎，皇上的亲近机要高官）在拉风箱。他们对钟会一干高官显贵、名流才俊人等，好像没看见似的，打铁如故，过了好长时间，双方谁也没说一句话。为什么会这样？这是缘于钟、嵇二人都对对方有戒备之心。嵇康心里认为钟会此行恐怕不是来拜访他这么简单，可能是司马氏派来刺探曹氏集团虚实的，所以还是不开口为妙。而钟会呢，他不主动搭话，可能一是想看看嵇名士如何打破僵局，如何待客，有什么名士风度表现，再说自己是一人之下万人之上的人，又是不惜屈尊来主动拜访，自己是客人，主人总该先招呼一声客人才是，所以他没有吱声。这样，双方心里各有一本账，于是就僵在那。最后，钟会觉得嵇康还是没有打破僵局与自己交谈的意思，便起身而去了。这时，没想到嵇康倒说话了，问钟会："何所闻而来？何所见而去？"钟会马上回答："闻所闻而来，见所见而去。"

嵇康的话问得弦外有音，有水平。"何所闻而来？何所见而去？"表面是两句寻常的问语，实际上则别含玄机，意味深长，含蓄地告诉政敌钟会："我们只是普通的文学之士，我们优游竹林，只是谈论文学；我们闲暇聚会，只是以打铁来消遣，修身养性。我们光明正大，并没有密室聚会策划阴谋。我们曹氏皇家集团并没有像你们司马氏集团的人那样横行霸道，还要监视别人的行动。你们何必那么神经过敏呢？何必以小人之心度君子之腹呢？"钟会知道嵇康这两句问话是别有用意的，内含不满、讽刺，对自己此行来拜访有误会。不过也难怪，毕竟彼此是两大敌对集团的核心人物，彼此的任何言行当然都会引起对方的猜想，彼此防范也是正常。所以，钟会就运用"含糊其词"的表达策略，也以两句话来应对："闻所闻而来，见所见而去。"从普通人来看，这两句话是废话，说了等于不说，表义极其模糊。但是，此情此景，对曹魏时代嵇康和钟会所代表的两大政治集团的核心人物来说，这话却是说得极其高明，是无理而妙。"闻所闻"的真正内容是什么，"见所见"的情景又是怎样，都不交代清楚，让人有无数种猜想，对于嵇康话中的责难意味，既可以说作了辩解，又可以理解为没有辩解。正因为如此，这种妙答才被魏晋时代的人们所传诵。看来，钟会确是个人物，他的语言智慧与表达艺术也是高人一筹的。这么一个巧舌如簧的家伙，最后嵇康与邓艾都死于他的舌下，自然可以想见。

五、审时度势，投其所好：村婆招待太祖吃仁饭

> 太祖初渡江，至宋石，驻薛妪家。饿甚，坐谷笼架上。问妪此何物，对曰："笼床。"烹鸡为食，问何肉，曰："炖鸡。"饭以大麦饭，曰："仁饭。"太祖嘿喜。盖龙床、登极、人范，皆语吉也。天下既定，召妪赏之，至今有薛家洼云。（明·文林《琅琊漫钞》）

这则故事乃明代成化进士文林所记，应该是有所依据的。乞儿与小和尚出身的大明王朝的开国帝君朱元璋，元至正十二年（1352）参加郭子兴的起义军，后自立一军。元至正十五年（1355）

曾与韩山童一起倡导起义的红巾军另一首领刘福通，迎韩山童之子韩林儿至安徽亳州（今亳州市），拥立韩林儿为小明王（因韩山童起义之初即牺牲），国号为宋，建元龙凤。韩林儿称帝时，任朱元璋为左副元帅，从此朱元璋势力坐大。龙凤二年（1356）朱元璋率兵攻下元朝重镇集庆（即今天的江苏南京），由此正式奠定了自己的地位，为日后的帝王霸业打下了基础。

上引故事，说的即是朱元璋攻打南京这一时期的事。朱元璋率军由江北初次渡过长江，兵驻宋石这个小地方时，借住一个薛姓老婆子家。当时，朱元璋饿得慌，坐在谷笼（大约是南方用来盛放稻谷，叫作"稻箩"一类的农具）架上。朱元璋就问薛婆子，这是什么东西。这薛婆子真是聪明，她大概看出朱元璋装束的不一般及威严，知道是个大将军，就有意讨好地回答说："这是笼床。"然后薛婆子又给朱元璋杀鸡吃，这在乡下可是最上等的待客食物了。朱元璋大概没见到她杀鸡烹饪的过程，只见她端上来了一碗肉，就问是什么肉。薛婆子又乘机回答："炖鸡。"又端上来一碗热腾腾的大麦饭，说："这是仁饭。"朱元璋听了心里窃喜。因为"龙床"、"登极"、"人范"都是吉利语，是想称帝立霸业的将军都乐意听的。所以，朱元璋打下天下之后，想起往事，就召见了薛婆子，大大赏了她一笔财物。薛家洼这个地方，至今还在。

我们都知道，朱元璋是个非常刻薄猜忌的人，在中国历史上以最没良心、过河拆桥而出名。这个大家比较熟悉，用不着在此历数他的恶行了。朱元璋做了皇帝后，杀了无数功臣名将，不记他们的功劳，却能独独记得薛婆子的鸡饭之恩，真是令人奇怪！其实，这并不怪，很多帝王或是政治人物常常是不念大恩而记小德。因为对他有大恩的人（比方说开国元勋等），恐怕也是他政治上潜在的强有力的对手，他为了自己的地位与利益，只能狠起心肠除之而恐不尽。至于他这样做了是否夜深无人时心中有愧，只有他自己知道。而对于他的故人的小的情义恩德，他倒是记得很深刻，也念叨着。这些人一般不会对他的政治生命构成任何威胁，他对这些小人物的旧德的报答，不仅可以使他获取一种成就感，引起对方的感恩戴德，还能在社会上造成一种他这个大人物是个念旧恩的君子的好印象，这对他沽名钓誉、稳定自己的统治能增加正面积极的影响。朱元璋是何等人物，这些个道理，他比谁都懂。除此，朱元璋在做了帝王之后，最令他忆起薛婆子的，除了一饭之恩外，还有薛婆子当年的吉利话，如今都应验了，他怎能不高兴呢？所以朱元璋记得要赏薛婆子，是在情理之中的事。不过，我们应该承认，这个薛婆子真是不同凡响，她虽是一个乡下妇女，却有独到的识人眼光，竟然看出朱元璋的不凡来，并猜测到他的心理，投其所好，利用"笼床"与"龙床"、"炖鸡"与"登极"（即帝位）、"仁饭"与"人范"（帝王是世人的典范）在语音上的相近相谐，让听者朱元璋听得心花怒放。这就是薛婆子的智慧，她的这种高妙的语言表达艺术恐怕一般大人物也是不可企及的。

说到这里，突然想起小时候祖母给我讲的故事：古代有个书生要进京赶考了，他的妻子就搬了一张梯子靠在墙上，叫丈夫爬上去，书呆子丈夫不知何意，就问干什么？他那能干的妻子说："你爬就是了。"丈夫就爬上梯子，他爬一级，他妻子就在下面说："再升一级。"后来，她丈夫果然考中进士，官越做越大。还有一个故事是，一个书生要进京赶考，他的妻子给他杀了一只公鸡送行，丈夫说："这鸡这么小，怎么吃？"他娘子说："鸡小冠（官）大。"这人后来果然做了大官。这事后来被另一个书生的妻子听说了，也学样。她丈夫赶考前，她也特意杀了一只小公鸡，丈夫不解，问杀这么小的公鸡干什么？他娘子回答说："鸡小鸡大都是一刀。"据说后来，这位书生倒是考上了，也做了不小的官，可最后却被杀了头。小时候听了这些故事觉得好玩，现在想来，这种言语行为实际上是趋吉避凶的一种心理反映。如果我们学过语言学理论，就会知道语言与客观现实之间并没有直接联系，它是一种社会现象，现实生活中凶吉祸福并不依人的主观意愿而改变。人们说祝愿的好话并不一定就能实现，说别人不好的话，别人也不一定就有祸患。但是，现实生活中，人们总是愿意听到吉利的话，而不愿听到不吉利的话，这是一种语言心理。善于利用人们的这种语言心理，讲究表达的艺术，往往能够取得较好的交际效果。所以，这方面的表达艺术还是值得我们注意的。薛婆子的经验不正是给了我们一个很好的启示吗？

六、推三阻四，左右闪忽：蔡锷妙语答记者

一次，《亚细亚报》记者万士同采访蔡锷。

万："鄙报为国民喉舌，请教蔡将军的政见。"

蔡："我喉头有病，有你这个喉舌就行了。"

万："孙中山在海外宣称讨袁，将军是辛亥之勋，想必引为同调。"

蔡："中山之徒不是也有给袁总统筹办帝制的吗？"

万："对，对。不过梁启超先生反对帝制的大作，你总该深表同情吧？"

蔡："梁先生是我的老师，袁总统是当今国家元首，我该服从谁呢？"

万："是啊，该服从谁呢？"

蔡锷巧妙地将问题推回给了对方，回避了对方的问题。（文俊《巧答妙对365》）

众所周知，孙中山先生领导的革命党人为了拯救灾难深重的中国，无数人抛头颅、洒热血，历经无数失败，与清廷进行了艰苦卓绝的斗争。1911 年 10 月 10 日，由革命党人策动的武昌首义爆发并成功，各省纷纷响应，不到两个月，就有湖北、湖南、陕西、江西、山西、云南、贵州、江苏、浙江、广西、安徽、广东、福建、四川等省先后宣布独立，清廷迅速分崩离析。12 月，孙中山先生从海外归来。十七省代表在南京召开会议，决定成立中国第一个资产阶级共和国——中华民国，并推举孙中山先生为临时大总统。1912 年 1 月 1 日，孙中山在南京正式宣誓就职，中华民国临时政府成立。但是在北方，清廷及残余势力还存在，这个资产阶级共和国还不是

全国的统一政权。当时，统一的最大障碍不是清朝王公势力，更不是小皇帝溥仪，而是汉人权臣袁世凯。这个袁世凯，靠满洲权臣荣禄推荐，由天津小站训练"新建陆军"起家，积累了自己的军事力量的"原始资本"。又在康梁发动"戊戌政变"时，出卖维新派而得到慈禧太后的宠信。从此，势力逐渐坐大，由山东巡抚一直做到直隶总督、北洋大臣、军机大臣。1907年因权力斗争而被摄政王载沣罢免还乡。但是，由于他一手训练起来的新军势力和多年经营的北洋军队只听他的指挥，加之有西方列强的支持，所以他在野犹如在朝。1911年武昌起义后，清廷无奈，又请他出山，出任内阁总理大臣。清廷的本意是请他出来挽满清王朝"大厦之将倾"，他却另有野心。他权柄到手后，一面出兵向革命党要挟议和，要孙中山让位，一面利用强权威逼清帝退位。孙中山先生是"天下为公"的君子，没有半点私心，为了中国的和平统一和国家强盛，力排党内众议，同意让位。但为了约束限制袁世凯，特制定并颁布了《中华民国临时约法》，并派宋教仁、汪精卫、蔡元培等人为专使北上迎接袁世凯到南京就任中华民国临时大总统。可是，袁世凯为了不受革命党人掣肘，竟唆使部属发动北京骚乱，并以此为借口，不往南京就职，而最终在北京就职。窃国成功之后，袁世凯为了清除障碍，于1913年3月派人刺杀了国民党教父宋教仁，并镇压了孙中山领导的"讨袁军"。后来又解散国会，篡改约法，完全实行了独裁专制统治。为了防止有实力的封疆大吏起兵反抗，袁世凯采取了很多措施，如1913年将云南总督蔡锷调往北京，暗加监视，就是一例。

说到这个蔡锷，可是个了不得的人物。他字松坡，湖南邵阳人。光绪二十四年（1898）入长沙时务学堂，从梁启超学习。1900年参加自立军起兵，失败后留学日本士官学校。1904年回国训练新军，武昌起义后，在昆明举兵响应，建立军政府，任云南总督，并派唐继尧进军贵州，最后唐继尧做了贵州都督。十七省代表决议成立中华民国，实际上蔡锷就有两份功劳（因为他实际上是以云、贵两省的实力入股的），对中华民国大大地有功。正因为蔡锷是实力派人物，所以袁世凯才特别提防他。蔡锷被他调往北京，实际上就是被软禁了。于是蔡锷韬光养晦，与京城名妓小凤仙演出了一场风流情缘（记得 20 世纪 80 年代还有一部电影，叫《小凤仙》，就是演这事的）。最终，于 1915 年 11 月潜出北京，回到云南。

袁世凯实行了独裁专政还觉得不过瘾，1915 年 12 月竟然冒天下之大不韪，倒行逆施，宣布次年改为洪宪元年，准备做皇帝。于是举国哗然。曾经是"百日维新"首领的梁启超，再次站出来，发表了一篇《异哉所谓国体问题者》的宏文。上引的《亚细亚报》记者万士同对蔡锷的采访，要蔡锷发表对袁世凯即将称帝之事的态度，就是在此背景下发生的。

对袁世凯的倒行逆施，蔡锷自然是反对的。他是一个军人，正在心中策划一个倒袁的大计。但是，在实施军事行动前是要严格保密的，否则便会失败，甚至自己的性命也不保了。所以，当记者要他就袁世凯准备称帝表示态度和发表政见时，他就采取了"推三阻四，左右闪忽"的策略，先是抓住记者说《亚细亚报》是国民的喉舌，顺水推舟地说自己"喉头有病，有你这个喉舌就行了"。当记者以"孙中山在海外宣称讨袁，将军是辛亥之勋，想必引为同调"的话来诱使他说真话时，他又以"中山之徒不是也有给袁总统筹办帝制的吗"的反例予以回答，仍然把记者的问题给挡掉了，没有表示自己的政见。最后，记者没有办法，说："不过梁启超先生反对帝制的大作，你总该深表同情吧？"抬出他的老师梁启超公开发表文章反对袁世凯称帝的坚决态度，再次逼他表示自己的真实态度。他又巧妙地闪忽而过，以"梁先生是我的老师，袁总统是当今国家元首，我该服从谁呢？"以自己两难的处境来予以搪塞。由于他搪塞的理由非常充分，老师和国家元首都是中国人非常尊重的，因为中国人对于老师有一个传统观点："一日为师，终身为父"，而对于国家元首按照传统观点则是"君父"。既如此，记者要他在老师和国家元首之间作出选择就显得强人所难了，再逼他表态就不合乎情理。所以记者最后也只得承认说："是啊，该服从谁呢？"

蔡锷虽然是个军人，但他应答记者提问的表达策略却是相当出众的。如果他直话直说，或没有巧妙地回避掉记者的提问，让袁世凯从他的回答中发现一点反袁的意思来，那么，他也就不能实现他的大计了，中国的历史可能就要改写。正因为蔡锷回答得巧妙，始终没有让人察觉出他的真实态度来，最终他才能成功密谋策划反袁大计。就在他答完记者问题后不久，1915 年 12 月他在云南组织了护国军，率先起兵讨袁，与袁军激战于四川泸州纳溪，拉开了护国战争的序幕，之后贵州、广西、广东、浙江等省先后回应。1916 年 3 月 22 日，袁世凯被迫取消帝制，仍称大总统。6 月 6 日，袁世凯在全国人民的声讨中忧惧而死。当倒袁成功，护国战争胜利之后，人们再回头想想蔡锷的答记者问，就更能体会到蔡锷应对的巧妙及其重大意义了。

七、装聋作哑，答而非答：顾维钧好汉不言当年勇

顾维钧是我国享有国际声誉的外交家。在一次招待会上，有位记者问他："您是中华民国初年三大美男子之一，对此您有什么感想？"

顾维钧故作惊讶，诙谐答道："我不知道啊！在我年轻的时候，没人告诉我；现在我年老了，不能算是美男子了吧？"

如此一说，回避了谈"美男子的感想"这一不好意思的问题，又引起了满堂的欢笑。（文俊《巧答妙对365》）

这则故事的主角顾维钧，字少川，是民国时代的风云人物。他早年留学美国哥伦比亚大学，获法学博士学位。他不仅才华出众、善于言辞，而且仪表堂堂，是民国时代有名的美男子。因为有才华，又是美男子，所以他一生婚姻生活也很不平凡。早在 12 岁入上海英华中学读书时，其父在当时的上海道尹袁观澜幕府任幕僚，同为袁府幕僚的张衡山，看好顾维钧，认为他有无限前程，于是将其女许配给顾维钧，并供他留学美国。这顾维钧果然优秀，在美留学期间就担任了美国东部各州中国留学生联合会主席。回国后，岳父

张衡山介绍他去见当时的国务总理唐绍仪。唐绍仪十分赏识顾维钧的才干，就推荐他做了袁世凯总统府英文秘书和翻译。由于进入上流社会，出入社交场合增多，他竟在社交场上结识了唐绍仪的千金唐梅。而且，二人一见钟情，坠入爱河。而有了这层关系后，顾维钧便更是青云直上了，在北京两年，便官至外交部情报司长。唐梅爱上顾维钧后，为了排除顾维钧与张小姐的婚姻关系阻碍，通过其父唐绍仪的种种手段，最后逼张小姐退了婚。张小姐落发出家，其父张衡山抑郁而亡。他的老友唐绍仪竟然动用权力手段从他手里夺走乘龙快婿，他怎能不生气呢？但又有什么办法呢？唐小姐横刀夺爱，与顾维钧生下一子一女后不久即死于时疫，不知道这是不是报应？但是，顾维钧确实从这桩婚姻中获益很大。1915 年，年仅 27岁的他便出任中华民国驻华盛顿公使，这是前此未有的。后来，顾维钧又在伦敦社交场上结识了"糖王"黄奕柱的千金黄蕙兰，娶为继室。黄奕柱可了不得，是英伦华侨中的第一巨富，死时积财达五百万英镑。这桩婚姻对顾维钧影响也很大，帮助也是多多的。1926年顾维钧要组阁，事前有人问章士钊说："你看这事能成吗？"章士钊痛快地回答："以顾夫人的多金，顾少川要当总统也不难，岂仅是一个国务总理！"同年 10 月，顾维钧果然组阁并当了代理国务总理，并兼外交总长。

不过，话又要说回来，顾维钧能够在官场上平步青云，除了婚姻上的帮助外，他本人的能力也确实没得说，特别是他在中国外交史上的重要作为是任何人都无法抹杀的。1919 年，第一次世界大战结束后，美英法意日五国代表在法国举行了一个巴黎和会，核心就是瓜分战败国德国在海外的属地。日本乘机要求承认其在中国山东的特权，由于种种特殊原因，美国提议先听取中国的意见。这是一个意外的机会，对中国至关重要。顾维钧临危受命，在毫无准备的情况下，没有讲稿，凭口直言，将日本对中国传统侵略的政策，以及提出"二十一条"强迫中国签约的经过陈述一遍，并指出日本侵略山东不仅违反了公道与国际公法，而且必将危害他日远东及世界和平，有违巴黎和会的本意，将为造成第二次世界大战种下祸根。

整个发言如行云流水，情切意深，听众无不为之动容。发言完毕，美国总统与英国首相首先向其表示祝贺，并说整个发言是对中国观点的卓越论述。坐在前排的代表也有很多人跑来同其握手，整个场面同日本代表发言后的冷场形成鲜明对比。当然，最后列强还是制订了对中国不平等的方案。但是，由于顾维钧的坚决反对，最后代表团拒绝在和约上签字，并拒绝参加和会闭幕式。由于国内民众的强烈反对压力，当时的政府最终决定拒签，但这一政府命令是和会闭幕式结束以后才到达的。巴黎和会之后，顾维钧声名大震。在巴黎和会国联委员会中当选为"小国"五名代表之一，参与拟定了国联公约。1920 年 11 月，又作为中国代表出席了国联第一次代表大会。1945 年 3 月，顾维钧作为中国代表，出席了在旧金山召开的联合国组织会议，并代表中国政府于 1946 年 6 月 25 日在旧金山退伍军人纪念堂举行的签字仪式上第一个签字，使中国成为四个发起国中第一个在联合国宪章上签字的国家。①

　　顾维钧自民国初年从哥伦比亚大学获得博士学位回国，到袁世凯总统府任职开始，一直到 1956 年退出政治舞台，前后四十余年间，虽然中国政治形势风云变幻，无数官僚就像走马灯似的在政治舞台上匆匆而上，匆匆而下，但顾维钧却总是以职业外交家的显赫地位立身，坚如磐石，是一棵真正的不老松，抑或说是一个政坛的不倒翁。这实在是不容易，恐怕不仅仅是靠运气，而是很大程度上源于他的外交能力以及他的人格魅力。即以上引他应对记者问的一番话，就可以看出他善于辞令、低调做人的人格魅力。他是民国初年公认的三大美男子之一，这个人人皆知，他怎么能不知道呢？可是，作为一个中国人总是以谦虚为美德的，而作为一个男人即使长得不错，往往他也不以美貌来炫人。所以，记者问他："您是中华民国初年三大美男子之一，对此您有什么感想？"这问题真是叫他为难。如果矢口否认说自己不是美男子，所以对此没有感想，这似

---

　　①　事略参见高晓林、何虎生编著：《金陵秋梦》，北京：中国工人出版社，2002 年。转引自《〈金陵秋梦〉：外交奇才顾维钧》，《文汇报》2003 年 9 月 26 日第 11 版。

乎太过于矫情，给人一种不够诚实、虚意谦逊的感觉。如果说自己是美男子，并发表了感想，似乎更不恰当：一个大男人以自己的美貌而沾沾自喜，会给人联想到中国古代的"面首"之类。再就中国的文化传统来说，即使是一个有品位的女人也是不轻易来张扬自己的美貌的，这和西方的文化传统不同。毕竟顾维钧是个著名的外交家，应答记者刁钻古怪的问题，向来是有经验的。于是，他运用"装聋作哑，答而非答"的表达策略，巧妙地回答说："我不知道啊！在我年轻的时候，没人告诉我；现在我年老了，不能算是美男子了吧？"他说他不知道，因为年轻时没人告诉他，从而巧妙地绕过了自己年轻时是不是美男子的问题。这样他的话里，既没有否定他是美男子，也没有肯定自己是美男子。接着，他又说，现在年老了，不能算美男子了。这话说得别人更是没法驳掉，因为一般人对于美男子的判定，总是指年轻时代，没有人说某个老头子是美男子。同样，这话还是既没有否定，也没有肯定自己到底是不是美男子这个问题，让人思索，让人回味。你不能说他没有回答你的问题，也不能说他回答了你什么。这样的回答，虽然不能令提问者记者满意，但也没有抹记者的面子，还给其他听众以一种幽默解颐的愉悦之感，从而凸显了一代外交家彬彬有礼、谦逊优雅、风趣幽默的风范。让人不由得生出感佩之情！

八、因地制宜，就地取材：梅贻琦妙释久做清华之校长

梅贻琦任清华大学校长的时间很长，而清华大学从1911 年开办起，大约换了十几任校长，有的只做了几个月，有的还没到任就被学生抵制掉了。

有人问梅贻琦："怎么你做了这么多年？"

梅贻琦答道："大家倒这个，倒那个，就是没有人愿意倒霉（梅）吧！"

　　这是见载于《交际口才 365》中的一则故事。① 了解清华大学历史的都知道，清华大学的前身是清华学校，1911 年创办，它实际上是国耻的产物，是"用美国'退还'庚子赔款的一部分作为基金而创办的。所以，它不归教育部而归外交部领导，董事会的董事有一半是美国人"，"作为留美的预备学校，不仅课程要衔接美国的大学，生活上也要竭力'学习'美国的生活方式"。（徐铸成《旧清华的生活片断》）1925 年起逐步改办为大学，1928 年改为国立大学。因为清华的美国教育模式的背景，清华大学校长的推选任命也不同于当时一般的国立大学。清华大学校长不好当，记得曾是清华大学学生，后来成为著名的《大公报》和《文汇报》主笔、总编的徐铸成，在《罗家伦与吴南轩》一文（见于《旧闻杂忆》一书）中有这样一段回忆文字：

　　　　1928 年，国民党的势力到了北京，蒋、冯、阎、李（宗仁）四"巨头"碧云寺祭灵，象征着国民党"团结"的顶峰，也成为新军阀分裂、混战的起点。……不久，南京派了与 CC 有关的"人才"吴南轩当清华校长，显然想抢这块地盘和肥肉，学生会表示拒绝，教授会不予合作。他不顾一切，到校"视事"，好不容易大约维持了半年，只能夹着尾巴滚了。记得他走后，清华学生会还在北京报上登载一个广告，大意是这样写的："吴南轩先生鉴：台端不告离校，许多手续尚未办清，如台端亲手向本校图书馆借阅的初刊珍本附图的《金瓶梅》全套，迄今尚未归还，望即来校清理。"这个不大不小的玩笑，开得可谓"谑而虐"矣。

　　　　国民党的党棍们还不甘心，接着派了罗家伦接任清华校长，想以罗的"五四健将"的声望，压住清华的阵脚。

---

　　① 此例转引自高胜林：《幽默技巧大观》，上海：上海科技文献出版社，2002 年，第 42 页。

但学生并不买这笔账，继续坚决反对；罗大约做了一年的校长，也不得不铩羽而去，被调任为南京中大校长。从此，直到解放，清华一直由梅月涵先生任校长，在此以前，他曾长期任教务长，是一个纯然的学者。①

由这段回忆文字，我们便可约略知道清华大学校长之难做的情状。正因为清华大学校长难做，很多校长都被教授或学生倒掉或抵制掉，甚至连国民党派来的吴南轩和罗家伦都压不住清华大学，很短时间就落荒而逃。要知道，这吴南轩和罗家伦可都是当时也是中国现代史上很了不得的人物。正因为如此，所以很多人就很想不通，不解梅贻琦为何竟能镇住清华，做了清华几十年的校长而没人倒他。最后终于有人忍不住了，就问起了梅贻琦这个问题："怎么你做了这么多年？"这个问题问得虽然不够礼貌，却问得有道理，人人都想知道答案。然而这个有道理且人人想知道答案的问题却是不易回答的"烫手山芋"，接不好，但又推不掉。如果梅贻琦很认真地介绍他做校长的经验，不但几句话说不清，而且显得过于骄傲了，给人不谦虚的感觉，而这种感觉恰恰是中国人最忌讳的，因为中国人历来视谦虚为美德，《尚书》中早就说过："满招损，谦受益。"如果一个大学校长连这个都不懂，那他在人们心目中是个什么形象呢？还不被认为是个自高自大的狂徒？即使他再有能耐，他的这种德行也让人打心眼里反感了。如果梅贻琦谦虚地说：自己运气好。那别人又觉得他这个人不实在，有点不够诚实。这个问题真叫难，怎么回答都不讨好。那么，还有一种办法：笑而不答。也不行，那会使人认为他玩玄乎、搞神秘，产生很多不必要的联想。梅贻琦真不愧是清华大学久做不倒的校长，还真有两下子，竟然灵机一动，运用"因地制宜，就地取材"的策略，利用自己的姓氏把这个问题巧妙地给化解了："大家倒这个，倒那个，就是没有人愿意

---

① 引者按：此引文有讹误，罗家伦是 1928 年 8 月任清华大学首任校长，吴南轩于 1931 年 4 月继任其后。

倒霉（梅）吧！"由"倒人"及于"倒霉"，并通过谐音双关的表达策略，由"梅"与"霉"的同音关系，表面说的是"倒霉"，实际关涉的是"倒梅"，从而婉转表达出这样的意思：倒梅某人就好比倒霉，没人想干。不是我梅某人有什么特别的能耐，别人倒不了，而是别人不想倒我而已。表意婉转，态度谦虚，语言又别具风趣，巧妙地解答了用正常语言表达难以解答的问题。就凭梅贻琦有如此智慧与高妙的语言表达艺术，别人也就可以想见他之所以能久做清华校长而不倒的原因了。

九、礼尚往来，不卑不亢：梁实秋不拜莎士比亚

　　第一次见到梁老，是民国五十六年八月六日，中国文艺协会、中国语文学会、中国青年写作协会、台湾省妇女写作协会合办"莎士比亚戏剧翻译出版庆祝会"。我当时在中国语文工读，有幸在会场见到梁老，心想："莎士比亚的读者从此增加一倍！"当场有人明知故问：

　　"梁老，全世界研究莎士比亚的人都要去英国瞻仰莎翁故居，您去过几次？"

　　"因为莎士比亚一生从来也没有到过中国，所以，我没有去莎翁故居，并不感到十分遗憾！"

　　梁老的雍容从容，智慧敏捷，永远令人难忘，这才是真正的大师风范！（沈谦《梁实秋的流风余韵》）

　　这是台湾学者沈谦所记的一则有关梁实秋妙语生花的故事。众所周知，莎士比亚戏剧作品是风靡世界的文学遗产，各国都有译本。在中国自然也不例外，翻译莎士比亚戏剧的译家可说是层出不穷，个中名家就有不少。其中，较早进行莎士比亚戏剧全译的是朱生豪，但他未能完成就去世。因此1947年由世界书局出版的朱译《莎士比亚戏剧全集》并不完备，所收莎士比亚剧本为27部，而莎士比亚现存剧本有37部。1978年（北京）人民文学出版社出版的

11 卷本《莎士比亚全集》，是目前大陆版最完备的译本，但其中增加的 7 个剧本是人民文学出版社约其他译家补译而成的。因此，完备的大陆版《莎士比亚全集》已非一人之力。而梁实秋所译的《莎士比亚全集》四十卷却是他一人独力完成的，这实在是很了不起的事。因此，四十卷《莎士比亚全集》出版后，台湾学术界为此举行了隆重的庆祝会。可是，就在这种庆祝会上却有人向梁实秋提出了一个问题："梁老，全世界研究莎士比亚的人都要去英国瞻仰莎翁故居，您去过几次？"这问题其实本意不在问，而是在质疑梁实秋以一人之力而译莎士比亚全集，质量到底如何？你没有受过英国式文化的熏陶，是否把握得住莎士比亚作品的精髓？是否译得符合英文的风格要求（因为梁实秋是留学美国的，学的是美式英语，与地道的英伦英语自然有些差别）？梁实秋是何等聪明的人，他能听不出这家伙的弦外之音？如果剖开提问者的内核作答，说自己的英文如何，或自己的学力足以担此译事之类，未免有自我夸口之嫌，不但说不清，还有失大师风度。所以，梁实秋就采用了"就事论事，绕开陷阱"的策略，从表面上作文章，只回答关于参观莎士比亚故居问题说："因为莎士比亚一生从来也没有到过中国，所以，我没有去莎翁故居，并不感到十分遗憾！"以莎士比亚一生从未到过中国为理由，说明自己也没有必要去英国，更不必参观莎士比亚故居。表面上是在表露作为中国人不卑不亢的气节，实际上还有一层意思：翻译别国文学家的文学作品关键在于自己对所译作品的那国语言文字的功力够不够，而不在于他去没去过那个国家，更不在于参观过那个作家的故居没有。表意含蓄，回答不温不火，且显得机趣幽默，令人不得不佩服他的应对表达艺术和从容优雅的大师风度。

说到梁实秋的这一妙答，不禁令人想起钱钟书异曲同工的一则回答：

自从 1980 年《围城》在国内重印以来，我经常看到钟书对来信和登门的读者表示歉意；或是诚诚恳恳地奉劝别研究什么《围城》；或客客气气地推说"无可奉告"；或是既欠礼貌又不讲情理的拒绝。一次我听他在电话里对一位求见的英国女士说："假如你吃了个鸡蛋觉得不错，何必认识那个下蛋的母鸡呢？"我直耽心他冲撞人。

这是杨绛《记钱钟书与〈围城〉》一文所叙的故事。钱钟书对于求见的那位英国女士所说的话："假如你吃了个鸡蛋觉得不错，何必认识那个下蛋的母鸡呢？"其实质性的含义就是说"如果你觉得《围城》写得不错，那就好好研究小说，何必一定要见写《围城》的作者呢？"但是，钱钟书却没有直接这样说，而是运用了一个比喻把这层意思表达出来，既形象生动，又别具婉约含蓄的韵味，不至于使求见者太难堪。

十、王顾左右，转马回枪：陆文夫智解性文学

　　作家陆文夫所写的小说不乏幽默风趣。在现实生活中，陆文夫也是个诙谐风趣的人。在纽约国际笔会上，有位西方人在陆文夫发言时问道："陆先生，你对性文学怎么看？"陆文夫清了清嗓子回答说："西方朋友接受一盒礼品时，往往当着别人的面就打开看。而中国人恰恰相反，一般都要等客人离开以后才打开盒子。"
　　听众席里马上发出会意的笑声。（文俊《巧答妙对365》）

我们都知道，西方人对于"性"是比较开放的。如果我们稍略看过一些西方的影视作品，便会发现，西方的男女视"上床"如同我们握手一样平常，所以描写"性"内容的"性文学"在西方也是家常便饭的，对西方作家根本算不了什么。写"性"谈"性"，对西方作家来说乃是"司空见惯浑闲事"。但是，在中国，由于我们的文化传统是以崇尚含蓄为美的，虽然孔夫子也说过"食、色，性也"，承认人的性要求与吃饭一样是平常的人之本性，肯定人的性

欲生理要求。但是，我们中华民族对此事的表达，历来是采取讳莫如深的态度，可以做但不能说。记得清代小石道人的《嘻谈录》中记有这样一个笑话：

新姑娘出嫁，母亲遣伴娘同往。伴娘回来，母亲问姑娘入洞房后说些什么话，伴娘说："只听得姑娘说妙。"母亲说："新过门的人如何说得妙。"乃用纸条写"不可言妙"四字，交伴娘带去给姑娘看。姑娘看了，亦写一纸条答复曰："妙不可言。"

这虽是一个笑话，却真实地反映了中国人对于"性"问题的含蓄回避的文化心理。如果我们对中国文学史略知一二，就会知道，中国历史上有一部很有名的小说叫《金瓶梅》。它为什么有名呢？就因为它突破了中国人传统的文化心理，过分地渲染了人的动物性本能，大胆直接地描写了男女性行为的一些具体细节，因而被人视为是"天下第一奇书"，也有人认为是"天下第一淫书"，历代统治者都视之为"坏人心术"的"毒蛇猛兽"，尽管他们自己都是三宫六院或有无数小妾、情妇，整天沉溺于那个里面，可就是不能说不能写出来，这就是中国人的文化心理。《金瓶梅》的作者自然是个对中国文化心理了解很深的读书人，他知道赤裸裸地描写男女性事会触犯中国人的心理禁忌，更会触犯封建统治者的禁忌，所以很聪明地署了个假名，叫作"兰陵笑笑生"。结果，就引出了几百年来层出不穷的作者考索热潮。又因为禁得很厉害，结果反而勾引得更多人生起无限的好奇之心，所以愈禁愈流行，现在《金瓶梅》能成为一门"金学"，可能就是禁出来的结果。还有地摊上永远不能绝迹的，也是这本书。（关于《金瓶梅》的问题，在笔者所著的《中国言情小说史》中有详细的文化心理分析）

西方人特别是西方作家认为中国人的文化传统与他们不同，对"性"讳莫如深，加上中国现在实行的是社会主义制度，强调精神文明，自然对"性文学"是持反对态度的。可是他们却偏要拿出这个问题让中国作家陆文夫来回答，这既包含有西方人对中国神秘文化的好奇，同时也明显地带有刁难考察中国作家语言智慧的意思。纽约国际笔会，是世界各国作家交流写作经验与进行文化交流的重要场合，因此这种问题由西方作家向陆文夫提出来，要说是他有意刁难或说他对中国不友好，也不好说。所以，陆文夫被问及，自然应该是要回答的。但是，怎么回答呢？还真不容易！如果从文化传统、文化心理或从中国的社会主义制度、意识形态、精神文明等方面进行说明，既不容易说清楚，还会使西方人认为中国人虚伪：明明中国人也做那事，为什么能做不能说呢？这问题如果搁在一般人来回答，可能要回答得很糟糕，引起西方人笑话。可是，陆文夫不是一般人，他是中国著名的作家，他的语言智慧足以应对西方作家这样的"刁"问题。他选择了非常有效的表达策略，用一个比喻"西方朋友接受一盒礼品时，往往当着别人的面就打开看。而中国人恰恰相反，一般都要等客人离开以后才打开盒子"，就将自己对"性文学"的看法表达清楚了。说西方人喜欢公开谈论"性"，在文学中赤裸裸地表现"性"，就像是西方人接受别人礼品喜欢当众打开看一样；中国人不喜欢公开谈"性"，在文学中表现"性"是以含蓄的方式处理，这种做法就像是中国人接受别人礼品不喜欢当众打开，而是要等客人离去后才打开一样。从而巧妙地把敏感的"性文学"问题归结到文化传统上，从而荡开了可能要触及的政治或意识形态、社会制度等难以纠缠说明的麻烦。由于比得恰切、自然，又出人意表，既显示了中国作家的语言智慧，又表现了中国作家特有的幽默机趣，令西方作家不得不对中国作家刮目相看！

十一、引经据典，气势如山：梁漱溟"匹夫不可夺志"

此外，他还谈了对"批林批孔"的认识。他说："批孔"是从"批林"引起的，这从字面上我理解。我的态度是不"批孔"，但"批林"。梁如此这般地说了许多违时的话后，更加激起与会者的气愤，于是政协的批判会越来越大，越开越激烈。当时的情况，他在其《问答录》里回忆说："从3月而4月，而5月、6月、7月，大抵均在学习'批孔'，实际无非对我的批判斗争，此不细述。先则每周4次会，后减为3次。8月份因天热，又减了一次。在此期间，本小组而外，各学习小组均对我进行批判。预先宣布9月将召开5个小组联席'批林批孔'大会。此会于9月19日、20日、21日三天连续开会，先后发言者14人，均从'批林批孔'入手而集中批判我。最后一次大会宣布，月内各组可就大会批判发言自行座谈两次。在本组9月23日会上，召集人还征问我对几次大会有何感想，我答云：<u>'三军可以夺帅，匹夫不可夺志。'</u>"梁的这个答复，震惊了各组同人。当时主持者要他作解释，他说："<u>我只是相信自己的理性，而不轻易去相信别的什么。因为一定要我说话，再三问我，我才说了这句老话。这是一句受压力的人说的话，而不是得势人说的话。无权无势，他的最后一着只是坚信他自己的'志'。什么都可以夺掉，但这个'志'是无法夺掉，就是把他这个人消灭掉，也无法夺掉！</u>"梁的这个答复，更加震惊了在座的政协委员。（白吉庵《物来顺应——梁漱溟传及访谈录》）

这里所记的人物梁漱溟（1893—1988），原名焕鼎，字寿铭，广西桂林人，早年加入同盟会。1916年，袁世凯称帝失败，南北统一内阁组成，应其舅父张耀增（司法总长）之邀约，入司法部为总长机要秘书。蔡元培执掌北大后，因赏识梁所作《究元决疑论》一文，于1917年聘梁为北大印度哲学教席。1924年梁辞去北大教席，专门从事乡村建设工作，曾任河南村治学院教务长，山东乡村建设研究院的研究部主任、院长，还主持过北平《村治月刊》。抗日战争期间，主张团结抗日，并参与发起"统一建国同志会"，后改为"中国民主政团同盟"（即后来的中国民主同盟，简称"民盟"）。1946年任民盟秘书长，成为政坛活跃的政治家，与中共领导人毛泽东、周恩来等关系相当密切。1949 年写信致民盟主席张澜转民盟同人和中共中央毛、周诸公，"勉励诸先生为国家大局努力负责，而声明自己决定三年之内对国事只发言不行动""对'民盟'则许我离盟。对中共则恕我不来，响应新政府的号召。"1950 年从重庆来北京，毛泽东请他吃饭并邀请他加入政府，他表示愿在政府外效力。1951 年起开始担任全国政协委员，历任第一、二、三、四届全国政协委员，第五、六届全国政协常委。①

梁漱溟除了是一个知名的政治活动家外，还是海内外十分著名的哲学家和教育家，一生致力于研究儒家学说和中国传统文化，造诣甚深，著有《东西文化及其哲学》、《乡村建设理论》、《中国文化要义》、《人心与人生》等著作。海外把他视为"新儒家"的代表人物，对他的思想进行研究探讨。可是，1973 年 10 月开始，江青等人出于篡党夺权、打倒周恩来总理的阴谋目的，提出在全国范围内开展"批林批孔"运动。但是这一险恶用心，当初一般人并不知道。运动开始时，全国政协组织学习，梁漱溟照常出席会议。在学习过程中，很多人都表态，发言表示"支持"、"拥护"并狠批"孔老二"，其实很多是违心的敷衍。这样的会开了一个多月，梁漱溟竟然一言不发。后来，大家觉得他态度不好，一定要他表态。第二年（1974）2 月 22 日和 25 日，梁漱溟就在政协学习会上连续作了 5 个小时的长篇发言，题为《今天我们应当如何评价孔子》。要知道，梁是研究儒家学说的大家，说起孔子在中国文化史思想史上的地位，自然十分内行，其发言大意是，第一，要用历史的眼光去评判孔子。他认为中国有 5000 年的文化，孔子接受了古代文化，又影响着后代的文化。孔子生活在前 2500 年和后 2500 年的中间，是中国文化承前启后的关键性人物。他的影响，任何一个古人都不能与之相比。中国社会之发展，民族之扩大，历史之悠久，与中国文化是分不开的。中国文化有种种优长之处，这正是中华民族勤劳、善

①　梁漱溟事略参见白吉庵：《物来顺应——梁漱溟传及访谈录》一书，太原：山西人民出版社，1999 年；《辞海》，上海：上海辞书出版社，1991 年，第 1478 页。

良、智慧，有强大的凝聚力，以至于发展成今天这么大的多民族国家所不可短缺的。中国传统文化源远流长，世界独有，致使外来的种种文化思想，都要经过消化熔炼，变成中国自己的东西，才能发挥作用，这是世界上若干国家所不及的。由此可见，孔子在中国历史上的地位及其影响是抹煞不了的。第二，要用一分为二的辩证观点去评价孔子，认为孔子思想也有一些消极的方面。这些观点用今天的眼光来看，都是实事求是的，是最权威的结论。可是，在当时这种观点无疑是违时的。除此，他又于发言之后，谈了对"批林批孔"的认识，认为"批孔"是从"批林"来的，他认为"批林"就可以了，不必"批孔"。当然，这话更违时了。因此，引起了政协委员的极大愤慨，自然最后"批林批孔"会议就改成了"批梁"会议。到了9月最后一次大会宣布，月内各组可就大会批判发言自行座谈两次。9月23日会上，梁所在的小组召集人征问梁对几次大会有何感想。梁就说了上引文字上的一句话："三军可以夺帅，匹夫不可夺志。"这话一出，立即震惊了各组同人。

那么，为什么这句话有这么大的力量呢？因为梁说的这句话是引用孔子《论语·子罕》中的一句名言，表明一个有骨气的人的思想、信念是任何力量都很难改变的。引孔子的话来表明对于"批孔"的态度及梁个人的信念，这本身就向批判者更强烈地表明了一种"匹夫不可夺志"的政治态度。既令人感到意外震惊，又觉得无可辩驳。因为孔子的这句话是千古名言，不管什么人都不能否认它的权威性。梁漱溟虽然因为在1953年全国政协常委扩大会议上发言时因讨论过渡时期的总路线而说到工农差别是"工人是在九天之上，农民在九天之下"而受到毛泽东的严厉批评，精神思想一时受挫，但他的硬骨头本性未改。他能在当时的情况下，在政协会议上要求毛泽东放出雅量当面收回对他的批评，他怎么会在"批孔"的问题上妥协呢？他就是研究儒家学说的专家，以他的学术良知和"匹夫不可夺志"的个性，焉能被当时的政协同人外行的批判所吓倒而屈服？所以，当其时的会议主持人要他对"三军可以夺帅，匹夫不可夺志"的应对语作出解释时，他更是顺水推舟，充分阐发了自己的心声："我只是相信自己的理性，而不轻易去相信别的什么。因为一定要我说话，再三问我，我才说了这句老话。这是一句受压力的人说的话，而不是得势人说的话。无权无势，他的最后一着只是坚信他自己的'志'。什么都可以夺掉，但这个'志'是无法夺掉，就是把他这个人消灭掉，也无法夺掉！"虽然梁的这个答复，更加震惊了在座的政协委员，但事实上最后谁也不能把他如何。因为他说得有理，无可辩驳。可见，梁漱溟不仅是个风骨凛然的汉子，也是一个很会表达艺术的政论家，他的嘴与他的笔跟他的人格一样，都称得上是一流的！

十二、如法炮制，后发制人：梁晓声应对英国记者有一手

梁晓声是知青出身的青年作家。他创作的《这是一片神奇的土地》、《今夜有暴风雪》、《京华见闻录》等作品，深受广大读者喜爱。

一次，英国一家电视台采访梁晓声，现场拍摄电视采访节目。采访记者四十多岁，是个老练机智的英国人。采访进行了一段时间后，记者让摄像停了下来。走到梁晓声跟前说："下一个问题，希望你毫不迟疑地用最简短的一两个字，如'是'与'否'来回答。"梁晓声点头认可。遮镜板"啪"的一声响，记者的录音话筒立刻就伸到梁晓声嘴边问："没有文化大革命，可能也不会产生你们这一代青年作家，那么文化大革命在你看来究竟是好是坏？"

梁晓声一怔，未料到对方提的问题竟是如此之"刁"，分明有"诓"人上当之意。他灵机一动。立即反问："没有第二次世界大战，就没有因反映第二次世界大战而著名的作家，那么你认为第二次世界大战是好是坏？"回答如此巧妙，英国记者不由一怔，摄像机立即停止了拍摄。
（文俊《巧答妙对365》）

众所周知，文化大革命对于中国人来说是心口一个永久的痛。如果没有这十年的混乱及其所带来的严重后果，中国的现代化建设和综合国力都会有一个很大的改观。除了在政治、经济、文化、教育、科学上所造成的巨大创伤和损失之外，对中国知识分子精神心理上的伤害也是不言而喻的，因此"文革"结束后才会出现文学史上特有的以反省"文革"历史为主题的"伤痕"文学。青年作家梁晓声也是深受"文革"之苦的一个，他和无数青年学生一样，由于"文革"的缘故而没有正常地完成学业。虽然他比许多青年幸运，1974年以黑龙江生产建设兵团第一师第一团木材加工厂的出料工而被推荐进入了复旦大学学习，但在那个"工农兵上大学管大学"、教授和学术权威都被扫地出门的年头，能够学习到什么也是可以想见的。1977年毕业后他被分配到北京电影制片厂任文学编剧，后调至儿童电影制片厂任副厂长。经过努力，最终成了饮誉文坛的青年作家。应该说，他的成名作如《这是一片神奇的土地》、《今夜有暴风雪》等都与他的知青经历有关，没有这段经历，可能也成就不了他这个作家。我们都知道，世界文学史上都有这种情况，往往某些民族或国家的灾难无意间却成就了某些作家在文学史的杰出地位。但是，我们并不能因为文学史增添了一部或几部杰作而因此欢呼民族或国家的灾难。同样，我们也不能因为"文革"产生了梁晓声等青年作家及其作品就肯定"文革"这场对我们国家民族损伤极大的政治灾难。这是最基本的常识，任何思维正常的人都不会愿意以国家或民族的灾难来成就文学史上一个或几个杰出作家。

然而，就有一家英国电视台的记者在采访梁晓声时，却别有用心地从这一逻辑出发向梁晓声提问说："没有文化大革命，可能也不会产生你们这一代青年作家，那么文化大革命在你看来究竟是好是坏？"并且事先设好语言圈套，要他回答这个问题时毫不犹豫，用"是"或"否"一字来回答，好让梁晓声说出他们想听到的答案："是"，然后再利用梁晓声的回答作政治文章。梁晓声当然不是平庸之辈，毕竟还是在中国著名的高等学府复旦大学混过几年，尽管"文革"期间没有好好正规学习。他马上意识到这是一个圈套，是一个接在手上拿不住也扔不掉的"烫手山芋"。如果回答"是"，那就意味着他肯定文化大革命，这不仅是一个政治错误，也是有违中国人的良知和一个作家最起码的做人的良心，势必要激起全体中国人的愤怒：怎么为了个人的成名而对民族国家的灾难持欢迎态度呢？这还算什么作家？连一个正直的人都算不上！如果说"否"，认为文化大革命不好，那么英国记者就会问下一个问题："可是你确确实实是因为文化大革命的缘故才成为名作家的啊？"这问题怎么回答？恐怕也不易回答。正因为梁晓声认识到这一点，所以他十分聪明地选择了一个"如法炮制，后发制人"的语言策略，不接对方扔过来的那个烫手的"山芋"，而是以同样的方法对抛一个"烫手山芋"给对方，反问他说："没有第二次世界大战，就没有因反映第二次世界大战而著名的作家，那么你认为第二次世界大战是好是坏？"让你先回答这个问题，你能回答这个问题，我的问题也就在其中了。这样，不费吹灰之力就消解了英国记者的政治企图，既不必给自己添上不必要的政治或道义上的种种麻烦，又表现了中国作家不凡的语言智慧，从而让"英国记者不由一怔，摄像机立即停止了拍摄"。

第二章 情感情绪的倾诉艺术

民国二十九年一月五日（阴历十二月初八），梁实秋（1902—1987）在四川重庆欢度四十寿辰，艺文界的朋友群聚一堂，为他祝寿。除了唱生日歌，切蛋糕，许愿之外，有人作画，有人题诗，真是济欨盛哉！其中最令人瞩目的是女作家冰心的祝词：

"一个人应当像一朵花，不论是男人或女人，花有色、香、味，人有才、情、趣，三者缺一，便不能做人家的好朋友。我的朋友之中，男人中只有实秋最像一朵花……"

当时在场的朋友们（泰半是男士）立即起哄：

"实秋最像一朵花，那我们就不够朋友了，我们到底算什么呢？"

冰心泰然坦然地徐徐而答：

"稍安勿躁，我的祝词还没完呢！"

于是继续着笔：

"虽然是一朵鸡冠花，培植尚未成功，实秋仍须努力！"

冰心掷笔，众人拊掌大笑。（沈谦《梁实秋是鸡冠花》）

众所周知，梁实秋是一位学识渊博的大学者，但他名望最大且为公众所共知的作品还是他的散文集《雅舍小品》，他在中国文坛的突出地位也靠这部作品集得以奠定。

梁实秋1938年因抗日战争而入蜀，蛰居重庆北碚著书立说，并在简陋的四川民居平房（梁氏名之为"雅舍"）内开始了他那著名的《雅舍小品》的创作。《雅舍小品》系列散文一开笔就在文坛上引起巨大反响，给梁实秋带来了极大的声誉。加之梁实秋在学界文坛人缘极佳，所以在他那"有窗而无玻璃，风来则洞若凉亭，有瓦而空隙不少，雨来则渗如滴漏"，且老鼠横行、夏天"蚊风甚盛"的"雅舍"之中，经常高朋满座，虽然不能"杯中酒不空"。

　　1940 年，梁实秋 40 岁，这自然更成为他与朋友们聚会的最好借口与机会了。于是就出现了上文所写的"艺文界的朋友群聚一堂，为他祝寿。除了唱生日歌，切蛋糕，许愿之外，有人作画，有人题诗，真是漪欤盛哉！"的热闹场面了。既然是祝寿，又是文人的聚会，自然是要表达朋友的祝愿、朋友的真情了。那么，怎么表达呢？女作家冰心的祝词在这场祝寿会上大露了风光。她说："一个人应当像一朵花，不论是男人或女人，花有色、香、味，人有才、情、趣，三者缺一，便不能做人家的好朋友。我的朋友之中，男人中只有实秋最像一朵花……"她这是运用比喻策略，把梁实秋比作一朵花，说花有色、香、味，就像人有才、情、趣一样，认为如花的男人才够做人家的好朋友。我们都知道，一般说来都是把女人比作花的，中外皆然。而冰心却逆向操作，突破人们传统的思维方式，出人意料地将梁实秋比作花。这样的比喻既巧妙新颖，又能真切地表达出冰心对梁实秋那种特别欣赏爱惜的真切感情。可是，这感情表露虽然高妙真切，结果却引得其他男士的大大忌妒。为此，冰心又作妙语为之修补说明："虽然是一朵鸡冠花，培植尚未成功，实秋仍须努力！"还是运用比喻，但这次她把梁实秋比作最平常最不起眼的鸡冠花，一来平息其他男士的"不平"，二来又含蓄真切地劝诫梁实秋不要骄傲，应该继续在文学上更上一层楼，殷殷之情让人感动不已！正因为如此，所以大家都拊掌大笑。

　　可见，表达感情、展露喜怒哀乐诸种情绪，也是需要表达艺术的。那么，如何使自己的情感、情绪表达得好，从而引发接受者的情感共鸣，获取好的交际效果呢？我们不妨从下面所介绍的历代中国贤哲的语言实践中汲取些经验，认真体会，相信必能有所启发，从而使你的情感情绪表达得更艺术，使你的人生更愉快，人生旅途更顺坦！

一、回首往事，把握未来：王稽求仕有方

范雎既相，王稽谓范雎曰："事有不可知者三，有不可奈何者亦三：宫车一日晏驾，是事之不可知者一也；君卒然捐馆舍，是事之不可知者二也；使臣卒然填沟壑，是事之不可知者三也。宫车一日晏驾，君虽恨于臣，无可奈何；君卒然捐馆舍，君虽恨于臣，亦无可奈何；使臣卒然填沟壑，君虽恨于臣，亦无可奈何。"范雎不怿，乃入言于王曰："非王稽之忠，莫能内臣于函谷关；非大王之贤，莫能贵臣。今臣官至于相，爵在列侯，王稽之官尚止于谒者，非其内臣之意也。"昭王召王稽，拜为河东守，三年不上计。（汉·司马迁《史记·范雎蔡泽列传》）

战国时代，读书人游说国君是一种时尚，也是获得出人头地机会的主要方法。一旦游说成功，自可高官得做，骏马任骑。范雎是个魏国的书生，自然也想游说魏国国王，弄个一官半职干干。可是，因事被一个叫须贾的家伙所诬陷，被魏相魏齐屈打几死。此时，王稽奉秦昭王之命出使魏国，慧眼识得范雎奇才，秘密将其带回秦国，并巧妙地避开了当时排挤客卿（即非秦国人而在秦国做官的人）的秦相穰侯的边关检查，进入了秦国。范雎入秦后，游说秦昭王，驱逐了专权的丞相魏冉。由于深有远见，又辅佐昭王有功，昭王四十一年（前266），他被任命为秦国丞相，并被封于应（今河南鲁山之东），称应侯。他最有名的战略是提出了"远交近攻"之说，分步骤歼灭敌国主力。秦国最终灭了六国，全仗他的这一战略思想。你想，这人有多厉害！秦昭王能得这样杰出的一个人才，是昭王之幸，也是秦国之大幸。而这人才是谁发现的呢？是王稽。王稽应该说是发现范雎的"伯乐"。可是，"千里马"范雎都拜相封侯了，"伯乐"本人却默默无闻，还只是一个谒者（春秋战国时代的

一种宫廷小官，主要掌管国王传达事宜）。王稽心里当然不平衡，得想法子升上去才行，否则这一辈子就完了。想来想去，他觉得还是得找范雎，求范雎来保荐自己。王稽见到范雎，就跟他说："大王、您和我都会有意想不到的原因而突然死去。假设大王突然死了，那时您觉得没有在大王在世时帮助我而有遗憾，也是无可奈何了；假设您突然死去，您觉得有对不起我的地方，那时也无可奈何了；假设我突然死了，那时您觉得还没来得及报答我对您当初的举荐之恩而感到遗憾，那更是无可奈何了。"范雎听了这番话，心里也不是滋味。是啊，没有他，怎么有我今天的飞黄腾达呢？于是马上去找秦昭王，说："没有王稽当初为国荐才的忠心，我也进不了函谷关到秦国；没有大王您的圣明贤德，也不能使我荣华富贵。现在我已经官至丞相，爵位都是列侯了，而王稽还只是个宫内传达的小官，这恐怕不是他当初荐我的本意吧！"昭王是个明白人，这话说得在理。于是，就召见了王稽，不仅任命王稽为河东（秦国黄河以东地区）的行政长官，还给予他拥有三年不向朝廷汇报政治、经济等情况的特权，以表示对他推荐了范雎这样杰出人才的奖励。

　　王稽最终能做大官，全赖他自己的表达艺术。虽然范雎是自己推荐的，自己是范雎的恩人，但是范雎现在是一人之下、万人之上的丞相和列侯，地位已经拉开了两人的距离。所以，王稽很知趣，没有在范雎面前摆老资格，而是以故人的身份，以三个"无可奈何"婉转地诱发范雎回首往事，想起过去的恩情。尽管话说得相当委婉，但范雎毕竟是个明白人，知道其话外音是：现在正是大王宠信您的时候，也是您有权有势有能力报答我的时候，如果错过了这个机会，以后就难得机遇了。正因为范雎听懂了王稽的意思，所以就立即向昭王进荐了王稽，王稽的愿望终于得以实现。由此可见，王稽不愧是人才，通过几句曲里拐弯的"回首往事"的话，就在最恰当的时刻把握住了自己的未来，真是令人不得不佩服他求仕之有方。

二、吞吐其词，蓄意无穷：刘邦忸忸怩怩做皇帝

　　五年，诸侯及将相相与共尊汉王为皇帝。汉王三让，
不得已，曰："诸君必以为便，便国家。"甲午，乃即皇帝
位汜水之阳。（汉·司马迁《史记·高祖本纪》）

　　这段历史记载，可谓是太史公的绝妙好笔。众所周知，刘邦是
个什么货色。他字季，小名刘三。出身地痞无赖，曾做过沛县（今
属江苏省）泗水亭长（秦朝的制度是十里为一亭，十亭为乡），横
行乡里，劣迹斑斑。陈胜、吴广起兵反抗秦朝时，他起兵沛县回
应，号沛公。后来势力逐渐坐大，与楚霸王项羽争起了天下，曾经
一度被项羽追杀得差点没了小命。但是，这人实在是常人不可及，
心黑心狠无与伦比。如睢水之战大败后，他回沛县老家，收家室而
逃。路上因为被项羽的楚军追得急，他为了自己活命，几次把儿女
推下车去，好让自己逃得快些。后来，他的老父被项羽抓去作人
质，项羽要挟他投降，他竟然说："吾翁即尔翁。必欲烹尔翁，则
幸分我一杯羹。"（我的父亲就是你的父亲，若你一定要烹杀你老
父，务必到时也分一杯肉汤给我喝）真是禽兽不如，一副地痞无赖
流氓腔，人品人格之低下，简直在中国历史上无人可及。说到他人
品的低下恶劣，不禁使人想起元朝睢景臣的散曲《般涉调·哨遍·
高祖还乡》写到他早年的事情，可谓生动形象：

　　[三煞] 那大汉下的车，众人施礼数。那大汉觑得人
如无物。众乡老展脚舒腰拜，那大汉挪身着手扶。猛可里
抬头觑，觑多时认得，险气破我胸脯！
　　[二煞] 你须身姓刘，您妻须姓吕。把你两家儿根脚
从头数。你本身做亭长耽几盏酒。你丈人教村学读几卷
书，曾在俺庄东住。也曾与我喂牛切草，拽坝扶锄。
　　[一煞] 春采了桑，冬借了俺粟。零支了米麦无重数。

换田契强秤了麻三秤（笔者案：即三十斤，乡音以十斤为一秤），还酒债偷量了豆几斛。有甚胡突（笔者案：即糊涂）处？明标着册历（笔者案：即账簿），见放着文书。

[尾声] 少我的钱，差发内旋拨还（笔者案：在应缴的代役费中立即拨还）；欠我的粟，税粮中私准除。只道刘三，谁肯把你揪掯住，白什么（笔者案：即平白无故地为什么）改了姓、更了名唤做汉高祖！

这散曲文字，虽然是文学作品，但却通过乡下老农的口把刘邦早年做亭长，喝酒欠账、借粮不还、强秤他人麻等劣行抖搂得淋漓尽致。同时，也把刘邦小人得志，在乡亲面前摆皇帝仪仗威风，傲慢不可一世的嘴脸描写得穷形尽相。

不过，话说回来，刘邦虽然人品低下，但是他的能耐，我们却是不能不承认的。他虽然本人没什么能耐，无德无能，但他有一个强项，就是善于笼络人心，善于任用人才。张良、萧何、韩信"三人杰"为他所用，甘心为他卖命，这也是他独到的本事。后来，他曾与韩信吹牛，韩信说自己将兵多多益善，刘邦说自己会将将（统帅将军）。真是一语道破了他的强项，自己评价自己还真说到了点子上。

经过了一番殊死决战，刘邦最终打败了楚霸王项羽。这时诸侯将相们都拍马逢迎，共同劝进刘邦当皇帝。刘邦谦让再三，最后摆出一副不得已的样子说："诸君必以为便，便国家……"忸忸怩怩，吞吞吐吐，心里早已迫不及待，嘴上还要假意推让。结果还是于公元前206年在汜水之南称帝做了皇上。

虽然中国历史上不断有人说不能以成败论英雄，但是地痞无赖出身的刘邦最终能够战胜楚霸王项羽，开创大汉王朝四百余年的基业，这也使得我们不能不说他是英雄。不说别的，即以上述他的一番话来看，就说得极有水平，表达得很有艺术性。别人劝他当皇帝，他回答说："诸君必以为便，便国家……"运用吞吐其词的表达策略，只说了一个假设条件"假设大家认为我做皇帝有利于国家"，而在此条件下的推论结果"我就做皇帝"，他却不说了。这样，既能让手下知道他的真意（即他这个皇帝是要做的），又能展示一下他谦逊低调的为人风格和功成不居的高风亮节，让人看不破自己猴急急地想做皇帝的心理来。明明想做，却要推脱，且设了一个假设条件，以国家利益为借口，真是冠冕堂皇！这样好的表达，谁能不由衷地感佩呢？如果刘邦不运用吞吐其词的表达策略，直话直说，那就索然无味了。司马迁也不会记录他的话入史的。

三、藏锋收芒，怨而不怒：颜驷发牢骚，武帝受感动

> 上尝辇至郎署，见一老翁，须鬓皓白，衣服不整。上问曰："公何以为郎？何其老也？"对曰："臣姓颜名驷，江都人也，以文帝时为郎。"上问曰："何其老而不遇也？"驷曰："文帝好文而臣好武，景帝好老而臣尚少，陛下好少而臣已老，是以三世不遇。"上感其言，擢拜会稽都尉。
>
> （旧题汉·班固《汉武故事》）

可以这样说，任何时代，总有很多人才没有得到合理任用，官得其人的情况其实是不多的。因此，历代都有很多人怀才不遇，郁郁而终。大多数人可能比较内向，心中有不平也就闷在心里，只在"夜半无人私语时"发一点牢骚，叹几口气而已。还有少数如李白之流，是要说出来的，如说"白发三千丈，缘愁似个长""吟诗作赋北窗里，万言不值一杯水"之类的怪话。但是，也只能说说而已，还能有什么办法呢？中国封建社会的现实就是那样，谁能改变呢？不过，也有极个别极个别的人，也能有特别的机会，能在皇帝面前发发牢骚，发得巧妙也能改变命运。比方说，汉武帝时代的颜驷就是其中的一个幸运儿（英文叫 lucky-dog，直译便是"幸运狗"）。

雄才大略的汉武帝，乘辇（古代帝王乘坐的一种轿之类）去郎署（郎是古代帝王的侍从官，职责大体是护卫陪从，随时向皇帝提

出建议，并备顾问及差遣。郎署即郎官办公室）视察。在郎署，武帝突然看见一个须发皆白的老翁，衣服也不整齐。武帝心里就很纳闷，怎么侍卫中还有老头子，又是军容不整，这样大的年纪和这样的精神状态还能当侍卫保卫我？于是，就把这老头叫过来问话："你这么大岁数了，怎么还做侍卫官？为什么这么老？"颜驷见皇上问他为什么这么大岁数还当侍卫官，心里正有一大堆牢骚呢！但是，他比较理智，知道是一次机会，要好好把握。于是就恭恭敬敬地回答皇上说："小臣我姓颜名驷，是江都（即今江苏扬州）人，在文帝时开始做侍卫官的。"武帝一听，这是他爷爷时代的老前辈了，都过了两个朝代了，怪不得这么大岁数了。心想，过了两个朝代还没有晋升官职，也太离谱了。于是就问他原因，颇有体察下情之德："为什么这么老还没有人赏识、提拔你呢？"颜驷尽力保持平静的态度和语气，谦恭地回答说："文帝喜欢文臣，而我是喜欢舞刀弄枪的武臣；景帝喜欢老成持重的年长大臣，而我那时还是年纪不大、资历不深的晚辈；陛下您喜欢少壮有为的大臣，而我现在已经垂垂老矣。所以，三代都没赶上机会，没有引起注意而受提拔。"武帝一听他的遭遇，深受感动，觉得这人怪可怜的，也真是委屈他了。于是，就破格提拔颜驷为会稽都尉。这官可不小，可以掌管一郡的军事力量。

那么，颜驷何以在雄才大略的汉武帝面前发牢骚还得了大官做呢？这就应该归结于他牢骚发得好、发得妙，让武帝听了同情，而不是感到反感甚至生气。他不说皇上的爷爷好文不对，也不说皇上的爸爸景帝好老不对，更不说武帝本人好少不对，而是说自己每次都与皇上的喜好对不上号。这种怨而不怒的表达艺术，皇上自然听得进。武帝是个什么人，他当初还被抱在怀里的时候，就知道"金屋藏娇"，那是何等聪明的一个人啊！颜驷这种体贴人的话一说，他能不受感动吗？其实，在官场混，要想爬得快，"爱说爱拍才会升"。

四、曲里拐弯，迂回前进：刘公干认错不掉份

刘公干辩敏无对。坐平视甄夫人，配输作部。魏武至尚方观作，见刘匡坐磨石，公问石何如，刘因喻已自理。踞而答曰："石出荆山悬崖之颠，外有五色之文，内含卞氏之珍，磨之不加莹，雕之不增文，禀气坚贞，受之自然，顾其理枉屈纡绕而不得申。"公笑而释之。（明·何良俊《语林·言语第二上》）

这则故事，讲的是刘桢巧妙认错而获释的典故。刘桢，字公干，东平宁阳（今属山东）人，东汉末期著名的文学家，与孔融、陈琳、王粲、徐干、阮瑀、应玚等六人，号称中国文学史著名的"建安七子"。尤其以五言诗最负盛名，后人将他与曹植并举，称为"曹刘"。大概因为是山东人的缘故，他生性亢直，还有些文人放荡不羁的作风。据说他特别聪明，辩才无比。曹丕为太子时，因为他是当时有名的诗人和文士，常常喜欢与当时的文士聚首。一次，曹丕请诸位文学高士欢会。酒过三巡，喝得耳热意畅，曹丕突然心血来潮，让他的夫人甄氏出来与大家见面。大概有点炫耀自己太太美貌之意，因为这甄氏就是曹操官渡之战打败袁绍后抢来的袁绍儿媳，据说曹操早就垂涎甄氏美貌绝伦，意欲收为己有，没想到被他的二儿子曹丕捷足先登，曹操心里那个恨哪，是哑巴吃黄连，有苦说不出。这事后来还被孔融拿来寻开心，曹操更是气得要命。甄氏是太子夫人，虽然大家都耳闻其美貌，想一睹风采，但是封建时代这可万万使不得。因此，所有与宴的文学之士都识趣地匍匐在地，不敢平视甄夫人。唯独这个刘桢不知死活，竟然平视甄氏，两眼直勾勾地看了甄夫人半天。这是犯上的大不敬行为，依例是要处死罪的。当时甄氏的老公曹丕倒没有那么小气，也没把刘桢怎么样。可是，老公公曹操听说了此事，怒火中烧，立即就把刘桢逮了起来，本来要处死刑，后免死改送劳动改造。（事见《典略》，其原文曰：

"文帝为太子，尝请诸文学，酒酣坐欢，命夫人甄氏出拜。坐中咸伏，桢独平视，太祖闻之，收桢，减死输作。"）后来，曹操到尚方（即主造皇室刀剑等兵器及饮食器物的官署）视察工作，看见刘桢正弯着身子在磨石头。曹操见此，就意味深长地问他："石头怎么样？"刘桢知道曹操说石头的用意，就蹲坐而答说："石头出于荆山悬崖之顶，外有五色文采，内含卞氏宝玉的内质，打磨了也不会再洁白透明，雕刻了也不会再加文采，这是它禀气坚贞、受之自然的本性，打磨只是使它纡曲缠绕不清的文理能够疏通顺畅而已。"曹操一听，就笑笑，把他给释放了。

那么，曹操怎么听了刘桢的一番关于玉石打磨的话，就免了他的罪，把他给放了呢？这是刘桢说得好，是在婉转地向曹操认错了。他通过玉石自比，说明自己性格亢直、不拘小节的作风，是天性本然，无法改变，只是觉得平视甄夫人确是理屈（利用玉之纹理屈曲来一语双关）。这种表达既婉转地向曹操认了错，又不失自己的面子。这样好的表达艺术，曹操这个爱才之人，怎么能不原谅他呢？

五、言外有意，弦外有音：曹衍自比晚嫁娘

　　曹衍，衡阳人。太平兴国初，石熙载尚书出守长沙，以衍所著《野史》缴荐之，因得召对。袖诗三十章上进，首篇乃《鹭鸶》《贫女》两绝句，盖托意也。……《贫女》云："自恨无媒出嫁迟，老来方始遇佳期。满头白发为新妇，笑杀豪家年少儿。"太宗大喜，召试学士院，除东宫洗马，监泌阳酒税。（宋·吴曾《能改斋漫录》卷十一）

这段文字，讲的是石熙载荐举曹衍之事。史载，石熙载，字凝绩，洛阳人，后周太祖显德年间中进士。其人疏俊有雅量，居家严谨有礼法，宋太宗赵光义任京邑尹（首都行政长官）时，表奏（就

是打报告请求）宋太祖赵匡胤任命石熙载为开封府推官（掌管司法事务的高级官员）。等到太宗即位做了皇帝后，就逐步提拔石熙载，最后累擢至尚书右仆射（即宰相）。熙载为人性忠实，遇事尽言，无所顾避，人有善即荐之，时称"长者"。宋太宗太平兴国初年，石熙载出任长沙的行政长官，结识了衡阳人曹衍。熙载觉得曹衍很不错，于是就以曹衍所著的《野史》呈送太宗御览。因为太宗跟熙载关系非同寻常，熙载举才有令名，太宗当然信得过，于是召见了曹衍。曹衍晋见太宗时，带了三十首诗，首篇是《鹭鸶》、《贫女》两绝句。其中，《贫女》诗说："自恨无媒出嫁迟，老来方始遇佳期。满头白发为新妇，笑杀豪家年少儿。"太宗读了很高兴，于是又召他在学士院应试，任命他为东宫洗马（东宫的官员，太子出行时为先导），并主管泌阳的酒税。

那么，曹衍何以一首《贫女》诗就讨得太宗欢心，并加官进爵呢？这是曹衍善于表达的缘故。这首《贫女》诗，表面说的是贫女无媒而晚嫁的怨情，实则是在诉说自己怀才不遇的愤慨之情。但是，曹衍没有将真意直白地说出来，而是以贫女自喻，委婉地将自己久不得意的原因与满腹的牢骚"怨而不怒"地表达了出来。这样，就给受交际者宋太宗的解读（接受）留下了充足的回味空间，使其思而得之。很明显，这是表达者故意在制造"距离"。事实上，表达者曹衍的这个"距离"留得相当妙，一来臣下与皇帝之间有一个身份地位的"距离"，臣下对皇上说话特别是抱怨，直白而锋芒毕露，这是不礼貌的；二来表达者借"贫女晚嫁"来委婉地表达心意的主要目的是要在皇上面前露一手，使皇上知道自己确是有才，不是凭空发怀才不遇的牢骚；三来表达者委婉其辞而不直陈本意，也是表明他相信接受者皇上是有才的英主，能够意会到其话外之音的。这实际上是对皇上才能的肯定。由于这个"距离"留得恰到好处，接受者心领神会，意会到了表达者的"言外之意"、"弦外之音"，从而在内心深处感受到一种"余味曲包"的含蓄美。所以，表达者最终得到了接受者的重用。

六、羞抱琵琶，桃面半隐：穷书生人穷"智"不穷

一士人家贫，与其友上寿，无从得酒，乃持水一瓶称
觞曰："君子之交淡如。"友应声曰："醉翁之意不在。"
（明·冯梦龙《古今谭概·巧言》）

众所周知，中国的读书人向来是穷的，古今皆然。尽管现在情
况有些改变，有些知识分子还相当富裕，但是那毕竟是少数，绝大
多数读书人还是属于比较清贫的一族。即使很富裕的知识分子，要
是与"腰缠十万贯，骑鹤下扬州"的富商大贾比起来，那也是小巫
见了大巫的。所以，我们的老祖宗早就教导我们读书人要"安贫乐
道"，要耐得住寂寞（没钱你不耐得寂寞行吗）。其实，外国也一
样，外国的教授虽然比中国的教授富裕，但和他们本国的富人比，
其实也是很清贫的一群。

因为穷，所以中国的知识分子向来有一种臭脾气，抑或说是一
种酸腐气，那就是玩清高，讲什么"重义轻利"。他们特看不起钱，
人家一提钱，他们就说"满身铜臭气"，不屑与之为伍，甚至不屑
与之搭腔。说到这里，突然想起《世说新语·规箴第十》所记的一
个故事：

王夷甫雅尚玄远，常嫉其妇贪浊，口未尝言"钱"
字。妇欲试之，令婢以钱绕床，不得行。夷甫晨起，见钱
阂行，呼婢曰："举却阿堵物！"

这个王夷甫，就是那个做过西晋中书令、尚书令、司徒、司
空、太尉等要职的王衍。他出身士族，喜欢开口闭口老庄，所论义
理，随时更改，所以当时人说他是"口中雌黄"。他当权期间，由
于皇族混战，匈奴贵族刘渊乘机举兵。他身为宰相，担负国家大
任，却不顾国家安危，只顾专谋自保。永嘉五年（311）为石勒

（羯人，十六国期间的后赵建立者）所俘，他又劝石勒称帝，以图苟活，结果被石勒杀了。这样一个道德败坏的家伙，却雅尚玄远，还瞧不起他那位比较讲实惠、过日子的老婆郭氏，认为她俗，他自己则从来不说"钱"字。中国有句老话，叫作"知夫莫若妻"。王衍是个什么货色，郭氏天天跟他睡觉还不知道？他老婆就想试试他，就叫婢女趁他睡觉之机，用钱把他睡的床给绕起来，让他不能走路，看他说不说"钱"字。结果，这个家伙早晨起来一看钱挡住了路，就喊婢女说："把这些个东西给我搬开！"（"阿堵"是晋代方言，是"这个"之意）就是不说"钱"字。其实，知道王衍的底细，我们都知道，王衍的所谓清高、不言"钱"，是因为他是官僚，是士族大户，真的太有钱，他可以假装清高。对于绝大多数读书人来说，他们不言"钱"是怕说着了会因为自己没有而难堪，所以，他们也是假清高，他们不言钱其实是一种酸腐。

不过，话又说回来，读书人假清高、酸腐，都是令人不喜欢的。但是，他们绝大多数缺少的只是金钱，而不缺智慧。所以，应该说，他们是人穷"智"不穷的一族，不是吗？上引冯梦龙所讲故事中的那位穷书生就是，他和他那位善解人意的朋友一说一答，语含玄机，都是耐人寻味的绝妙好辞，读之让人感佩不已。

朋友要做寿了，穷书生却送不起一瓶祝寿的酒。不得已，他用空瓶装了一瓶水送给朋友。但是，这样做，朋友要是开瓶喝了，就会出洋相了。穷书生想到了一个好办法，就是在送酒祝寿时说明真相，同时表达对朋友的一片真情。那么怎么说呢？直接说："我没钱买酒，就用空瓶装了一瓶水，以表心意。"这样肯定不行，这不光他自己一个读书人的面子挂不住，他的朋友在大众面前也没面子啊！令人感叹的是，这穷书生，在送酒时巧妙地说了一句祝酒词："君子之交淡如。"这是由《庄子·山木》篇中的名句"君子之交淡如水，小人之交甘如醴"的前一句，藏去末一字"水"而成的。以"羞抱琵琶，桃面半掩"的表达策略，婉转地告知他的朋友："我没钱买酒送你，因为我们是君子之交，就装瓶水表表心意吧！"情深意切，表达典雅，不仅不失一个读书人的面子，还显示了一种读书人特有的语言智慧。他的朋友自然也是个读书人，也是很聪明的，也运用相同的表达策略，引宋人欧阳修《醉翁亭记》中的名句"醉翁之意不在酒，在乎山水之间也"的前半句，并藏却关键的"酒"字，不露痕迹地解除了朋友的尴尬，并婉转地表示了自己的心意："我不在乎你送的是不是酒，我要的是你这个朋友的一片心意和真挚的友情！"真是会说话，把话说到了朋友的心坎上，可谓是有情有义、善解人意的好朋友。贫士有这样一位朋友，也是他的福分了！如果朋友直说："老朋友，别客气，送水当酒也没关系，有你一番心意就够了"，那么那位贫士将要找个地缝钻进去了，还有什么颜面呢？由此可见，贫士和他的朋友真的是很有语言智慧，读此故事我们既衷心感佩其表达艺术的高妙，也为我们身为读书人而自豪——我们读书人虽然不富有，但我们有智慧！

七、意分表里，弦外有音：金圣叹临刑父子对句

> 莲子心中苦，梨儿腹内酸。

上面的二句，是清初著名文人金圣叹所作的联语。清初，金圣叹"痛恨清朝政府横征暴敛，到文庙去哭泣，请求减免钱粮，他这种抗争的举动，激怒了清廷，以'哭庙抗粮，鼓动谋反'为由，将他处死。当金圣叹临刑前，他的儿子来看他，便出了一句上联，要其子对下联。这个对联流传广远，颇为人们所津津乐道"。①

其实，金圣叹为人所乐道的事很多。记得民国时易宗夔在所编的《新世说》中有这样一段记载，大抵概括了他的一生事略：

> 金圣叹少有才名，性放诞。出词囧忌。初补博士弟子员，以岁试文怪诞被黜。次年科试，易名人瑞，就童子试，获第一，仍复儒冠。尝谓世有才子书六，盖《离骚》、

① 沈谦：《修辞学》，台北：台湾空中大学印行，1996年，第63页。

《庄子》、《史记》、杜诗及施耐庵《水浒传》、王实甫《西厢记》也。遍加评语，议论透辟，识见精到，谓为金批，盛行吴下。顺治庚子哭庙案，金与焉，狱成，拟不分首从斩决，妻子财产入官。金临刑时，付书于妻子曰："杀头，至痛也；籍没，至惨也。而圣叹以无意得之，不亦异乎？"又曰："黄豆与盐菜合食，其味至美。圣叹可死，此法不可不传。"

如果对中国文学史较为熟悉的人，都知道金圣叹（1608—1661）是明末清初很有名的文学批评家。金圣叹本名采，字若采，吴县（今属江苏）人。少年时代即有才名，但是性情放荡不羁，出语出词常常毫无顾忌，口无遮拦。早年补为博士弟子员（博士是一种官名，掌通图书，备顾问。弟子员，当更在其下位），因为岁试（年度考试）文字怪诞而被罢黜。第二年科举考试时，他改名为金人瑞（那时代户籍制度不太严格，也没有身份证之类，改名也不需证明或办什么手续），参加了童子试（明清时代取得秀才资格的入学考试），结果考得第一名。这样，就又戴上了儒生的帽子了（那时代儒生的头巾没有资格是不能随便乱戴的，就像今天不是警察不能穿戴警服一样）。虽然又戴上了方巾，又是科举中人了，但金圣叹好像对科举不太上心，不是一门心思对付"四书五经"，背八股文选。他认为世间有才子书六种，就是《离骚》、《庄子》、《史记》、杜（甫）诗和施耐庵的小说《水浒传》、王实甫的戏剧《西厢记》，并对后两种进行了批改评论，所加评语，议论透辟，识见精到，时人谓之"金批"，在吴下（江浙地区）颇是盛行。清顺治庚子年（1660），他因为参与抗粮而去孔庙哭泣，被清政府视为谋反。清政府对此案采取了特别严酷的镇压，不分首犯从犯，一律杀头，并将其妻子儿女及财产抄没充公。金圣叹临刑前，给妻子写了一封信说："杀头是最痛的；籍没（即妻子儿女罚为官奴，财产充公）是最惨的。而我都是无意中遇上了，这不很奇怪吗？"对妻子表示了深切的歉疚之情。又说："黄豆炒盐菜（即咸菜），味道最美。我金圣叹虽然可死，但此种吃法不可失传。"

金圣叹临死还不忘跟老妻开个玩笑，这种从容幽默的风度恐怕一般人是很难学到的。至于他刑场之上与儿子对句联语，则更是让人难以想见，令人不得不感佩得五体投地，怪不得这故事几百年来一直为人津津乐道。之所以如此，我想，大概主要有这样三个原因：一是金圣叹视死如归、砍头只当风吹帽的凛然正气令人感佩；二是金圣叹临刑不惧，与子联语对句，从容优雅的风度令人绝倒；三是死别怜子之情表达深沉婉约，哀而不伤，让人益发增其悲！

金圣叹视死如归的凛然之气与临刑对句的从容优雅的风度是学不到的。但是，金圣叹婉约表情达意的语言策略则是可以借鉴学习的。金圣叹所出的上联"莲子心中苦"和其子所对的下联"梨儿腹内酸"，如果不是在金圣叹临刑的刑场这一特定情境下所说，那么也就只是一件古代文人斗才联语对句的寻常事，我们只会赞叹他们对仗工整而已。而上述金圣叹父子的对句，明显不是父子比才或是父试子才的行为，而是别有寄托的。金圣叹的上句"莲子心中苦"，表层语义是陈述一个人人皆知的生活常识：莲子的心是苦的。实际上，这层语义不是金圣叹临刑前要对儿子说的，他要说的是："怜子心中苦。"即是说：我马上要死了，想到你还小，以后没有父亲，生活会更艰难，我的心就感到悲苦不已。中国有句老话，叫作"虎父无犬子"，还有文化大革命时代的一句流行语，叫作"老子英雄儿好汉，老子反动儿混蛋"。我们不能说金圣叹是什么"反清复明"的大英雄，也不好说他是一个"虎父"，但是可以说，他是一个有骨气、有学问、有品行的著名文人和学者，他的儿子自然也是有学养的。因此，他儿子的对句也不是那么简单的。"梨儿腹内酸"，表层语义也是陈述了一个生活常识：梨子的核是酸的。实际上，这层语义也不是他所要表达的。他真正要表达的是这样一个深层语义："离儿腹内酸"，即是说：爸爸，您马上就要离开孩儿了，心里一定很辛酸。生离死别是人生莫大的悲苦，呼天抢地，捶胸顿足，将自己心中的悲苦一股脑儿地倾泻出来，也是人之常情。而金圣叹为了保持一个汉族士大夫的民族气节，还有尽可能多地消解儿子的悲痛，所以达观而从容优雅地对待离世别子的悲哀，以一语双义的联语"莲子心中苦"婉转地表达了自己别子的悲切之情。因为"莲子心中苦"中的"莲"与"怜"，是同音字。所以，当"莲"与"怜"通过语音的相同而关合后，表示莲蓬子的"莲子"也就与表示怜惜、怜爱儿子的"怜子"关合到一起。于是表层的"莲子"便转义为深层的"怜子"。而他的儿子也是善解人意，知道父亲的心中悲苦，也以同样的方法，用"梨儿腹内酸"一句对接，从父亲的角度着眼，婉转地表达了自己离父深切的悲痛。很明显，金圣叹父子的联语对句是极其高妙的，是一种深具魅力的表达策略，它既深切、深沉地表达了父子二人生离死别的无限悲痛之情，同时鲜明地体现了汉族士大夫视死如归、不屈服于异族统治者的淫威，从容赴死、优雅辞世的风度。①

八、项庄舞剑，意在沛公：沈钧儒戏说关云长

抗战初期，沈钧儒先生还是参政员的时候（后来，因为坚持团结，反对分裂，和邹韬奋等一起被蒋"除名"了），有一天，参政员开会休息时，三三两两坐着闲谈，有人讲了些嘲笑胡子的笑话，说完还对沈老（沈钧儒）发笑，沈老是有一口不算小的胡子的。他立即笑着说："我也有一个胡子的笑话可以讲讲。"大家很诧异。沈老接着说："当关、张遇害之后，刘备决定兴兵伐吴，要从关兴、张苞二人中选一个当正先锋，叫他们当场比武，结果不分胜负，又叫他们各自讲述他们父亲的本领。关兴说他父亲过五关、斩六将；斩颜良、诛文丑，杯酒斩华雄，讲了一大套。张苞也说他父亲如何一声喝断灞陵桥，如何三气周瑜芦花荡等等，说得也有声有色。关兴急了，说：'我父

① 参见吴礼权：《妙语生花：语言策略秀》，上海：上海文化出版社，2002年，第93~95页。

亲丹凤眼，卧蚕眉，一口长髯，飘到胸口，人称美髯公，你爸爸比得了么？'正讲到这里，关羽忽然在空中'显圣'了，横刀怒目对关兴说：'你老子有这么多长处你不说，单提老子的胡子做什么？'"自然，大家听完也是哄堂大笑。（徐铸成《旧闻杂忆续篇·王瑚的诙谐》）

这是一段有关沈钧儒的轶事。沈钧儒（1875—1963），字秉甫，号衡山，浙江嘉兴人。他一生经历丰富，在中国现代史上是相当知名和活跃的政治家。清朝末年曾中进士，后来留学日本法政大学，中国现代史上许多重大的政治事件他都曾参与。如立宪运动、辛亥革命、护法运动、反对曹锟贿选、提倡新道德和新文化的五四运动等等，他都是积极的参与者。作为一个政治家，他曾参加过同盟会、中国民权保障同盟，还曾领导成立了上海文化界救国会、全国各界救国联合会，筹组了抗日救亡总会、倡议组织了中国民主政团同盟（后来改为中国民主同盟）等政治性组织；作为一个法律专家，他曾出任过上海法科大学（后改为法学院）教务长，亲自执行过法律业务，并组织成立了平民法律扶助会，为被迫害的人们、抗日军人家属及进步图书杂志进行义务辩护。他先后出任过国会议员、广东军政府总检察厅检察长、浙江省临时政府秘书长、国民参政会参政员、中国人民救国会主席等职。他1949年春至北平，参加了新政治协商会议的筹备工作。新中国成立后，历任中华人民共和国中央人民政府委员、最高人民法院院长、全国人大常委会副委员长、全国政协副主席、民盟中央主席。[1]

上引的故事，讲的是沈钧儒1938年代表救国会出任国民参政会的事情。会间休息，大家说些笑话娱乐，本来无可厚非，也是无伤大雅的。但是，有人说胡子笑话来取笑，并有意直对沈钧儒笑，则是明显针对沈的一口大胡子的，是拿他开心的。所以，沈决定回击他们一番，以助兴的方式也顺势讲了一个有关三国时代关云长胡子

---

① 参见《辞海》，上海：上海辞书出版社，1991年，第1016页。

的故事。三国的故事，人所共知，关羽关云长的故事更是中国妇孺皆知的。可是，从来没有沈钧儒上面所讲的关羽之子关兴与张飞之子比老子的胡子的事。很明显，沈钧儒所讲的这个故事，只是他想表达对同僚们取笑他大胡子的不满而临时编造的，是"项庄舞剑，意在沛公"。它的表面是跟大家一起讲胡子的故事取乐，实际上它别含这样一个深层的含意："你们这帮家伙，干吗无聊地拿我的胡子开玩笑！"这层意思如果这样直白地表达出来，那出语太过直露，会伤害同僚之间的感情，同时也显得沈老自己开不起玩笑。沈老的过人处在于通过讽喻表达策略（临时编造故事以表情达意）的运用，既婉转地表达了自己对同僚们拿他胡子取笑的无聊行为的不满之情，又显得幽默诙谐，表现了自己的风度，同时还讨了他人的便宜，把取笑他的人说成了是他的儿子。真是妙不可言！

九、顺水推舟，请君入瓮：寿星"祝福"市长

一个103岁的老人过生日，市长对他祝贺说："希望明年还能见到您。"老人风趣地回答："为什么不呢？你的身体不是很结实么？"

这是中央人民广播电台所播《健康的奥秘》中所讲的一个故事。① 我们都知道，中华民族自古以来就有一个优良的传统：尊老。特别是对于长寿老人，人们尤其尊敬。中国封建时代的帝王大都懂得这个道理，比如我们都熟悉的清代乾隆皇帝在这方面就很出名，他晚年做万寿节时，就召寻全国的长寿老人，特开了一个"千叟宴"。乾隆不仅晚年很尊敬长寿老人，早年南巡江南时还曾为江南一对同登百岁的老夫妇写了一副非常高妙的寿联。据说这对江南的长寿夫妇，在同登百岁生日时，对于所有亲朋好友要送的寿礼，他

---

① 转引自张炼强：《修辞理据探索》，北京：首都师范大学出版社，1994年，第265页。

们都事先声明不予接受，只是提出了一个希望："我们一生视富贵如浮云，这次只要送副寿联即可，但联中既要写出百岁大寿之意，又不能出现'百岁'字样。"很明显，这可比送礼难多了，谁有这能耐与学问。于是，所有的亲朋好友都被难住了。恰在此时，巡游江南的乾隆皇帝听说了此等奇事，非常有兴趣。我们都知道，他老人家最喜欢卖弄学问了。于是他便按这对百岁夫妇的要求，送了一副寿联："人生不满君常满，世上难逢我独逢。"① 由此留下了一段长久流传的佳话。

那么，乾隆的这副寿联为什么能够成为人们传诵的佳话呢？这是有道理的。因为这副寿联符合那对寿星夫妇的特殊要求，它运用了"藏词"表达手段，上句由《古诗十九首》中"生年不满百，常怀千岁忧"的前一句藏去末字"百"而成，下句由谚语"山中自有千年树，世上难逢百岁人"的后句藏去末三字"百岁人"而成。所引的诗句与谚语都是人们所熟知的，藏去何字，人们一看便知。这样，既达到了老寿星的要求，又不难解读，真是人人易解都叫好，确是一般人写不出的好寿联。我们今天也完全可以想象得出，那对老寿星收到这样好的寿联，又是英明的乾隆皇帝所作，肯定是高兴得不得了。

乾隆皇帝的文治武功，虽然历史学界有很多人有不同的看法，但是，平心而论，他确实是一位很了不得的封建帝王。即以他的学识和他上述所写的寿联来看，又有几个能及，不是吗？

上引一段故事中的那个市长，如果要与我们的乾隆皇帝相比，就差远了！他的本意是想祝愿那位103岁的老寿星更长寿，结果却说出"希望明年还能见到您"，让老寿星觉得他好像不是祝寿，而是诅咒他明年就死一样。因此，老寿星非常不快。但是，这位老先生还真有修养，他并没有直言表示自己的不快，而是运用"顺水推舟，请君入瓮"的策略，回答市长说："为什么不呢？你的身体不是很结实么？"巧妙而婉转地将市长送入了他自己设置的"瓮

---

① 参见沈谦：《修辞学》，台北：台湾空中大学印行，1996年，第380页。

中"——明年要死的不是我，而可能是你市长。但表达得很婉转，又机趣幽默，让市长听得出对他的不满和嘲讽之意，但又不失礼，也不让市长难堪，大家都有台阶下，毕竟市长来看望他也是好意，给了自己面子。

说到这里，不禁想起梁实秋《年龄》一文中讲过的英国首相丘吉尔的故事：

人到了迟暮，如石火风灯，命在须臾，但是仍不喜欢别人预言他的大限。丘吉尔八十岁过生日，一位冒失的新闻记者有意讨好地说："丘吉尔先生，我今天非常高兴，希望我能再来参加你的九十岁的生日宴。"丘吉尔耸了一下眉毛说："小伙子，我看你身体满健康的，没有理由不能来参加我九十岁的宴会。"

丘吉尔的妙答，与我们上面所说的中国老寿星的话是同出一辙，都是值得人深味的妙语，感情的表达非常巧妙得体，是值得我们好好学习的！

十、以退为进，先抑后扬：沈谦回护梁实秋

民国七十六年十一月三日梁实秋在台北中心诊所辞世，十一月十二日《光华杂志》假师大举办"梁实秋先生文学成就研讨会"，请五位教授主讲。我以《雅舍小品》中的《女人》和《男人》为例，说明梁实秋的妙语生花，缘于他独具慧眼，能洞察人性的奥秘：他描述女性的吝啬和拐弯抹角，真是诡谲莫测，淋漓尽致；形容男性的懒惰和贪馋脏乱，更是状溢目前，跳脱传神！最后一位发言的张教授，在肯定梁实秋的文学贡献之余，结语颇为惊人："说老实话，其实梁实秋的文章，自《雅舍小品》出世以来，四十年没有进步！"

顿时，会场空气凝固，主持会议的余玉照兄为化解僵局，特请我再度发言：

"刚才张教授说梁实秋的文章四十年没有进步，我完全同意他的看法！不过，在此要补充两点：第一，梁实秋的文章，四十年前已达到朴质真醇、自然高妙的最高境界，不可能再进步了！第二，在座的各位，包括张教授和区区在下，要想达到梁实秋四十年没有进步的境界，恐怕再修炼四十年也不一定能成功！"（沈谦《梁实秋的流风余韵》）

这是台湾学者沈谦教授所讲的一则真实的故事。1987 年 11 月 3 日，梁实秋逝世于台北。11 月 12 日台湾的《光华杂志》就举办"梁实秋先生文学成就研讨会"，可以见出台湾文学界对梁实秋的尊崇。既然是出于尊崇之意请五位教授发言，自然是意在褒扬梁实秋的文学功绩，这是题中之意，任何人都是心知肚明的。因为中国人有一种习惯，那就是为长者讳，为尊者讳，为死者讳。特别是对于已经死去的人，即使是生前再不好，死后大家还是要违心地说些他的好话。可是，上述的那位张教授不知何故，却不懂这种基本的世故，恰恰在发言之后画蛇添足地说："说老实话，其实梁实秋的文章，自《雅舍小品》出世以来，四十年没有进步！"搞得会场空气凝固，大家都很尴尬。幸亏主持人余玉照机智，情急之中请出一向有"名嘴"之称的沈谦教授再度发言来化解僵局。沈教授是台湾师大的博士，梁实秋先生曾任台湾师大外文系主任和文学院院长，二人有师生之谊，自然感情不浅。果然沈谦不负众望，即兴脱口而出："刚才张教授说梁实秋的文章四十年没有进步，我完全同意他的看法！不过，在此要补充两点：第一，梁实秋的文章，四十年前已达到朴质真醇、自然高妙的最高境界，不可能再进步了！第二，在座的各位，包括张教授和区区在下，要想达到梁实秋四十年没有进步的境界，恐怕再修炼四十年也不一定能成功！"这番话，采用的是"以退为进，先抑后扬"的策略，先肯定张教授说得有理，并表明自己完全同意的态度。这话听来，好像是在退，是同样在贬抑梁实秋。实际上，这是先给张教授面子，化解僵局。等到张教授一颗心放回肚里时，沈谦却以补充说明的方式，巧妙地话锋一转，由退而进，由抑梁而变成扬梁，说梁实秋散文四十年没有进步是因为他的散文早就臻至自然高妙的最高境界，没法再进步了。由此，再进一步，说包括自己在内的所有人，再修炼四十年也无法追比梁实秋的那种境界，巧妙而婉转地彻底推翻了那位张教授的意见，既回护了他的老师梁实秋先生，又给了那位发言不得体的张教授面子，化解了会议主办单位及会议主持人的尴尬。沈教授是我的忘年交朋友，也是我的前辈，他妙语生花的文笔与口才，我是亲炙过的，对此是有深刻印象的。

第三章　思想理念的推销艺术

一次，中国驻日本大使馆参事王大桢对别人说："一个良好的外交家，须兼备五个条件，缺一不可。第一脑舌并存，第二情痴，第三老寡妇，第四老道僧人，第五贪官污吏。"

见闻者惊异，王氏解释说："第一是脑舌并存。中国从前的外交家，有脑无舌，虽能不辱使命，但言语不通，与外人交涉，需舌人翻译，诸多不便。近外交家，则多有舌无脑，虽满口洋语，流利无比，但忘自身乃中国之外交官，于是有亲甲亲乙等外交家生。如能脑舌并存，当不致如此。第二是情痴。外交家对其祖国，应永久爱护，不有痴爱，不可为外交家。第三是老寡妇。老寡守业，吝啬已极，外交官对国家之土地主权，即应如此悭吝，决不可如公子少爷，摆架子，充大方，将祖产抛尽。第四是老道僧人。外交家应如老道僧人之有修养，一切利禄美女，不能动心，驻国外之外交家，遇此种机会甚多，惟有修养者，能不被人收买也。第五是贪官污吏。外交官对于知识情报，应如贪官污吏之贪婪，如是始能获知己知彼之功。"

（段明贵《名人的幽默》）

这个故事所讲的外交官王大桢，虽然并非中国近现代史上最有名的外交家，却是非常有思想、有头脑的外交家。他认为一个好的外交官应该具备五个基本条件：一是要有一个清醒的头脑，在有关国家利益的原则问题上不糊涂，同时还要精通所驻国家的语言，不必假力于译人；二是要对祖国有无比热爱之情；三是要坚守国家利益一丝一毫不肯放松；四是要具备超人的品德修养，不为利禄美女所诱惑，以免被人收买而出卖了国家利益；五是要善于收集知识情报，知己知彼，为国家的外交决策及与所驻国家的外交交涉提供参考。但是，王参事并没有这样直接理性地推销他这一关于良好外交家条件的思想理念，而是采用"设彀"的表达策略，说一个良好的外交家须兼备的五个条件是"第一脑舌并存，第二情痴，第三老寡妇，第四老道僧人，第五贪官污吏"，使人一听大惑不解，急欲知道他为何说出这样的"怪话"，因为除了第一条"脑舌并存"还好理解外，其他四条"情痴"、"老寡妇"、"老道僧人"、"贪官污吏"，人们怎么也想不到它们与一个具备良好条件的外交官有什么关系。当听者果然上了他预设的"语言圈套"后，他便从容地一一道明这五条与一个良好的外交官之间的必然联系，使人如梦方醒，觉得他的比喻既奇特新颖、出人意表，又合情合理、贴切恰当。这不由得不使人叹服其语言的机趣幽默、表达的自然高妙，从而加深了对其所推销的思想理念的印象，认识到一个良好外交官必须同时兼备他所说的五个基本条件的重要性。如果不注重表达艺术，以平常的语言加以表达，他的思想理念就不易引起接受者的注意和重视，听过就如耳边风，很难留下什么印象。

可见，要想推销自己的思想理念，要想说服别人接受自己提出的某种新思想新理念，没有一定的表达艺术是难以实现的。而有了一定的表达艺术，则必然妙语生花，使人一听便能信从，不是吗？

一、知人论事，以理夺心：从阳货说孔子出仕说起

　　阳货欲见孔子，孔子不见，归孔子豚。孔子时其亡也，而往拜之，遇诸途。
　　谓孔子曰："来！予与尔言。"
　　曰："怀其宝而迷其邦，可谓仁乎？"
　　曰："不可。"
　　"好从事而亟失时，可谓知乎？"

　　曰："<u>不可。</u>"

　　"日月逝矣，岁不我与。"

　　孔子曰："诺，吾将仕矣。"（《论语·阳货十七》）

　　这则历史记载，读过《论语》的人都很熟悉。阳货（又叫阳虎），是春秋末期一个很牛的大人物。为什么说他很牛呢？春秋后期的鲁国是由孟孙氏（一作仲孙氏）、叔孙氏、季孙氏三家贵族把持着大权，这三家分别是鲁桓公之子仲庆父（亦称孟氏）、叔牙、季友的后裔，史称"三桓"。"三桓"中以季孙氏势力最大，鲁国的朝政事实上由季桓子把持着。了不得的是，这个阳货虽是季孙氏的家臣，却挟持着季桓子而号令鲁国。他雄踞阳关（即今天的山东泰安市东南），玩弄国政于股掌，权倾一时。但他心犹不足，鲁定公八年（前502），他又野心膨胀，阴谋废除"三桓"势力，自己当家做主称大王。可惜他心大命不大，最后被"三桓"势力击败，狼狈出奔阳关。第二年到了齐国，后来在齐国混得不如意，又经宋国出奔晋国，最后做了晋国正卿赵鞅（即赵简子）的谋臣。由阳货的生平简历，可知他确实是有两下子，不得不承认他真是个人物。

　　正因为阳货是个人物，又是当时的权臣，孔子（当时叫孔丘，孔子是后人给他的尊称）当时只不过是阳货治下的一个贵族破落户子弟，算个什么啊！本来阳货阳大人连正眼瞧他也不必，可是这孔丘毕竟还算个名人。因为当时孔子的动静还蛮大，他有些思想，又心怀大志，一心想恢复已经崩坏的周公礼法，意欲振兴周王朝昔日的辉煌，为此他兴办私立学校，培养干部，以为长久之计。据史载，他的办学规模还相当可观，号称有"贤人七十，弟子三千"。五十岁之前，他基本上都把精力投注于教育事业了，虽然有一定的社会影响，但毕竟还是身轻言微。阳货阳大人知道孔子的志向，想想他也有些思想，还有点社会影响，所以就想说服他在鲁国做个小官，也好让他历练历练，知道什么叫政治，什么叫官场。于是阳货就想着召见孔子，孔子却耍知识分子的清高臭脾气，不想见他。心想："你是个什么东西？不过是季孙氏的家臣，却要小人弄权, 搞得天下大乱。老子手上没权, 否则早就把你们这帮乱臣贼子诛杀殆尽了。"阳货毕竟是阳货, 他没智慧, 没两手, 如何能在鲁国弄权, 把季孙氏玩弄于股掌之上呢？阳大人就派人给孔子送了一只烤熟了的小猪（大约相当于广东人的烤乳猪）, 那可是当时的高级礼品啊！孔子大概有收人礼物的习惯, 他自己就曾说过: "自行束修以上者, 吾未尝无诲焉。"（《论语·述而》）, 意思是说, 只要有人主动带上一束（十条）干肉这样的薄礼来求教的, 他就从没有不给予教诲的。阳大人送他烤乳猪, 当然不是行拜师礼的, 肯定是别有他图的。但是, 不知为什么, 孔子还是收下了他这份厚礼。可是收了人家的礼, 就得回拜。孔子是最明礼的人, 所以他肯定要回拜阳大人。但他内心实在不想见这个俗物、这个可恶的权臣, 可是既舍不得退回烤乳猪, 又不想因失礼而坏了自己的名誉。所以, 孔子眉头一皱, 计上心来, 想出一个妙计。他打听好阳大人的行踪, 伺其不在家时, 前去回拜。这样, 就既不失礼, 又不违心而尴尬。可是, 人算不如天算, 万没想到, 竟然在路上遇到了阳货, 这下尴尬就闹大了。阳货一见孔子, 就居高临下地对孔子说:

"过来！我跟你说句话。"

孔子心想, 你阳货送礼完全是假心假意嘛。你现在见了我, 连称呼都没有, 你在教训小孩子？简直没把我孔丘当回事嘛！你以为你是领导, 你权大就了不起啦！想找我谈话, 也得态度谦和些, 想想我孔丘也是个有些名望的人, 至少也是个教育家, 你不能狗眼看人低啊！所以孔先生就没搭理他, 沉默是最大的蔑视。

阳货毕竟是官僚政客出身, 他管你这一套！继续朝着他的目标, 说:

"不把自己的本事显出来报效国家, 而让国家继续混乱下去, 这叫仁吗？"

孔子还生气呢！不睬他。

阳货见他不吭声, 心想不吭声, 我就拿你没办法？就自己回答说:

"这样不行。"

　　孔子心想，什么叫不行？阳货又说：

　　"喜欢参与政事却又老是坐失良机，这叫明智吗？"

　　孔子还是不吱声，这可把阳大人气坏了。只好自己回答说：

　　"这样更不行。"

　　孔子还是不理他，心想，我看你怎么才行？这下阳大人动了真感情了，说了一句非常有力的话：

　　"时间流逝是很快的，岁月机遇都是不等人的！"

　　孔子一听这句，心灵为之一颤，触动了自己的心弦：是啊，我都这把年纪，又到处碰壁，政治主张没人接受，不如自己做官，在自己的任上实践自己的政治理念和主张，不是更好吗？想到这，他爽快地回答了阳货一句：

　　"好！我准备出山担任行政长官了。"

　　之后，大家都知道，他先任鲁国中都宰（中都的行政长官），五十岁时升任司寇（掌管刑狱、纠察等事务），不久又升任大司寇，代摄鲁相之职。

　　我们都知道，孔子曾向他的学生吹嘘自己说："吾十有五而志于学，三十而立，四十而不惑。"（《论语·为政》）其实，这话揆之他的行事经历倒是有点吹牛。因为他在被阳货说服出来做官前，一直不明白一个政治家应该明白的基本政治理念：要想实现自己的政治理想，推行自己的政治主张，就应该自己出来参与政治，说白点，就是要做官，在自己的任上亲自实践、检验、推广自己的政治主张。阳货虽是鲁国弄权的佞臣，但是他确实头脑清楚，对此政治理念非常明白。所以他要向孔子推销他的这一政治思想与理念，并说服他出山做官。最后，他做到了。所以，我们没有理由不佩服阳货阳大人。人家是不错嘛，我们应该实事求是！

　　那么，阳货是以什么样的方法说服孔子的呢？看了《论语》所载阳货说孔子的话，我们可以清楚地看出，这是一种"知人论事，以理夺心"的语言战略。阳货对于孔子的政治理想和政治主张是清清楚楚的，对他参与政治（也就是做官）的热情也是有所了解的，想必孔子"学而优则仕"的话，阳货可能也是有所耳闻的；也知道他总是以"仁"、"知（智）"来教育学生，并作为其思想的核心。既然你有一整套思想政治主张，那你何不自己做官，在自己的任上来亲自实践、检验、推广自己的政治主张呢？所以阳货就抓住两点：怎么样才叫"仁"，怎么样才叫"知（智）"？以两个设问句："怀其宝而迷其邦，可谓仁乎？"问得孔子没法回答。不回答不要紧，他自己回答："不可！"再问："好从事而亟失时，可谓知乎？"问得孔子又无法回答。不回答也没关系，他自己作答："不可！"两个设问句和两个自答句，就像两座堡垒，步步为营，使孔子陷入了"不仁不知"的核心。最后，阳货见时机成熟，以致命的最后一阵炮火，将孔子的思想防线彻底击溃："日月逝矣，岁不我与。"没时间了，你不抓紧，还在纸上谈兵，在做梦幻想有仁君出现，接受并推行你的政治主张，那是不可能的！孔子到底是个明白人，虽然阳货的态度不好，但他讲的理是对的，让人折服，足以夺心。如果阳货不了解孔子，不能"知人论事"，那么他就不可能抓住要害，从孔子标榜的"仁"、"知"两点上突破其心理防线；如果阳货不运用设问策略来表述他的思想，那么他就无法推广他的政治理念，孔子自然也不会被说服，并最终出来做官。

我们都知道，言语交际是表达者与接受者双方的事，交际者（表达者）与受交际者（接受者）必须遵守言语交际的"合作原则"才能完成交际任务。交际者阳货要说服孔子出来做官，这是他要实现的言语交际目标。可是受交际者孔子因为对阳货有偏见，加之阳货那种居高临下的态度，让孔子受不了。所以孔子就采取了言语交际的不合作态度，阳货问他，他不理，不搭话。按照常规这一言语交际活动本来应该中止，不能再进行下去了。可是，阳货的高明之处，就在于突破了常规的言语交际的惯例，一鼓作气地将自己所要表达的意思说尽说透。阳货之所以采取这种突破言语交际规约的策略，实际是基于这样的考虑：言语合作固然重要，但分析受交际者的心理更要紧。根据言语交际学的基本原理，要想达到好的交际效果，说服受交际者，对受交际者心理透彻的了解是关键。只有这样，才能把话说到受交际者的心坎里，从而让受交际者愉快地接受。阳货知道孔子的心理，知道他的人生目标是恢复周公礼法，实现天下大同的政治理想。既如此，与其游说别人实现自己政治主张，不如自己亲自做官，在自己的任上实践并检验自己的政治主张，努力朝着实现自己政治理想的目标前进。于是他把自己总结出来的这套"说一千，道一万，不如动手干一干"的政治理念，通过两个设问句表而出之。设问表达，一般有较强的语气，能够引起接受者的注意，强化其接受印象的效果。同时，这两个设问的内容正好击中了孔子思想学说的要害。这就使孔子不得不打心眼里服膺了阳货所推销的政治理念：与其临渊羡鱼，不如退而结网。最后就接受了阳货的政治理念，出来做官，亲自实践了自己的政治主张。尽管孔子实践的结果证明自己是失败的，但阳货的政治理念推销艺术是高明的。他如果不说服孔子出来做官实践，孔老先生可能死也不知道自己的政治主张是不合时宜的呢！

可见，阳货是个有能耐、有智慧的权臣，他能在鲁国弄权，又跑到齐国、宋国混了一番，最后在晋国得到重用，没两下子是不行的。我们评价一个历史人物，不能总以道德一个标准（事实上道德标准也要看哪一家的标准），还得看他的实际能耐，这才是实事求是！

二、近取诸身，由己及人：颍考叔理歪辞妙说庄公

初，郑武公娶于申，曰"武姜"。生庄公及共叔段。庄公寤生，惊姜氏，故名曰"寤生"，遂恶之。爱共叔段，欲立之；亟请于武公，公弗许。及庄公即位，为之请制。公曰："制，岩邑也，虢叔死焉，佗邑唯命。"请京，使居之。谓之"京城大叔"。

祭仲曰："都城过百雉，国之害也。先王之制：大都，不过参国之一；中，五之一；小，九之一。今京不度，非制也。君将不堪。"公曰："姜氏欲之，焉辟害？"对曰："姜氏何厌之有？不如早为之所，无使滋蔓！蔓，难图也。

蔓草犹不可除，况君之宠弟乎？"公曰："多行不义必自毙。子姑待之。"

既而大叔命西鄙、北鄙贰于己。公子吕曰："国不堪贰，君将若之何？欲与大叔，臣请事之；若弗与，则请除之，无生民心。"公曰："无庸。将自及。"大叔又收贰以为己邑，至于廪延。子封曰："可矣！厚将得众。"公曰："不义，不昵。厚将崩。"

大叔完聚，缮甲兵，具卒乘，将袭郑。夫人将启之。公闻其期，曰："可矣！"命子封帅车二百乘以伐京。京叛大叔段，段入于鄢。公伐诸鄢。五月辛丑，大叔出奔共。
……

遂置姜氏于城颍，而誓之曰："不及黄泉，无相见也！"既而悔之。

颍考叔为颍谷封人，闻之，有献于公。公赐之食。食舍肉，公问之。对曰："小人有母，皆尝小人之食矣，未尝君之羹。请以遗之。"公曰："尔有母遗，繄我独无？"颍考叔曰："敢问何谓也？"公语之故，且告之悔。对曰："君何患焉？若阙地及泉，隧而相见，其谁曰不然？"公从之。公入而赋："大隧之中，其乐也融融！"姜出而赋："大隧之外，其乐也泄泄！"遂为母子如初。（《左传·隐公元年》）

这段文字所记的一段历史，是春秋时代一个很出名的历史事件。郑国的郑武公当初按照诸侯国君主必娶他国女子为妻的婚娶惯例，娶了一个申国的女子为妻，名曰"武姜"。武姜替武公生下两个儿子，一个是后来继武公之位的郑庄公，另一个就是后来封为共叔的段。庄公出世时因为没遵守降生的老规矩，人家都是老老实实地头先出来，然后是身体和脚再出来，自然顺利地降世，他却先来一腿，把小脚先亮了出来。这可是逆产，是要命的事，放在医学发达的今天也是人命关天的事。中国古代有多少女人就是因为逆产而母子都命归西天，即使侥幸把孩子生出来，母子都平安地存活下来，那也好像是从鬼门关闯出来似的，说起来也是令人后怕的。因为庄公逆产把武姜惊吓坏了，武姜就给庄公取名叫"寤生"，从此就不喜欢这孩子，一心一意偏爱小儿子段，想让武公立段为君主的继承人。为此，她多次跟武公吹枕边风，请求武公答应她的要求。哪知武公是个蛮有主见的人，睡觉归睡觉，枕边风吹不进，在立储的大事上，更是意志坚定，没有答应武姜的要求，是个国君的样子。后来，武公老病归天，庄公即位，史称"郑庄公"。庄公即位后，武姜没辙了，但她还不死心，又替段请求制这个地方为封邑。庄公就说："制，是个形势险要的地方，虢叔就死在那里，太危险了！别的地方，都悉听尊命！"于是武姜就要求把京这个地方封给段，让他统领京的军事政治等一切行政事务，也就是让他在京当土皇帝，称之为"京城大叔"。

大臣祭仲觉得庄公分封弟弟逾越了祖制，没有遵守君主分封亲属的规矩，恐造成国家动荡的严重后果，就向庄公进谏说："地方首府，城垣周围规模超过三百丈的，就要祸及国家了。先王的祖制是：最大的都邑，规模不能超过国都的三分之一；中等的则不得超过五分之一；最小的则不得超过九分之一。可是现在您封段京邑的规模，就不符合祖制，这样下去，您这个国君可要受不了。"庄公说："武姜是我的母亲，她要这样，我知道对我不利也没办法趋利避害啊！"祭仲很为庄公不平地说："有什么能让姜氏满足的！您不如及早给段找个地方安置安置，免得他势力坐大，蔓延滋长。蔓延滋长的野草长起来还没法子铲除，更何况是您宠爱的弟弟呢？"庄公说："随他去，坏事做多了总有报应，会自己垮台的。您就等着瞧吧！"

过了不多久，段得寸进尺，要求西北两个边邑与庄公两属共管，要在庄公的地盘上行使主权。大臣公子吕觉得这太过分了！就向庄公进谏说："国家是受不了这种两属共管的情况的，您准备怎么处理这件事？如果您想把西北两边邑给段，就请处罚我！如果不想给，就请求您把他除了，免得老百姓生出不必要的猜测。"庄公说："用不着，他会自己惹祸上身，自己遭殃的。"这样段又把西北两边邑划到了自己的势力范围，地盘延伸到了廪延这个地方。大臣子封看不过去了，就对庄公说："好了，这样也差不多了！给他太多地盘，他易于得民心壮大势力。"庄公说："他做的事是那样的不义，是不会笼得住民心的，土地地盘占多了，必然垮台的。"

果不其然，段地盘一大，就密谋推翻哥哥庄公，想自己做国君了。他又是修城池，又是储备粮食，修造武器铠甲，还练步兵，备兵车，一切俱备，准备出其不意地攻击郑庄公。他的母亲武姜已经跟他密谋好了，准备给他偷开城门，里应外合，以武装政变来一举推翻庄公政权。庄公是个老谋深算的家伙，他的亲信早就把段的一举一动掌握清楚并报告了他。证实了段武装政变的确切日期后，庄公果断地下达命令："可以动手了！"命大臣子封为武装力量总指挥，统帅战车二百乘向段的老巢京城掩杀过去。因为子封所率是王者正义之师，京城百姓皆弃段而去，段的军队望风披靡，立刻溃不成军，段率残部逃至鄢。庄公"宜将剩勇追穷寇"，不给段以喘息的机会，率兵掩杀到鄢。五月辛丑那天，段走投无路，狼狈逃窜到共这个地方。

庄公收拾了段之后，回头就把母亲姜氏发配到边远偏僻的城颖，不让她待在首都再生是非了，而且跟她发誓说："不到黄泉，我们就不要再见面了。"事过之后，庄公又后悔了，觉得对母亲太过绝情了。但君无戏言，他得言而有信，不能如平常人那样可以随时改口，说话不作数啊！

颖考叔当时正在边关颖谷做边境管理的行政长官，他听到庄公发配自己母亲的事后，觉得不妥，就以向庄公进献一些物品为由，求见庄公。庄公感于他的一片心意，就赐他食物招待他。颖考叔进食时，却把庄公所赐的肉放在一边不吃。那时候，肉可是好东西啊！庄公很纳闷，就问他原因。颖考叔就深情地回答说："小人有个老母，我的食物她都吃过了，却没有尝过君上您的肉羹是什么滋味。所以，小人请求您允许我把这肉带回去孝敬她！"庄公说："你有母亲孝敬，我却没有！"颖考叔就问："君上，冒昧地问一句，您这话是什么意思？"庄公就一五一十地把如何克段与如何逐母之事说了一遍，又把自己逐母的后悔之意与无法收回成命的苦恼说了一通。颍考叔一听，心想，我就要你这种态度，有悔意就好。于是颍考叔说："君上，您忧虑什么？这好办。如果您掘地见泉，在地道中与母亲相见，谁敢说你们母子不是黄泉下相见呢？谁能说您食言无信呢？"庄公一听，这主意好！于是就听从了颍考叔的意见，掘地及泉，在地道中与母亲相见。庄公在地道中见到母亲，激动地感而赋诗说："隧道之内，乐也融融。"姜氏走出地道，感慨万千，也慨叹赋诗："隧道之外，乐更无穷。"于是母子和好如初。

郑庄公在中国历史上可是个厉害的角色。他公元前743—前701年在位，前后执政长达43年。武公死后，他除继位为郑君外，还袭其父职为周平王的左卿士。文治武功，颇有两手。除了姑息养奸，诱其弟野心暴露而一举翦除之，并流放其母姜氏，一展其政治手腕外，还曾联合齐、鲁，击败宋、卫。后来，周桓王因其太跋扈而免去了他在中央政府中的高级行政职务，为此，他耿耿于怀，竟然不再去朝拜周天子。周桓王觉得这还了得，大家都这样，他这个周天子还如何号令天下？于是倾起王师讨伐郑。周天子想，我起大兵来问罪，你总该知罪讨饶了吧。没想到，对于周天子的王者之师，郑庄公竟然率师对抗，而且把周天子的中央军打得个落花流水，还射伤了周天子的肩膀。对于这样一个厉害的角色，颍考叔作为一个边关检查官，竟然说服了他，并解决了他的家务事。这是何等的能耐！

颍考叔的这能耐，看起来好像没什么，不就是跟郑庄公聊聊家常吗？但是，这家常不简单！它可是君主家的事，中国历代都有规矩，帝王家的事是容不得臣下插嘴的，那可是砍头的事，这规矩越到后来越严厉，这是大家都知道的。祭仲、公子吕、子封三个大臣，在段得寸进尺地扩展势力时，都曾直言规谏郑庄公，这其实已经犯了大忌。还好郑庄公好像很有度量，很客气地给弹回去了。尽管这三个臣子都很侥幸没被郑庄公砍头，但他们的进谏无疑都是失败的，因为他们都没有成功地阻止庄公有意姑息养奸的阴谋，以致搞得郑庄公兄弟、母子反目，庄公名誉大大受损。相比之下，颍考叔的进谏水平就高多了。在庄公背负恶兄逆子的恶名而无法在国人面前抬起头来，无法垂范郑国民众的艰难时刻，他以向庄公进献物品为名，及时向庄公阐明了这样一个治国理念："为君应该垂范天下，以为万民表率。最基本的一条就应该子孝母慈，一个好的国君无论如何是不应该放逐其母的，因为天下无不是的父母。"但是，这一治国理念的阐发，颍考叔没有像祭仲、公子吕、子封三个大臣一样直言实说，而是以"近取诸身，推己及人"的说服策略，曲折委婉地表述出来，让庄公自己醒悟，自己改正错误。他先是食而舍肉，引起庄公的疑问，从而自然而然地自叙起自己的孝心孝行，推己及人，让庄公对比而生惭愧之心，逼他说出克弟逐母的事来，并自道逐母的悔恨之情。而待到庄公自认逐母之错后，他又巧妙地替庄公解开了誓言的死结，以偷梁换柱的方式，将"不及黄泉，无相见也"曲解成"掘地及泉，就可相见"。这种说法，虽然不符合语言运用的规约性原则，同时也是犯了"偷换概念"的逻辑错误，却是一个高明的语言策略，是一种"别解"修辞策略。根据表达的需要，临时突破语义的规约，对庄公的誓言作了一番新的解释，从而给庄公母子找到了尽释前嫌的台阶，通过在隧道中相见的过渡，最终实现了庄公母子重归于好的目标。这样，才使庄公重新在国人面前抬起头来，否则，他有何面目表率国人，如何治国呢？郑庄公能够执政 43 年，并能在历史上留下那么辉煌的一页，实是与颍考叔对他的政治理念教育之功分不开的。如果他不能在郑国民众中确立一个仁孝之君的形象，他何以能凝聚民心，号令民众击败宋、卫，并打败周天子的王者之师呢？因此，我们说，颍考叔政治理念的推销艺术是非常成功的。

三、说之以利，晓以世情：烛之武一舌敌万师

九月甲午，晋侯、秦伯围郑，以其无礼于晋，且贰于楚也。晋军函陵，秦军汜南。

佚之狐言于郑伯曰："国危矣，若使烛之武见秦君，

师必退。"公从之。辞曰:"臣之壮也,犹不如人;今老矣,无能为也已。"公曰:"吾不能早用子,今急而求子,是寡人之过也。然郑亡,子亦有不利焉。"许之。

夜缒而出。见秦伯曰:"秦、晋围郑,郑既知亡矣!若亡郑而有益于君,敢以烦执事。越国以鄙远,君知其难也;焉用亡郑以陪邻?邻之厚,君之薄也。若舍郑以为东道主,行李之往来,共其乏困,君亦无所害。且君尝为晋君赐矣;许君焦、瑕,朝济而夕设版焉,君之所知也。夫晋何厌之有?既东封郑,又欲肆其西封,若不阙秦,将焉取之?阙秦以利晋,唯君图之。"秦伯说,与郑人盟。使杞子、逢孙、杨孙戍之,乃还。

子犯请击之。公曰:"不可。微夫人之力不及此。因人之力而敝之,不仁;失其所与,不知;以乱易整,不武。吾其还也。"亦去之。(《左传·僖公三十年》)

这段历史记载,也是大家都熟悉的。春秋时代的郑国,在郑庄公时强大到足以对抗周王朝中央政府并把周桓王所率的中央军打得落花流水,周桓王的小命差点就被郑庄公报销了。可是到了郑文公时代,郑国早已没有了乃祖郑庄公时的国力了。人家是一代胜过一代,郑国则是一代不如一代。鲁僖公三十年,也就郑文公四十三年(前630)九月甲午日,"春秋五霸"的二霸晋文公、秦穆公联手围攻郑国。古代国家之间征战得有理由,诸侯国之间征战亦如此,叫"师出有名"。这次晋文公与秦穆公进攻郑国的理由也很充足,晋国内乱时,晋文公(即晋公子重耳)作为被通缉的政治犯而流浪各诸侯国,过郑国时郑文公没有礼遇他。现在他是国际霸主了,自然要报这一箭之仇。除此,还有一条,就是郑国亲近秦晋两国的劲敌楚国。有了这两条,秦晋两国便倾起大兵把郑国团团围住,晋国军队驻扎在函陵,秦国军队驻扎于氾南,意欲一举吞下郑国。

这两个超级大国联手要对付郑国,郑国是必亡无疑。郑国上下一筹莫展,这时大夫佚之狐突然想起一个人,这就是名臣烛之武。

于是就向郑文公谏议说："国家危急了！如果让烛之武出使秦国，拜见秦穆公，大兵必退。"郑文公这时什么办法也没有了，只好听从佚之狐的建议，马上召见烛之武。烛之武心里正窝火呢！老子这么大能耐，你让老子赋闲在家而不重任，净让些阿猫阿狗之类的庸碌之辈玩弄权术，执掌朝政，把国家搞到如此贫弱的境地。所以，他一见郑文公就发火发牢骚说："我年轻的时候能力还不如别人，现在都是老朽了，更是无能为力，难有所作为了。"郑文公知道他在发牢骚呢！但也没办法，这不正在求他救国救民，挽大厦于将倾吗？想到这，郑文公只好陪笑脸，客客气气、心平气和地对他说："我不能早重用您，现在情况危急才想到起用您，这是我的过错。但是，郑国亡了，对您也有不利啊！"烛之武一听，这昏君都低声下气地认错了，又诚心诚意地求我出山，再说他说的话虽然无赖，但确实在理，如果郑国被人灭了，我有什么好处呢？于是，就答应了郑文公的请求，充任使者去见秦穆公，奔赴国难。

当天夜里，烛之武就以绳子系腰，从城墙上滑出城外。当时，被秦晋大兵围困，郑国哪敢再开都城的城门啊。烛之武一见到秦穆公，就单刀直入，阐发了自己的思想和理念：

"秦、晋两国围攻郑国，我们郑国已经知道这肯定免不了要亡国的了。如果灭了郑国对您秦国有好处，自然烦您麾下诸众的一番辛劳也不算冤枉。可是，越过晋国而以边远的郑国为秦国的边邑，您也知道这有点不太现实。既如此，您又何必以灭亡郑国为代价而增强邻国晋的实力呢？您的邻国晋国实力增强了，也就是相对削弱了您秦国的力量。如果不灭郑国，把郑国当作大秦的东道主，贵国外交使节往来东西各国之间，也好有个馆舍资粮的补充，这对您大秦也没有什么不好啊！再说了，想当初晋惠公赖您之助而得以回国为君，许诺回国执政后以焦、瑕二地划秦为报。可是，他早上渡河回国执政，晚上就筑城设防备战，这是您最清楚的。晋国有什么能满足它的呢？一旦它灭郑并把其作为东部边境的目标实现，就必然会想着要拓展它的西部边境。如果它开疆拓土的目标不是秦国，它又何以从西部取得新的领土呢？损秦以利晋，这买卖能不能做，请您三思!"秦穆公一听有道理，心想，我差点上了重耳这小子的当，替他人做了嫁衣裳。这买卖干不得! 想到这，秦穆公非常高兴。于是当即作出决策，与郑国签订盟约，并留秦大夫杞子、逢孙、杨孙统帅一部分军队在郑国就地驻守，其余大兵随他回国。

晋文公的舅舅子犯见秦穆公突然改变主意，走人了，就怂恿外甥晋文公索性出其不意追打秦国西撤的军队。晋文公还算有点良心，说："不能这样干。没有那个人（秦穆公）的力量我也不可能回国执政，也没有我的今天。得人之助，仰人之力，反过来还要损伤别人，这样不仁德；秦国是我们强大的同盟者，失去这个盟友不是明智的选择；以混战代替和好联盟，这算不得勇武。我们还是回去吧!"于是，也撤兵回国了。由此，郑国的灭顶之灾就因烛之武的一番外交交涉而化解了。

英国首相丘吉尔有句尽人皆知的名言，大意是说：国家之间没有永远的朋友，也没有永远的敌人，有的只是永远的利益。这话说出后，世界上无人不叹服，认为精辟无比。其实，这一处理国际关系的基本准则，早在两千四百多年前的春秋时代，就被烛之武阐发得淋漓尽致了。秦、晋两个超级大国联合攻打郑国，郑国这时候实际上已经沦落到二三流国家，根本无法跟两个超级大国抗衡，只要一交手，弹指一挥间，郑国便会从当时的国际版图上消失。有幸的是，郑文公是上海人所说的那种"憨人有憨福"的人，在危急存亡关头，有慧眼识人的佚之狐出而举荐人才，搬出旷世奇才的烛之武来。这烛之武虽然雄才大略，可惜郑文公不识货，闲置不用多年，他虽对郑文公"有眼不识金镶玉"感到满腹的怨气，但为了国家利益，还是义无反顾地深夜出城，奔赴国难。烛之武见了秦穆公，没有向他求饶求情，采取的不是以情动人的言语策略，而是"以理夺心"的战略。他很透彻地洞悉了世情，这世界上，人与人，国与国，你争我夺，无非为了两个字："名"和"利"。其实，争"名"的最终目标还是一个"利"字。所以，这世界实际上只存在一个字"利"。因此，他就以"利"来说"事"，来讲"理"。他以"利"来说的"事"，一是晋惠公得秦之力回国执政后，不仅赖掉曾许诺的焦、瑕二邑不给，还要设版筑城备战秦国的往事；二是晋文公现在想借秦国之力灭郑，利用秦国事实上无法越过晋国获取郑国领土而可能独吞灭郑战果的眼前之事；三是预言晋灭郑独得其利而国力大增后必然西攻秦国，独霸天下的未来之事。从而讲出了这样一个"理"：国家之间其实没有什么永远的朋友或是永远的敌人可言，只有永远的利益关系。因此，处理国家之间的关系，自然要以是否符合自己的国家利益为唯一的基本准则。现在，秦国与晋国联手要灭亡郑国，但灭亡郑国的结果是只有晋国得利，秦国兴师动众，劳民伤财，却一点利益也没有。相反，获利后的晋国会立即国力大增，灭郑后的秦国则伤了元气，强大了的晋国自然会坐等秦国衰弱而伺机灭秦。既如此，您大秦帝国又何必参与灭郑的联合行动呢？烛之武所说的三"事"，都是无可辩驳的事实，而他所讲的"理"也是非常精辟，秦穆公是雄才大略的明君，连续执政长达39年，长期盘踞"春秋五霸"的霸主地位，他一听就觉得烛之武说得在理，所以非常高兴，不仅立即决定退兵，而且还与郑国订立同盟，留下军队为郑国驻防，以防晋国一家坐大，危及秦国的地位。烛之武之所以能一舌敌万师，成功推销他的"国家之间没有永远的朋友，也没有永远的敌人，只有永远的国家利益"的外交思想理念，从而救了郑国，也避免了一场大战给秦、晋、郑及其他许多国家带来的生灵涂炭惨祸。可以说，烛之武游说的成功，关键是他对交际对象秦穆公的为人及其心理状态把握得比较准确，然后切中他的心理，采用了"说之以利，晓以世情"的语言策略。既推销了自己的国家外交理念，也救了郑国。这种奇才，恐怕也是几千年才出一个的！

四、循循善诱，八面设兵：庄辛迂喻曲说救楚国

　　庄辛谓楚襄王曰："君王左州侯，右夏侯，辇从鄢陵君与寿陵君，专淫逸侈靡，不顾国政，郢都必危矣！"襄王曰："先生老悖乎？将以为楚国妖祥乎？"庄辛曰："臣诚见其必然者也，非敢以为国妖祥也。君王卒幸四子不

衰，楚国必亡矣！臣请辟于赵，淹留以观之。”

庄辛去之赵，留五月，秦果举鄢、郢、巫、上蔡、陈之地。襄王流揜于城阳。于是使人发骓征庄辛于赵。庄辛曰：“诺。”

庄辛至。襄王曰：“寡人不能用先生之言，今事至于此，为之奈何？”庄辛对曰：“臣闻鄙语曰：‘见兔而顾犬，未为晚也；亡羊而补牢，未为迟也。’臣闻昔汤武以百里昌，桀纣以天下亡。今楚国虽小，绝长续短，犹以数千里，岂特百里哉？王独不见夫蜻蛉乎？六足四翼，飞翔乎天地之间，俛啄蚊虻而食之，仰承甘露而饮之。自以为无患，与人无争也；不知夫五尺童子，方将调饴胶丝，加己乎四仞之上，而下为蝼蚁食也。夫蜻蛉其小者也，黄雀因是以。俯噣白粒，仰栖茂树，鼓翅奋翼。自以为无患，与人无争也；不知夫公子王孙，左挟弹，右摄丸，将加己乎十仞之上，以其类（颈）为招。昼游乎茂树，夕调乎酸醎。倏忽之间，坠于公子之手。夫雀其小者也，黄鹄因是以。游于江海，淹乎大沼，俯噣鳝鲤，仰啮菱衡。奋其六翮而凌清风，飘摇乎高翔。自以为无患，与人无争也。不知夫射者，方将修其碆庐，治其矰缴，将加己乎百仞之上，被礛磻，引微缴，折清风而抎矣。故昼游乎江河，夕调乎鼎鼐。夫黄鹄其小者也，蔡圣侯之事因是以。南游乎高陂，北陵乎巫山，饮茹溪流，食湘波之鱼。左抱幼妾，右拥嬖女，与之驰骋乎高蔡之中，而不以国家为事。不知夫子发方受命乎宣王，系己以朱丝而见之也。蔡圣侯之事其小者也，君王之事因是以。左州侯，右夏侯，辇从鄢陵君与寿陵君。饭封禄之粟，而载方府之金，与之驰骋乎云梦之中，而不以天下国家为事。不知夫穰侯方受命乎秦王，填黾塞之内，而投己乎黾塞之外。”

襄王闻之，颜色变作，身体战栗。于是乃以执珪而授之为阳陵君，与淮北之地也。（《战国策·楚策四》）

众所周知，楚国本是战国时代非常有实力的大国，想当初它可是"金戈铁马，气吞万里如虎"的"战国七雄"之一，而且是当时与秦国相对峙的超级大国，秦国视为竞争对手的也只有它。可是，到楚怀王时代，楚国开始走下坡路。这主要是因为楚怀王听信谗言，放逐屈原，搞得国政一团糟，国力大降。最后，连楚怀王也被秦昭王扣留秦国，客死他乡。人言有其父必有其子，"老子英雄儿好汉，老子反动儿混蛋"，这话有时还真不假！楚怀王没出息，把原来锦绣似的一个大楚帝国弄得衰弱不堪。他的儿子顷襄王（楚襄王）更是混蛋透顶，整天就知道吃喝玩乐，根本不知道治国图强、执政为民，所以把楚国搞得益发衰弱。当时有一位大臣叫庄辛，非常有见识。他是楚王室宗亲，是"春秋五霸"之一的楚庄王之后，所以以"庄"为姓。他看顷襄王那副德行，实在看不过去了，就劝谏了他几句说："大王您左边是州侯，右边是夏侯，鄢陵君、寿陵君整天跟在鞍前马后。您整天跟这些宠臣厮混在一起，一味地放荡侈奢，也不问国政。这样，我们的国都郢也一定会有危险了！"没想到，顷襄王却不知好歹，说："您是老糊涂了呢？还是在预言楚国的灾祸在造谣惑众呢？"这昏君，可把庄辛给气坏了。庄辛见此，就回答说："我确实看到了这种结果的必然性，不是在预言灾祸，造谣惑众啊！大王您始终宠幸着这四个人而不减，楚国一定会亡国的。我请求您允许我先到赵国避一避，留在那里看看结果如何。"

话都说到这份儿上了，这昏君还是听不进，就同意了庄辛的要求。庄辛到了赵国，待了五个月。果然，秦国倾起大兵攻楚，一举占领了楚国的故都鄢郢以及巫、上蔡、陈等地，顷襄王只得流亡困顿于城阳。这时，他才想起了庄辛的话。于是马上派人飞马直奔赵国征召庄辛回国。庄辛一见来人和情况汇报，马上说："好！我立马回国。"

庄辛回到楚，见到顷襄王。襄王一见面，劈头就说："都怪我当初不听您的话。现在国家弄到这地步，怎么办才好呢？"庄辛回答说："我听说有这样一句俗语：'见了兔子再回头叫猎犬上去追捕，还不算晚；逃了一部分羊，再去修补羊圈，也不还算迟。'我听说，商朝的开国君主汤和周朝的开国君王周武王都是凭方圆百里的地盘而兴盛起来的，而夏朝的暴君桀和商朝的昏君纣都是以拥有天下而灭亡的。现在楚国虽然领土小了，但截长补短，拼拼凑凑，也还有方圆数千里的地方，岂止是百里？大王难道没看见那蜻蜓吗？六足四翅，飞翔于天地之间，俯啄蚊虻而食，仰接甘露而饮，自以为毫无忧患，与人无争。它哪知小孩子们正要调和糖浆，粘在丝上要捉飞于四仞高空的它，弄死它成为蝼蛄蚂蚁的食物呢。蜻蜓的悲惨结局还算微不足道的，黄雀的下场也是如此。黄雀下啄米粒，上栖茂密的树上，奋飞于天空，自以为无患，与人无争。它哪知那些公子王孙们正左手操着弹弓，右手安上弹丸，正要把它从十仞高空射下，将其颈项作为弹射的目标。黄雀早上还自由地高飞于茂树上，晚上就成了公子王孙的盘中美餐。黄雀的结局也是微不足道的，黄鹄（天鹅）的下场亦如此。黄鹄游于江海之间，止息于大沼，以捉鱼吃水草为生，奋翅高飞，凌风冲天，自以为无患，与人无争。它哪知射猎者正引弓放箭，自己将会从百仞高空被射下，负伤而死，凌清风而落。黄鹄白天还自由飞翔于江海之间，晚上就成了猎人锅中的美味。黄鹄的死其实也是微不足道的，蔡圣侯的事也如此。蔡圣侯南游高丘，北登巫山，渴饮茹溪之水，饥食湘江之鱼，左抱幼妾，右拥宠姬，和她们驰骋于高蔡之中，而不问国家政事。他自以为没惹人招人，可哪知楚大夫子发正奉楚宣王之命要来捉拿他呢！蔡圣侯的事还算不了什么，大王您也如此啊。您左边是州侯，右边是夏侯，鄢陵君和寿陵君不离鞍前马后，吃着各封邑进贡的食物，车中载着四方府库所纳之金，驰骋于云梦之中，而不以天下国家为念。您这样优游快乐，自以为不犯着别人什么，可是您哪知秦国的国舅爷穰侯正奉了秦昭王的命令大举进犯楚国，攻占了平靖关之南的鄢郢，把您逼到了平靖关之外的城阳流亡。"

顷襄王听到此，脸色一阵青一阵紫，身体也颤抖起来。他惭愧，他害怕啊！于是就把楚国最高爵位的执珪授予庄辛，并封其为阳陵君。这个爵位没有白封，庄辛乃向顷襄王献计，襄王采而用之，收复了楚国淮河以北的大片失地。

庄辛前后两次进谏顷襄王，第一次不仅没有效果，而且被襄王臭骂了一顿，说他是老糊涂了，是妖言惑众。之所以失败，原因有二：一是襄王还没有遭受过挫折，对庄辛的肺腑之言难以体会，心灵深处不易激起强烈震动；二是庄辛表达自己思想、进谏意见时没有注意语言表达策略，直话直说。第二次进谏之所以成功，原因也有二：一是襄王经过了秦国大举进攻，差点亡国灭种的深刻教训之后，心灵深处有了很大触动；二是庄辛吸取了上次教训，注意了语言表达的策略，没有实话直说，而是采取了迂回曲折的表达方法，以讽喻策略循循善诱，八面设兵，最后才点出主旨，从而一语惊醒梦中人。庄辛意欲对襄王推销的政治理念，其实就是这么简单的一句话："人无远虑，必有近忧。作为国君应该居安思危，不可贪图安逸而不思进取。"这个政治理念，按理做国君的应该是明白的，否则根本就不配做一国之君。但是，在那个时代，国君是世袭的，有没有能力，头脑清不清楚，与能不能做国君是脱钩的。所以，对于襄王这样的国君，庄辛首先只能承认"存在的就是合理的"，必须正视襄王是自己的国君，楚国是自己的国家这样的事实，同时确定这样的思想：一定要说服襄王振作起来，一定要让他明白"人无远虑，必有近忧"和"居安思危，振作进取"的为君之道。经过第一次进谏失败的教训，庄辛这次在推销他的政治理念，说服襄王时就十分注意表达的策略。他先是引了"见兔而顾犬，未为晚也；亡羊而补牢，未为迟也"两个俗语来安慰襄王，给他打气鼓劲，鼓励襄王不要气馁，可以重新振作有为。这是用的"引用"语言策略，具有特别大的说服力。因为谚语俗语，都是前人一代又一代知识经验的总结，是公认的权威结论。因此，引用前人的经典之言，特别是谚语俗语往往具有无可辩驳的说服力。襄王虽然不争气，但还不至于昏庸到连这个道理都不懂。事实上，后来襄王知道认错反省也证明他不太糊涂，智商还算正常。因此，庄辛的第一句话就是十分高妙的说辞，为下面的进一步谏说打下了坚实的基础。在此基础上，庄辛又运用了"用典"的语言策略，以汤武两明君以百里而昌，桀纣两昏君以天下而亡的历史事实，婉转地告诫了襄王如何做个仁君好王。接着，庄辛一连说了蜻蜓、黄雀、黄鹄自以为与人无争，自以为无患而被人射杀烹食的故事，这是运用了"讽喻"语言策略。讲这三个临时编造出来的故事，目的是要引出蔡圣侯贪图享乐，自以为与世无争，自以为无患，结果被楚宣王系而捕之的历史故事，从而自然地把话题引入到真正想说的话上：襄王您整天与州侯、夏侯、鄢陵君、寿陵君优游享乐，不理朝政，不思进取，结果就是秦王举兵差点把楚灭了，您现在也被逼到城阳流浪。这样，说得自然，道理讲得滴水不漏，让襄王无法辩驳；但道理陈述表达又非常的婉转，给了襄王面子，使他能乐意接受，并深刻反省自己，心灵深处激起巨大的震荡，以致"颜色变作，身体战栗"。最终，庄辛顺利地推销了自己的治国政治理念："'人无远虑，必有近忧'，国君应该居安思危，奋发进取，国家才能立于不败之地并有所发展。"襄王接受了庄辛推销的政治理念后，楚国政治清明了，国力增强了，淮河以北的大片失地也得以收复了。这都是庄辛嘴巴的功劳！

五、诱敌深入，步步为营：触龙向赵太后传授"育儿经"

赵太后新用事，秦急攻之。赵氏求救于齐。齐曰："必以长安君为质，兵乃出。"太后不肯，大臣强谏。太后明谓左右："有复言令长安君为质者，老妇必唾其面！"

左师触龙言愿见太后，太后盛气而胥之。入而徐趋，至而自谢，曰："老臣病足，曾不能疾走，不得见久矣。窃自恕。而恐太后玉体之有所郄也，故愿望见太后。"太后曰："老妇恃辇而行。"曰："日食饮得无衰乎？"曰："恃粥耳。"曰："老臣今者殊不欲食。乃自强步，日三四里，少益耆食，和于身也。"太后曰："老妇不能。"太后之色少解。

左师公曰："老臣贱息舒祺，最少，不肖。而臣衰，窃爱怜之，愿令得补黑衣之数，以卫王宫。没死以闻。"太后曰："敬诺。年几何矣？"对曰："十五岁矣，虽少，愿及未填沟壑而托之。"太后笑曰："丈夫亦爱怜其少子乎？"对曰："甚于妇人。"太后笑曰："妇人异甚。"对曰："老臣窃以为媪之爱燕后，贤于长安君。"曰："君过矣，不若长安君之甚。"左师公曰："父母之爱子，则为之计深远。媪之送燕后也，持其踵，为之泣，念悲其远也。亦哀之矣。已行，非弗思也。祭祀必祝之，祝曰：'必勿使反。'岂非计久长，有子孙相继为王也哉？"太后曰："然。"左师公曰："今三世以前，至于赵之为赵，赵主之子孙侯者，其继有在者乎？"曰："无有。"曰："微独赵，诸侯有在者乎？"曰："老妇不闻也。""此其近者祸及身，远者及其子孙。岂人主之子孙则必不善哉？位尊而无功，奉厚而无劳，而挟重器多也。今媪尊长安君之位，而封之以膏腴之地，多予之重器，而不及今令有功于国。一旦山陵崩，长安君何以自托于赵？老臣以媪为长安君计短也，故以为其爱不若燕后。"太后曰："诺，恣君之所使之。"

于是，为长安君约车百乘，质于齐，齐兵乃发。（《战国策·赵策四》）

战国时代是群雄并起、列强纷争之时，其中以秦国的气势最为咄咄逼人。赵国也是当时很有实力的大国，但赵惠文王两腿一伸，撒手西去后，素有虎狼之心的秦国一看，嘿！机会来了。于是便趁赵太后和赵成王孤儿寡母在赵国政坛立足未稳，又无治国安邦经验之机，倾起大兵，急攻赵国，意欲一口吞下赵国。赵国无奈，便向当时的另一强国齐国求救，齐国国王说："出兵相助，理应如此，只是希望赵国一定要用长安君来齐国为人质，我们才发得出兵。"是啊，当时又没联合国组织，齐国怕赵国事后赖账，所以就一定要长安君为人质。也难怪，国家之间本来就没有永久的友谊，永久的只是国家的利益。但赵太后不肯让自己的儿子长安君为人质。这是一层，还有一层，就是女人都是爱子心切的。可是，赵国的大臣们为了赵国的生死存亡大事，就实行强谏。赵太后一看，你们竟敢欺负我女人！就放出狠话，明白地告诉大臣们："有哪个再敢说让长安君为人质，老娘一定向他脸上唾口水！"毕竟是女人，不像男人那么狠，如果换成赵惠文王或其他男人，他一定说"寡人就砍了他的狗头！"尽管只是唾口水，不是杀头，但毕竟是太后的狠话，所以就没有大臣敢再向赵太后进谏了。左师公触龙是赵国老臣，他觉得太后这么干不行，不能拿国家存亡当儿戏，他就请求面见太后。太后知道触龙来意，就气鼓鼓地等着他。触龙进了宫，就一路小跑，到太后面前先向她道歉谢罪，说："老臣因为脚有毛病，不能快跑，不见太后的时间也很久了，私心里自己宽恕自己。可是，心里又惦记着太后玉体是不是有什么不舒服，所以还是希望拜望一下太后才放心。"太后说："老妇只是依仗车辇而行。"触龙又说："每天饮食不会有减吧？"太后说："只是靠吃粥度日而已。"触龙说："老臣我最近很没有食欲，于是自己勉强自己散散步，每天走三四里，稍稍增进了些食欲，身体也略略舒适了些。"太后说："老妇做不到。"说着说着，太后的怒色也稍稍减了不少。触龙趁机说："老臣有个儿子，叫舒祺，年纪最小，也没什么出息。而我已经老了，私心里特别怜爱他，希望他能进入王宫卫队，保卫王宫。斗胆冒死向您提出这个请求。"太后一听触龙是为自己小儿子的工作问题而来，立马答应说："好，没问题！今年多大啦？"触龙回答说："十五岁了，虽然年少，我希望能趁我还没死之前把他托付给您。"太后说："大丈夫也偏爱小儿子吗？"触龙说："比女人还厉害呢。"太后笑说："女人比男人要更厉害。"触龙回答说："我私下以为您爱燕后（赵太后之女，嫁燕王为王后）超过爱儿子长安君。"太后说："您错了，我爱燕后不及爱长安君厉害。"触龙说："父母爱子女应该替他们考虑长远。燕后出嫁您送她时，抱着她的脚后跟哭，是念惜她嫁得远，心里也很悲伤。她走后，您不是不想念她，可是到祭祀时，您一定祷告说：'千万不要让她回来'（古代女子出嫁后只有被夫家休了才会回娘家）。这不是为她计虑长远，希望她有子孙世世相传为王吗？"太后说："是这样。"触龙接着说："由现今三世以前，一直上推到赵氏由大夫封为国君的时候，赵国国君子孙受封为侯的人，他们的后代继其封爵的，现在还有吗？"太后说："没有听说过。"触龙还说："也不仅仅是赵，诸侯那里还有在的吗？"太后说："老妇没听说过。"触龙于是进一步引申说："这就是近的祸及自身，远的殃及其子孙。难道国君的子孙就一定都是孬种吗？不是。因为他们地位高而没功劳，待遇好而不操劳，还要拥有很多金银宝物。现在太后您把长安君捧得高高在上，又封他很多良田沃土，还给他很多宝物重器，而不让他有为赵国立功的机会。这样，一旦您不在了，长安君凭什么自立于赵国？所以老臣认为太后您替长安君考虑得不算久远，所以才认为您爱长安君不及爱燕后的程度深。"赵太后这时才明白触龙今天跟她聊天的真正用意，自己早就上了触龙的圈套。不过，她觉得触龙说得倒是在理，就说："好！就随便您处理这件事吧！"于是，触龙等赵国大臣及外交部官员就替长安君备好了百部王家车辆，让长安君到齐国充当人质。这时，齐国的大兵才出动了。最终，秦国知难而退，赵国的国家安全得到了保证。

众所周知，任何人要成为治国安邦的干才，都是要经过必要的历练的。这种历练不仅可以磨练他的意志，使他有一种过人的坚忍意志与百折不挠的毅力，而且也可以培养他的工作经验和沉着冷静的处事能力，同时还可以让他在磨练过程中作出成绩，为他日后担负大任树立必要的威信。如果一个人丝毫未受过训练，就把治国安邦大任交给他，那么民众是多少有点担心的。所以，凡能担任治国安邦之大任者，一定都会有这样那样的工作经历，受过这样那样的历练。可以说，经过一定的历练，并在历练中树立一定的威信，是一个人胜任治国安邦重任的基本条件。

然而上述这些道理，战国时代的赵太后虽是实际的主政者，但毕竟是女人家，没有工作经验，政治见识也差了不少，自然也不太明白。当秦国大军压境，赵国已经到了危急存亡之秋，大臣们为了争取到齐国的帮助，答应齐国要长安君到齐国为人质时，她老人家却不同意，大臣强谏，她老人家还大动肝火，向大臣们发出严重警告："谁再敢说让长安君到齐国为人质换取齐国出兵，老娘就对他脸上吐口水！"那年代，哪个大男人愿意被女人吐一脸的唾沫星子呢？于是，大臣们都不说了，反正这赵国也不是我们一家的，您老人家是当家人都不在乎，还让我们怎么样呢？左师公触龙觉得赵太后这样任着性子干不行，国家存亡岂能当儿戏？但是，她老人家是当家的啊！得想个办法说服她，让她明白如何培养国家接班人的政治道理。左师公毕竟是左师公，他首先认识到赵太后虽然是国家的实际主人，但也是女人家，爱子心切是常理。但是爱子要为其作长远计，不能溺爱。长安君是赵太后之子，必须在国家存亡之秋为国家出力才能树立威信，日后才能在赵国政坛立足。但是这一政治理念，她老人家现在正在气头上，如果像其他大臣一样实话直说，恐怕她老人家因为逆反心理一时不易听进去，反而把事情搞僵了，届时误了国家大事。于是，左师公采取了"设彀"修辞策略，设置语言圈套和陷阱，由拉家常，为小儿子求职，比较男人女人爱小儿的差异，巧妙地把话题引到父母爱子女的方法问题上，最后自然切入正题，让太后不得不服他所说的道理。虽然颇费了些口舌，绕了些弯子，但最后达到了他的政治目标，可谓是"曲径通幽"、"曲线救国"，展示了触龙作为一代政治家的深远眼光和过人的语言智慧。而其他强谏的大臣，相比之下都算不上是政治家，他们徒有一腔爱国的热情，却不能头脑冷静，以高度的政治智慧解决高度的政治难题，从而妥当地处理好国家大事。

言语交际有两个基本原则是非常关键的，一是要看交际对象，二是要注意交际时运用适当的修辞策略。因为这两条都直接与交际效果有关。左师触龙的高明之处，在于首先他认识到赵太后是一个不同于一般人的特殊交际对象，然后采取了一个不同于其他大臣的谏说语言策略，不是直话直说，而是以"设彀"修辞策略，曲折、婉转而又自然地表达出自己的政治理念，从而救了赵国。

六、欲擒故纵，以假乱真：孟夫子下套诱捕梁惠王

梁惠王曰："寡人之于国也，尽心焉耳矣，河内凶，则移其民于河东，移其粟于河内。河东凶亦然。察邻国之政，无如寡人之用心者。邻国之民不加少，寡人之民不加多，何也？"

孟子对曰："王好战，请以战喻。填然鼓之，兵刃既接，弃甲曳兵而走，或百步而后止，或五十步而后止。以五十步笑百步，则何如？"

曰："不可。直不百步耳，是亦走也。"

曰："王如知此，则无望民之多于邻国也。不违农时，谷不可胜食也。数罟不入洿池，鱼鳖不可胜食也。斧斤以时入山林，材木不可胜用也。谷与鱼鳖不可胜食，材木不可胜用，是使民养生丧死无憾也。养生丧死无憾，王道之始也。五亩之宅，树之以桑，五十者可以衣帛矣。鸡豚狗彘之畜，无失其时，七十者可以食肉矣。百亩之田，勿夺其时，数口之家可以无饥矣。谨庠序之教，申之以孝悌之义，颁白者不负戴于道路矣。七十者衣帛食肉，黎民不饥不寒，然而不王者，未之有也。狗彘食人食而不知检，途有饿莩而不知发，人死，则曰：'非我也，岁也。'是何异于刺人而杀之，曰：'非我也，兵也。'王无罪岁，斯天下之民至焉。"（《孟子·梁惠王上》）

这段文字，就是我们今天经常挂在嘴边的成语"五十步笑百步"的来源。熟悉战国史的都知道，"战国七雄"之一的魏国，虽然不算当时的一流强国，但在梁惠王（即魏惠王，他在即位后九年由旧都安邑迁至大梁，故称梁惠王）统治时代还算是一个不错的国家，梁惠王也因此自我感觉良好。一次孟子来魏国游说他，他知道孟子最喜欢讲"仁政"、"保民而王，天下莫御"这一套。于是，他

便跟孟子摆起自己的"仁政"来。他说："本王对于国家可谓恪尽心力了。黄河以北的地方发生了灾荒，我就把这里的老百姓移民到黄河以东的地方，并把粮食分拨到黄河以北的灾区。黄河以东发生灾荒，我也是如此救助。看看邻国的国君执政没有像我这样用心的，可是邻国的老百姓也没见减少，我的臣民也没因此而增加，这是什么原因呢？"

这梁惠王觉得自己好委屈，好心没有好报，实行仁政也没什么作用。孟子觉得他这种国王，还没实行一点仁政就喊冤了，这哪里有实行仁政的诚意呀！这简直就是在沽名钓誉嘛。于是就回答他说："大王好战，请求让我以战争作一个比喻吧。咚咚的战鼓敲响了，两军对垒而短兵相接杀开了，于是就有一些士兵丢下铠甲拖着刀枪而逃。他们有的逃出一百步停住了，有的则逃了五十步就停下来了。逃了五十步的人笑话逃了一百步的人，怎么样呢？"

梁惠王说："那不可以。逃了五十步的人没有资格笑逃了一百步的人，他自己也逃了。"

梁惠王上钩了，着了孟子的套儿。孟子见时机已到，便不慌不忙地推销起自己的"仁政"政治理念："大王既然知道这个道理，那么就不应该希望自己的臣民多于别国了。实行'仁政'的国王，他不占用老百姓的农耕时间，让老百姓不失农时地耕作，自然会粮食多得吃不完。他会制定适当的渔猎政策，不让密网入池塘捕获不满一尺的鱼儿，使鱼儿能正常繁殖生长，这样鱼鳖自然会多得吃不完。他也会制定森林保护法，让刀斧按时入林合理采伐，这样林木自然会多得用不尽。粮食与鱼鳖充足得吃不完，木材多得用不完，这样就会使老百姓对生养死葬都没有什么忧虑与遗憾了。供养活着的人，安葬好死了的人都无憾，这是'王道'的开始。老百姓如果在其五亩宅基地上，都种上桑树，那么他们五十岁时就可以穿上丝绸衣裳了。鸡猪狗等家畜的饲养，如果不失其时，七十岁的人都可以有肉吃了。百亩之田的耕作，国君不去占用农民的农时，数口之家应该是饱食无虑的。尽心尽力地办好学校，反复进行'孝悌'（顺从并奉养父母，敬爱兄长）的道德教育，那么道路上就不会再有头发斑白的老人背着顶着重物在行走了。七十岁的老人都能穿绸吃肉，老百姓温饱无忧，这样的国王还不能一统天下，那是没这回事的。而当今世界的现实又是如何呢？富贵人家猪狗家畜吃了人的粮食，也不知道收检储藏，路上有饿死的人也不知道开仓赈济。人死了，国王却说：'这不能怪我，是年成不好。'这与用兵器杀死了人，却说'不能怪我，要怪应怪兵器'，两者有什么区别？做国王的如果不把责任推到年成上，而是勇敢地负起责任，为人民的温饱而尽心尽力，那么天下的老百姓就会归附他。"

孟子这次游说梁惠王的目标是推销自己的政治主张和政治理念："民之所欲，长在我心"，只有真正时刻把人民的温饱和利益记挂在心上，并努力实践之，人民才会拥护；实行"仁政"，才能天下归心。如果仅做一点表面文章，就想国强民富、天下太平，那是不可能的。但是，孟子的这一政治理念与主张，并没有以直接的语言表达出来，而是通过两种修辞策略巧妙地道出，说得自然，说得有力，说得感人，自然让梁惠王无可辩驳，不得不信服他所推销的政治理念与政治主张。这两种修辞策略，一是"设彀"。梁惠王问他，为什么他对国民受灾的救助工作尽心尽力，却并没有产生很大的效果，他的臣民并不比别国多，而别国国王对民众疾苦不闻不问，他们的臣民也没有流失减少。为此，他觉得自己很委屈，爱民之心没有得到回报。孟子没有直接驳斥他的话，而是先作了一个战争的比喻："战场上的逃兵一个逃了一百步，另一个逃了五十步，逃五十步者笑话逃了一百步者。"然后问梁惠王："这两人比较怎么样？"这其实是孟子设下的语言陷阱，梁惠王不知就里，马上跳了下去，回答说："两者的性质一样，都是逃兵。"孟子见梁惠王已入套，遂收拢绳套，收捕猎物，顺水推舟地亮出了自己所要表达的真意：您所采取的仁政只是官样文章，并无实质性的内容，不是真正的仁政，与其他国王的做法在性质上还是一样，只不过您比他们略好一点而已。从根本上说，都没有实行"仁政"。但是，这番意思，孟子说得非常巧妙，是通过"设彀"诱导，让梁惠王自己把这层意思说出来，然后孟子再接着他的话顺水推舟，自然推出结论，既显得婉转含蓄，给了梁惠王的面子，又言之成理，有不可辩驳的说服力。这还只是"破"，接着孟子"宜将剩勇追穷寇"，又从下面做了"立"的工作：运用"示现"修辞策略中的"预言示现"，将真正实行仁政后人民生活的安逸、教育的效果等远景以具体形象的形式一一呈现出来，给人以巨大的诱惑，令人对实行仁政后的理想社会生活心生向往，从而真切地感动受交际者（接受者）梁惠王，让他毫不迟疑地接受自己所推销的政治理念，下决心实践自己所推销的政治主张。梁惠王事实上是否接受了孟子的政治理念、实行了他的政治主张，实行了之后的效果又是如何，那是另一回事。就孟子政治理念与政治主张的推销艺术本身来看，无疑是非常成功的，是足以打动任何受交际者的。

七、阳奉阴违，奸里撒混：冯谖为孟尝君营建狡兔三窟

齐人冯谖者，贫乏不能自存。使人属孟尝君，愿寄食门下。孟尝君曰："客何好？"曰："客无好也。"曰："客何能？"曰："客无能也。"孟尝君笑而受之，曰："诺。"

左右以君贱之也，食以草具。居有顷，倚柱弹其剑，歌曰："长铗，归来乎！食无鱼。"左右以告。孟尝君曰："食之，比门下之客。"居有顷，复弹其铗，歌曰："长铗，归来乎！出无车。"左右皆笑之，以告。孟尝君曰："为之驾，比门下之车客。"于是乘其车，揭其剑，过其友，曰："孟尝君客我！"后有顷，复弹其剑铗，歌曰："长铗，归来乎！无以为家。"左右皆恶之，以为贪而不知足。孟尝君问："冯公有亲乎？"对曰："有老母。"孟尝君使人给其食用，无使乏。于是冯谖不复歌。

后孟尝君出记，问门下诸客："谁习计会，能为文收责于薛者乎？"冯谖署曰："能。"

孟尝君怪之，曰："此谁也？"左右曰："乃歌夫'长铗归来'者也！"孟尝君笑曰："客果有能也，吾负之，未

尝见也。"请而见之。谢曰："文倦于事，愦于忧，而性懦愚，沉于国家之事，开罪于先生。先生不羞，乃有意欲为收责于薛乎？"冯谖曰："愿之。"于是，约车治装，载券契而行，辞曰："责毕收，以何市而反？"孟尝君曰："视吾家所寡有者。"

驱而之薛。使吏召诸民当偿者，悉来合券。券遍合，起，矫命，以责赐诸民。因烧其券，民称万岁。

长驱到齐，晨而求见。孟尝君怪其疾也，衣冠而见之，曰："责毕收乎？来何疾也！"曰："收毕矣！""以何市而反？"冯谖曰："君云：'视吾家所寡有者。'臣窃计：君宫中积珍宝，狗马实外厩，美人充下陈；君家所寡有者，以义耳。窃以为君市义。"孟尝君曰："市义奈何？"曰："今君有区区之薛，不拊爱子其民，因而贾利之。臣窃矫君命，以责赐诸民，因烧其券，民称万岁。乃臣所以为君市义也。"孟尝君不说，曰："诺。先生休矣！"

后期年，齐王谓孟尝君曰："寡人不敢以先王之臣为臣！"孟尝君就国于薛。未至百里，民扶老携幼，迎君道中正日。孟尝君谓冯谖："先生所为文市义者，乃今日见之！"

冯谖曰："狡兔有三窟，仅得免其死耳。今君有一窟，未得高枕而卧也。请为君复凿二窟。"孟尝君予车五十乘，金五百斤，西游于梁。谓惠王曰："齐放其大臣孟尝君于诸侯。诸侯先迎之者，富而兵强。"于是梁王虚上位，以故相为上将军，遣使者黄金千斤，车百乘，往聘孟尝君。冯谖先驱，诫孟尝君曰："千金，重币也；百乘，显使也。齐其闻之矣！"梁使三反，孟尝君固辞不往也。

齐王闻之，君臣恐惧，遣太傅赍黄金千斤，文车二驷，服剑一，封书谢孟尝君曰："寡人不祥，被于宗庙之祟，沉于谄谀之臣，开罪于君。寡人不足为也，愿君顾先王之宗庙，姑反国统万人乎？"冯谖诫孟尝君曰："愿请先

王之祭器，立宗庙于薛。"庙成，还报孟尝君曰："三窟已
就，君姑高枕为乐矣！"

孟尝君为相数十年，无纤介之祸者，冯谖之计也。
（《战国策·齐策四》）

战国时代有著名的"四公子"，当时的各诸侯国是无人不知无
人不晓的，现在凡是粗通点中国历史者也是知晓的。这"四公子"
就是齐国的孟尝君、魏国的信陵君、赵国的平原君、楚国的春申
君。这四位公子哥儿都是各国的王室宗亲，都是有封地、有实权、
有名爵的主儿，也是很有钱的款爷。他们都有一个共同的爱好，喜
欢养很多食客（也就是幕僚、清客之类的士人）以备不时之用。其
中，齐国的孟尝君更是有名。他为齐相数十年，轻财好义，门下食
客常有数千人之多。因为孟尝君喜欢罗致士人食客的名声在外，所
以常常有士人在不得已的情况下投到他门下混口饭吃。这不，齐国
有一位士人叫冯谖，文不能经商，武不能操戈，生计无着，贫穷得
都无法生存下去了。于是他就嘱托朋友跟孟尝君通通路子，希望能
寄食于他门下。孟尝君也是个很现实的人，也不是什么人都养着吃
白饭，毕竟他不是开社会救济所和福利院的，他养的人也得对他有
所贡献，能够有朝一日派上用场。也就是说，他养的食客必须是有
一技之长的专业人士，社会闲杂人等他也是不收罗的。正是因为这
一点，孟尝君见了冯谖就问他："您有什么爱好？"冯谖答得干脆：
"没什么爱好。"孟尝君又问："您有什么特长？"这是面试呢！而冯
谖则回答说："没什么特长。"按常规，这样没爱好又没特长的人，
简直就是废人，根本不能被录用。可是，孟尝君毕竟是孟尝君，他
很有容人之雅量，竟然宽容地笑了笑，说："好！"把他接收下
来了。

孟尝君的高级助手、行政秘书等心腹之士因为知道冯谖的面试
情况，都很看不起这个纯粹来混饭吃的家伙，所以在安排饮食时只
给冯谖吃些粗劣的东西。过了一段时间，冯谖倚柱敲剑而歌："长
剑啊长剑，咱们还是回去吧！连鱼也没得吃。"孟尝君的助手们就

把冯谖的牢骚话报告给自己的首长，孟尝君说："给他鱼吃，比照其他客人的待遇标准执行！"又过了些日子，冯谖又弹剑而歌："长剑啊长剑，咱们还是回去吧！出行车也没有。"孟尝君的助手们又把这话报告了首长孟尝君，没想到首长还是很宽容，说："给他配部车，比照其他客人的标准执行。"这下，冯谖高兴了，乘着专车，高举着剑，拜访他的朋友，去抖威风，说："孟尝君以我为客了！"又过了些日子，冯谖再次弹剑而歌："长剑啊长剑，咱们还是回去吧！没法养家。"孟尝君的助手们觉得这人怎么这样贪得无厌，没本事还今天要这、明天要那。首长还是知道了冯谖的牢骚，就问助手们："冯公有亲属吧？"他们告诉首长："冯谖有个老母亲。"首长立即指示，给冯谖的老母亲提供食物，使她温饱无虑。这之后，冯谖再也不弹剑而歌了。

后来，孟尝君出了一个文告，征询他门下这些食客："哪一位熟悉会计理财之事，替我去收一下薛地的债务？"冯谖在文告上署上自己的名字，并写上"能"。

孟尝君一看这名字，很陌生，觉得很奇怪，我门下有这人吗？于是就问秘书："这人是谁啊？"秘书说："就是那个老唱'长剑啊长剑回去'的人。"孟尝君心头一喜，笑着说："这人果然有特长呢！倒是我对不住他了，从来都未召见过他。"于是，立即派人去请冯谖来见。一见面，孟尝君就向冯谖道歉说："我因疲于应付细琐事务，困于国事的思考，弄得头昏脑涨，加上性格懦弱，天资愚钝，整天沉溺于国家事务，招待先生不周，多有得罪。不意先生不以我的简慢为耻，还有意于替我去收薛地的债务是吧？"冯谖说："愿意效劳。"于是约定行期，置办行装，载着债券契约上路了。临行前，来向孟尝君告别，并请示首长："债收齐了，买些什么回来呢？"首长指示："您看看俺家还缺些什么，您自己相机行事吧。"

冯谖请得首长指示后，心中有底了，于是驱车直奔薛地。到薛地后，立即请当地官员把负债应偿的民众都召集齐了，并与他们一一验对债券。验券完毕，冯谖起身，伪托孟尝君之命，把债务全免了，还当场烧了这些债券契约。老百姓感此义举，都高呼"万岁"。

冯谖自作主张，干完这事后，马不停蹄驱车直奔齐国，一大早就求见孟尝君汇报述职。孟尝君觉得奇怪，怎么回来得这么快？他记忆中讨债哪有这么容易？虽然心中有疑问，但孟尝君还是穿戴整齐地出来见了冯谖。原来不知道冯谖是能人，怠慢了他，现在他知道冯谖是能人，可要以礼相待，所以接见他自然衣冠整齐以示尊敬。孟尝君见了冯谖，落座之后便问："冯先生，债都收齐了？怎么回来得这么快啊？"冯谖信心满满地说："报告首长，都收齐了！"首长就问："那您替我买回些什么呢？"冯谖说："首长说过：'看看俺家缺些什么就买些什么。'我私下心里合计着，首长宫中珍宝堆积无数，狗马满圈满厩，美女多得都靠边站了。首长家所缺的，大概只有'义'而已。所以我就擅自做主替首长买了'义'回来了。"孟尝君觉得奇怪，就问："买'义'是什么意思？你小子得给我说清楚了。"冯谖回答说："首长您现在只有一个小小的封地薛，可是不知道爱护薛地之民，把他们当作自己的子女看待，却要以商贾的手段，向他们谋取利息。所以，我伪托您的命令，把他们的债务都免了，还烧了所有债券契约，老百姓因此而高呼万岁。这就是我为首长所买的'义'啊！"孟尝君心里那个恨哪，可他度量很大，只是显出有点不高兴的样子，说："好。得了吧，先生！"

一年之后，因为有人向齐愍王进谗言，齐愍王就把孟尝君在中央政府的国相行政职位给免了，理由很好听："我不敢以先王之臣为自己的臣子！"听起来好像自己很谦虚，说自己不敢与先王相比，让孟尝君再在自己朝中为官似乎是侮辱了孟尝君。孟尝君心知肚明，但也无奈，一朝天子一朝臣，你再有本事，他是当权者，他不用你，你有什么办法？现实就是如此！好在孟尝君是久在官场中混的人，知道这规矩。虽然心中很气愤，但也没说什么，就闷闷不乐地前往自己的封地薛去当他的土皇帝了。尽管当土皇帝也很好，可是当惯了中央政府的首长，风光惯了，一下子局促于薛这一区区小地，总是不舒心的。可是，万万没想到，他离薛地还差一百多里地，薛地老百姓风闻孟尝君就要回到封地薛主持行政工作了，就早早地扶老携幼，整天等待迎接他，那场面真是令他感动啊！这时失落的孟尝君才知道冯谖一年前的"市义"效果，于是就回头对冯谖说："先生为我买的义，我今天算是看见了！"

冯谖说："狡兔有三窟，才得以免其一死罢了。现在您有一薛地，好比有一窟，但还不能高枕而卧。请求让我替您再凿二窟。"孟尝君就给了冯谖车五十乘，黄金五百斤，到齐国的西邻魏国去游说。冯谖对梁惠王（即魏惠王）说："齐王现在弃大臣孟尝君不用，齐国的名相现在变成诸侯各国可以引进的人才了。哪个国家条件优厚，先迎聘任用，必然国富兵强的。"梁惠王一听，对啊，我把齐国的国相聘到魏国，那魏国岂能不强？于是就把原来的国相职位倒腾出来，让原来的国相做上将军，立即派使者带着黄金千斤、车子百乘，恭恭敬敬地去礼聘孟尝君为魏国的国相。冯谖赶在他们头里，先行一步见到孟尝君，告诫他说："千金，是重币了；百乘车驾，是显赫的使节了。这动静够大了，齐国一定会有所闻的！"孟尝君听了冯谖的话，摆足了谱，魏国的使节往返了三次，孟尝君都坚决推辞不就魏国的国相职位。

齐愍王早就从中央情报局获得确切情报，魏国要来挖我们齐国的人才，而且是我们的国相孟尝君，这要是成功了，不对我们齐国国家安全构成重大威胁啊？所以，齐愍王君臣对此所可能产生的后果都不寒而栗。于是，齐愍王就派太傅带着黄金千斤，绘有文彩的最高级车子两乘，自己佩的宝剑一口，亲笔信一封，去见孟尝君。信中向孟尝君道歉说："都怪我不好，遭了祖宗降下的灾祸，被谗言佞臣所迷惑，得罪了您。我是不值得您辅佐相助的，但是希望您顾念祖宗和齐王宗庙，还是姑且回来执政统率万民吧。"冯谖又告诫孟尝君说："希望您向齐王请求先王传下来的祭器，在薛地建立宗庙。"后来，齐愍王依命，宗庙在薛地落成。庙成之日，冯谖立即回报孟尝君说："三窟都已经有了，您就高枕而乐吧！"

后来，孟尝君在齐国为国相，执政几十年，没有丝毫的灾祸降身，这都是靠冯谖"狡兔三窟"的高妙计谋发挥作用。不然，伴君如伴虎，处在国相的高位几十年不下来，政敌们也放不过他啊，谁不眼盯着国相职位想过把瘾？

收买人心（说得好听点叫争取民心）的重要性，是古今中外的政治家都深谙的道理。中国封建时代的政治家更是有着独到的心得体会。比方说，东汉末年，天下大乱，大小军阀乘势而起，各据一方，由此展开了长期的混战。最终，天下为曹操、孙权、刘备三人瓜而分之，形成三国鼎立的局面。其中，刘备之所以能分得一杯羹，天下三分有其一，靠的就是收买人心，包括他的军师诸葛亮，结义兄弟张飞、关云长以及后来的赵云等杰出战将的归依，还有西蜀的取得等，都是他善结人心的结果。倘若没有特别突出的收买人心的功夫，凭刘备的能力，白手起家，如何与"挟天子以令诸侯"的一代奸雄曹操相抗衡？如何与有父兄创下了坚固基业且拥有江东富庶地盘的孙权相比？这段历史，熟悉中国历史的学者自然很清楚，不懂历史、但读过或听过小说《三国演义》的普通中国民众也都心中有数。可以说，刘备的成功，完全仰赖他善于收买人心的政治手腕。

然而，这么简单的政治学原理，号称"战国四公子"之一的孟尝君，却不太明白。真是很"菜"的政治家！但是，你要说他很"菜"，够不上政治家的资格，似乎又不妥。因为他广泛罗致各方面的专业人士，门下食客常数千，又说明他有很远的政治眼光。中国有句老话："单丝不成线，独木不成林。"政治家头脑再好使，能耐再大，毕竟"智者千虑，必有一失"。所以，有足智多谋的幕僚和助手是特别重要的。孟尝君懂得这个政治学原理，应该说是一个很不错的政治家，事实证明也如此。当初，冯谖装蒜，说自己什么爱好和特长都没有，他都能笑而收之，说明他确是有容人之雅量，不是那种目光短浅的实用主义政客所可比拟的。冯谖感于孟尝君对自己不计功利的收留，在孟尝君出文告征召去薛地收取债务的人时，毅然站出来为其效力。所以，孟尝君对此很感动。然而，冯谖的收债并非像一般人的收债。如果冯谖真的把薛地的债务收回来了，把钱一五一十地交到孟尝君手里，那么孟尝君未来的日子可要难过了，更无后来为齐相数十年而无纤介之祸的执政业绩了。冯谖之所以站出来为孟尝君收债，是"醉翁之意不在酒"，是以此为契机推销他的政治理念：千金难买是人心。要想在政治的漩涡中立于不败之地，要想做一个成功的政治家，争取民心是第一要务。但是，这一政治理念的推销，冯谖没有采取直言进谏的形式，而是通过应召收债而自作主张矫命免债的行为，引起孟尝君的疑问，然后拿孟尝君的临行指示"视吾家所寡有者市而反"进行"奸里撒混"的曲解，从而达到推销成功的效果。冯谖的聪明之处是，他在去薛地收债前有意向孟尝君辞行，并请求指示。这一行动的真正目的不是对首长的尊敬，而是别有意图，想为自己想好的毁券免债计划埋下伏笔。所以，他问孟尝君"债收齐了买些什么回来"。他对孟尝君为人比较了解，他能做孟尝君的食客，在他家待了那么长时间，饭是白吃的吗？他吃准孟尝君肯定很随意地回答他的问题："随便你。"因为按常理，收债就是收债，把钱收回来就是了，收钱为什么一定要买回什么呢？这就是冯谖的心计很深的地方，也是他的苦心孤诣所在。果不其然，孟尝君真的随口一答："视吾家所寡有者。"这话好！冯谖要的就是这句话，因为这句话可以大做文章。于是，冯谖到薛地后就果断地矫命毁券免债，民呼万岁。完事后，他又马不停蹄地赶回来向孟尝君汇报述职，有意使孟尝君疑窦丛生，问他原因。然后他将自己的想法从容道来，以"视吾家所寡有者"为说辞，曲加解释，说明自己是遵照孟尝君的意思行事的，以子之矛，陷子之盾，让孟尝君无话可说。虽然"视吾家所寡有者"的语义并不等同于"毁券免债买义"，这是尽人皆知的话语理解常识。但是冯谖却为着实现他的政治理念，推销他的政治主张，牵强附会地这样解释了，而且列举了这样解释的理据：孟尝君家珍宝、狗马、美人都多得不可胜数，吃喝玩乐的都有了，缺少的不是"义"是什么呢？这样一说，你不能说没有道理，所以，孟尝君无话可说。然后，冯谖又推而言之，指出：首长您就这么一个小小的封地，您还不知道爱护他们，笼络他们之心，建立一个巩固的政治根据地，您往后的政治生涯又如何规划呢？这话说得更中要害了。孟尝君养了几千门客，也需要钱来开支，但自己的政治生命更重要啊！他养门客的目的不正是为了自己的政治目标吗？孟尝君虽然不满意冯谖的自作主张，虽然他很心痛那么多钱没了，但冯谖说的理不可辩驳。因此，他只能笑而言之："诺！先生休矣。"算了，不追究是非曲直了。冯谖的政治眼光太长远，所虑也极深远，所以孟尝君一时未能理解接受。但后来孟尝君被齐王罢相，政治生命行将结束之时，他终于理解了冯谖以前向他推销的政治理念的深远意义。也因为如此，冯谖才有为孟尝君别凿二窟的机会，孟尝君也才可能有后来的成功政治生涯。

我们都知道，言语交际应该遵守语言的社会规约性原则，一个词一个句子都有其特定的固有含义，这样人们通过语言才可交流信息、传递思想、沟通感情。每一个社会成员在使用这种语言进行交际时都应遵循语言的社会规约性原则，按约定俗成的语义或句法来表情达意，去理解接受，人际交流才得以进行。如果不遵循语言使用的社会规约性原则，人际交流与人际互动的目标就无从实现。因为你说的，别人不明白其意，或是别人的理解不符合你的原意，这言语交际何以能进行下去呢？但是，有时在特定的语言情境中，临时突破语言的社会规约，使某个词语或某个语句有多种理解，从而达到某种特殊的交际目标，这也是许可的。上述冯谖说服孟尝君所采用的"奸里撒混"、曲解语意的言语行为，正是这种临时突破语言社会规约的修辞策略，而且达到了成功推销自己的政治理念，助成孟尝君政治生涯的目的。这是我们不能不正视并借鉴学习的。

八、换位立足，推彼及此：文强说服黄埔同学回湖南

1984 年，我们这些原国民党将领在广州开会，大家就议论，这个说家里死了九个，那个说家里死了八个，还有的说我是起义的，家里也搞得很惨。我说，我家里亲戚朋友死了十几个，回去也没面子。过了几天，湖南省政协主席（我给程潜当办公厅主任的时候，他是程潜身边的一个秘书）到了广州。他找到我，说："你们这些高级将领都不回湖南，是我们湖南的耻辱。这次我到广州，就是让你

们跟我回湖南。我带着省政府交际处处长来了，还带着请柬，请你们这些高级将领回湖南。"

我对他说："我们是朋友，你又是程颂公的侄子，我在办公厅当主任时，我们两个走得很近，有感情嘛。按道理我们应该回湖南，但是为我死了那么多人，我太不光明了，回去怎么交待呀？我不回去！没有办法回去！其他的人不回去也都有原因。"他表示这次一定要把我们接回去，而且要我做其它将领的工作。

我一想，我的子孙还不少，有五个儿子，我也得给子孙留个后路，将来他们不回湖南也不像话啊。朝代变化，谁跟谁也没有私仇嘛。湖南省政协主席的到来，使我觉得应该回湖南老家看看了。

湖南省政协主席说："我带了请柬来，你帮我发一发吧。"

我说："你慢一点，不是那样简单的，我回去一个一个地搞通。"

当天晚上，我就向那些将领做工作，原湖南绥靖总署第一副主任李文安说："我不回湖南，我回湖南干什么？我家很苦，是个农民，饭都没有得吃，后来我官做大了，连累了父亲。"他反问："你也不打算回湖南，怎么还来劝我啊？"

我说："你死了父亲，我的伯父、叔父、弟弟、弟媳妇死了不少于十个人。"

他说："我回去交待不了，我不回去。哎，你现在怎么个想法呢？"

"我现在想留个后路，我有子孙，你也有子孙哪，应该回去看看。"

他气鼓鼓地："你要回去你去吧，我不去！我没有面子！"

我们谈得很僵。这个工作做不通啊。我想，这个冤仇

124

保留下去，对子孙也不好，明天我再去找李文安，一定要说服他。

第二天，我找到李文安，他没有好气地问："你又有什么事要跟我讲啊？"

我说："你不回湖南是有道理的，可是我想来想去，你还是要回去。"

"你呢？"他反过来问我。

"我决定回去！"

他很固执："你去我不去。"

"哎"，我说，"老大哥啦，我把昨天晚上想的问题跟你讲讲。刘少奇是怎么死的？彭德怀是怎么死的？陈毅又是怎么死的？他们都是开国元勋，都是冤死的，你的父亲是穷苦人，如果你父亲和我说的这些人相比，谁个重要啊？共产党里那么重要的人都冤死了，这是历史的不幸，我们和刘少奇、彭德怀、陈毅相比，那还不是地上的蚂蚁一样啊？"

他想了想，说："你讲的有道理，这个冤仇不能再结了，我不能为死了父亲就不回湖南，我听你的，你回去我也回去！"（《文强口述自传》）

上面这段文字，是传主文强的口述，所以读来非常亲切。不过，说到文强其人，很多人会问：文强，何许人也？但是，看过他的自传的，就会知道这人不简单！是一个地地道道的传奇人物。他1907年生于湖南长沙西麓（即现在的望城县金良乡）的一个四世同堂、子孙繁盛、富甲一方的书香之家、官宦之家。他的祖上是南宋的丞相、抗元民族英雄、文信国公文天祥（他名垂千古的"人生自古谁无死？留取丹心照汗青"的诗句相信很多中国人都是能记诵的）。这是600多年前的荣耀，是个远话。说近话，他的祖辈在清朝也是很了不得的，一门就出了两个"上大夫"，清帝亲赐的匾额挂在门上，文官经过他家门前必须下轿，武官经过必须下马，甭管你是什么老爷什么级别。而文强的父亲，则是留学日本帝国大学的法律专家，是同盟会的早期盟员，是孙中山、黄兴、蔡锷的朋友，曾做过蔡锷的司法官和秘书长，是革命家。他的姑母文七妹就是毛泽东的母亲。除了身世的不同寻常，文强个人的经历也可以说是不同凡响。作为文天祥的第二十三代后裔，作为中共最高领袖毛泽东的表弟，最终却是国民党的得力干将。他早年入黄埔军校，以出众的才华被中共领袖周恩来看中，并由周恩来介绍加入了中国共产党；后来又由国民党元老邵力子介绍加入国民党。他曾参加过北伐战争、南昌起义，历任连营团旅师长。国共第一次合作分裂后，他毅然放弃国民党党员身份，坚定地站到共产党的行列中，成为中共早期的重要干部，做到了中共四川省常委兼军委代理书记的高位。他当中共川东特委书记时，领导23个县，比当时他的表哥毛泽东的苏区12个县，大了近一倍，成为当时最大的一块革命根据地。后来，因为共产党内的王明、李立三等人坚持错误的路线，他成了被整肃的对象，性命难保。无奈间，他去上海找周恩来，没有找着，就这样脱了党。因为是共产党的高干，脱党后的他成了国民党通缉追杀的对象。后来在杭州偶遇他父亲的老朋友程潜，当时程潜是国民政府的参谋总长。由于程潜的帮助和引荐，不但得张治中之力取消了国民党对他的通缉令，还加入了国民党军统，成为戴笠手下的一员干将。抗日战争期间，在上海跟戴笠组织别动队清除日本间谍和汉奸，做了不少有益于国家民族的工作，40岁成为国民党中将。但解放战争期间，成了与共产党斗争的干将。在著名的淮海战役中，他被蒋介石任命为徐州"剿总"前线指挥部中将副参谋长和代理参谋长。最后被解放军俘虏，作为战犯在狱中度过了25年时光。1975年3月19日他作为最后一批战犯被特赦。特赦后，先做中央文史馆馆员，1983年担任第六届全国政协委员，又活跃于政治舞台，并为台湾的和平统一而奔波努力。2001年10月，在病榻上完成了《文强口述自传》后，"世纪老人"文强以94岁的高龄安然离世。

　　文强不仅是个颇具文韬武略色彩的传奇将军，同时也是很会说话、善于说服人的锦心绣口者。即以上引文字，我们便可知其一斑。一般说来，人一老就会变得有些顽固，不大容易被别人说服。湖南省政协主席是做统战工作的，因此他是清楚地知道要想让那些湖南籍的原国民党高级将领回湖南看看，是一件不大容易的事。由于"文革"那个年头特定的历史背景，许多原国民党高级将领的亲属都受到了不应有的政治牵连，冤死了不少人。但是，政协主席与文强早年有特殊的关系，又对文强的威信和说服人的能力有着清楚的了解，所以他就把这件艰难的说服工作委托给了文强老人。文强毕竟是个心胸开阔、性情豁达之人，自己的亲属死了十几个，也能想得开，决定接受家乡政府的邀请回湖南老家看看。可是，他的许多黄埔老同学并不都有他这等豁达与胸襟，所以工作做不通。特别是原国民党湖南绥靖总署第一副主任李文安更是不能说服。文强先以自己比他惨得多的家祸开导他，也解不开他的心结。最后，文强运用了一个"换位立足，推彼及此"的表达策略，以国家主席刘少奇、毛泽东曾经极口夸赞的"谁敢横刀立马，唯我彭大将军"的开国元帅彭德怀两位湖南人和另一位文武兼备的四川籍元帅陈毅的冤死，来作模拟，让李文安在自比自省中一下子就打开了心结，从而有效地推销了自己做人处世的理念：冤家宜解不宜结，人生应该向前看。最终，李文安等一批黄埔同学爽快地接受了文强的劝解，愉快地答应了跟文强一同回湖南。由此，我们难道还不能推想出文强的一生究竟是多么地不平凡吗？

九、单刀直入，劈头掩杀：熊十力劝学徐少将

　　1943 年，有个叫徐复观的陆军少将常听友人谈起熊十力，受好奇心驱使，便找来熊先生的《新唯识论》上卷研读。读罢此书，忙给熊先生写信，盛赞此书构思精、用词严、辩证详审、文章气魄雄健。过了几天，熊先生亲自给徐复观复信，信中以"子有志于学乎，学者所以学为人也"两句，开陈了一番治学做人的道理。同时也责备徐复

观字迹过于潦草，缺乏后生对前辈应有的礼貌，诚敬之意不足，提醒他要特别注意。这封信给徐复观很多启发，决定拜谒熊先生，当面请教应该读些什么书。熊先生建议不妨先读王船山的《读通鉴论》，徐不以为然地回答："此书早已读过了。"熊先生严肃地说："读过了并不等于读懂，我看你是没有读懂，应当再读。"过些时候，徐复观向熊先生汇报《读通鉴论》已经读完，熊先生问他有什么心得，徐复观胸有成竹滔滔不绝地谈了起来，批评《读通鉴论》的种种不是，提出了许多不同意见。没等徐复观讲完，熊先生已按捺不住，怒声斥骂说："你这个东西，怎么会读得进书，像你这样读书，即使读了百部千部，又会从书中受到哪些益处呢？读书首先要看出它的好处，其次才是批评它的坏处，惟有这样，才能像吃东西一样，经过消化摄取了营养。来，且听我来给你分析。"接着，熊先生让人把《读通鉴论》找来，交给徐复观，自己并不看书，完全靠记忆，一大段一大段地讲解分析。"看，这一段写得多么有意义，又譬如这一段理解又是如何深刻，这些你都读懂了吗？你这样读书实在是太没出息！"

徐复观受了责骂，脸上一阵红一阵白，很是下不了台阶，可熊先生的一番分析却使他的心里像开了一扇窗似的敞亮："熊先生讲的为什么过去我竟没有体会到呢？读书原来首先要读出它的意义！"

受熊先生的影响，徐复观后来重新选择了人生道路，努力为弘扬中国文化做些工作。人们常说"经师易得，人师难求"，而熊先生却是个真正的"人师"。（丁士华《熊十力》）

上面这则故事，见载于齐全胜编《复旦逸事》中。故事中所说的熊十力和徐复观，都是中国现代思想界的著名学者和名人。熊十力（1885—1968），原名升恒，字子真，湖北黄冈人。他曾参加过武昌起义，辛亥革命后，入南京支那内学院研习佛学，曾在北京大学、复旦大学、浙江大学等校任教。民国三十七年（1948）受聘为复旦大学文学院专任教授期间，他融会儒释思想，发挥《周易》、宋明理学和佛教法相唯识之学，提出"新唯识论"，著有《新唯识论》等著作。新中国成立后，担任过第一届全国政协会议特邀代表和第二、三、四届全国政协委员。

可能因为是思想家的缘故，熊十力的言行常有些古怪而不为人所理解之处。记得台湾学者沈谦教授在《与熊十力打架的魔道怪人废名》一文中曾有过关于他的一则有趣生动的记述：

> 以《新唯识论》驰名的熊十力，与废名既是湖北老乡，又是北大同事，更是论道抬杠的对手。有一回两人在废名打坐的房中激烈争论，声闻屋外，大吵大喊之余，不闻人声，只听到桌椅相碰。后来熊老不敌黄瘦干干的废名，被轰出门外，一边逃走，一边回身指着废名怒气冲冲地大骂："你错了你错了，我的道理对！"第二天熊十力又兴冲冲地跑来找废名，笑嘻嘻地说："昨夜我回去再想过之后，还是你的道理对！"

> 好友为论学证道而不顾教授身份大打出手，其执着精神，确实令人敬佩；想通之后又回头承认对方有理，其恢弘气度，更加可爱！

至于徐复观，也是个人物。他曾留学日本，抗日战争时期已是一个陆军少将，后来去了台湾，主要从事中国文化与思想学术研究，在台湾是一个很有知名度的学者和文化名人。台湾作家李敖在其所著《李敖回忆录》中有段文字提到过他：

> 当时共产党批判逃离他们的学者，共有两个型，一个是"胡适型"，一个是"钱穆型"。我对于他们两位，都分别加以注意。但胡适远在美国，钱穆却因阴错阳差到了台

湾台中，使我先识了他。结识的原因，得力于同学徐武军。徐武军外号"日本和尚"，因为他爸爸是日本留学的，故有这一称呼。徐武军在台中一中，有点特权似的，原因是他忽来忽去、去了又来。后来才知道，原来他爸爸是徐复观，先举家来台，后感台湾情况危险，又全家迁到香港。韩战发生后，美国第七舰队协防台湾，台湾不危险了，又全家迁回台湾。徐武军住在台中市的一幢单门独院平房里，很考究，我去过多次，可是从来没见过徐复观（虽然十年后，我跟他大打笔仗并且大打官司），客厅里书甚多，墙上有毛笔字赫然曰："架上书籍，概不外借。"我至今记忆犹新。

由上引沈谦和李敖两段关于熊十力和徐复观的简略记述文字，我们便可大致知道熊十力言行的怪诞与特立独行的个性，也可了解到徐复观被熊十力骂后，确是折节读书了，终至在学术研究上有所成就，且在台湾文化界成了有名的角儿，也是特别爱书的主儿。看来，熊十力没有白骂。

那么，以徐复观当时风神潇洒的陆军少将之尊和早年留学日本、受过东洋高等教育的背景，被一个没有任何学历，只靠自学成才的糟老头子熊十力臭骂了一顿，还能特别服气，这是何故呢？无他！这应归功于熊十力会骂，骂得妙。熊十力知道徐复观内心是很骄傲的，自以为是，所以就采取了一种比较激烈的做法，先是写信教训了他不懂礼数，对长辈不够尊重；接着，又当面要他讲书，指出他读书只看到别人书中的坏处而不看好处的偏颇，以令人不可接受的斥骂彻底打垮了徐复观因过分骄傲而听不进别人意见的自大心理；最后，让徐复观拿着书，自己凭口直讲，分析阐释书中的精义所在，使徐复观不得不打心眼里佩服他的博闻强记和分析的鞭辟入里，从而心悦诚服地接受了他关于如何读书的理念："读书首先要看出它的好处，其次才是批评它的坏处，惟有这样，才能像吃东西一样，经过消化摄取了营养。"可见，熊十力虽然言行有些古怪，

130

但教育起人来却有其过人之处，你不服不行。不过，能够得到这样的思想大师的教训也是一种难得的福气。试想，徐复观如果不被他臭骂了一顿，可能终其一生也不能真正参透中国文化的精义所在，更遑论成为一个思想家与著名的学者了，顶多只是个对中国文化略知皮毛的武夫而已。

第四章　见解意向的陈述艺术

训诂学家陆宗达不仅讲课诙谐幽默，妙趣横生，日常生活中也常妙语惊人。"文革"期间，政治风潮一波三迭，变幻莫测。在"反击右倾翻案风"时，有位客人悄悄地对他说："您瞧，运动又来了，又得来个人人过关。这回也不知怎么才能安全过去。"

陆先生张口即道："你怕什么？满大街不都在告诉你怎么办吗？"

来客一愣，陆先生解释说："那马路边上的牌子不都写着'一慢二看三通过'吗？"

人行道上竖着这样的告示牌，是提醒行人过马路时注意安全。陆先生挪用此处，令来客哑然失笑。（段名贵《名人的幽默》）

这则故事中所提到的陆宗达（1905—1988），字颖民，浙江慈溪人，解放前曾在暨南大学、辅仁大学、中国大学、东北大学等校执教，后任民国大学教授。新中国成立后一直任北京师大中文系教授、中国训诂学研究会名誉会长，所著有《训诂简论》、《训诂方法论》等。陆宗达研究的是中国传统的学问——训诂学（这是个什么学问，现在很多人已经不太清楚了。曾记得我的导师濮之珍教授说到一个故事，说中国训诂学会给她寄来了一封信，通知她参加中国训诂学年会。门房管收发信件的老师傅见信封上"中国训诂学会"字样，很是奇怪，以为写错了，于是他就自说自话地拿笔在"诂"上加了一撇，变成了"中国训话学会"。结果濮教授看到信，纳闷了半天，后来才了解到真相），这是一门专门研究汉语词义的传统学科，尤以汉魏以前的中国古书中的词义为重点研究对象，与文字学、音韵学合称为"小学"（"小学"是中国传统的"老称呼"，和现代意义上的"小学"不是一回事，千万别望文生义地认为它是一种"小学问"。实际上，这是一种很深奥的大学问，现在已经没几个人能玩那个了）。

　　一般了解情况者都知道，研究训诂学的都是些古板乏味无生气的老先生，好像不食人间烟火的一族，多是"一心只读线装书，两耳不闻窗外事"。可是，我们上文说到的陆宗达教授，虽是一个很有名望的训诂学家，可是他给人的印象则完全不是这样。他不仅"讲课诙谐幽默，妙趣横生，日常生活中也常妙语惊人"，这确是训诂学家中的"异类"。即使是在文化大革命那种政治风云变幻无常的年代，他也能应付自如。当"文革"末期"反击右倾翻案风"（实际上是批判邓小平）的政治运动再起时，他在学术界被整怕了的朋友忧心忡忡地向他讨教说："您瞧，运动又来了，又得来个人人过关。这回也不知怎么才能安全过去。"不意，陆宗达教授竟处变不惊，若无其事地告诉朋友说："你怕什么？满大街不都在告诉你怎么办吗？"结果搞得朋友大惑不解。当然，最后，陆教授还是告诉了那位胆小朋友如何安全过关的办法："那马路边上的牌子不都写着'一慢二看三通过'吗？"

　　那么，这话怎么就算是告诉了朋友如何安全过政治运动关的办法呢？这就是陆教授说话具有艺术性的关键所在。我们都知道，"一慢二看三通过"是交通管理部门竖立在马路旁的警告行人过马路注意安全的警示语，意思是：过马路不要急，要左右前后多看看有没有车过来，然后在确认安全的情况下才过马路。陆宗达教授拿这个交通警示语给朋友作为安全过政治运动关的意见与建议，则明显不是用它原有含义，而是赋它以全新的内涵，婉约含蓄地告诉朋友：要过政治关，首先自己心理上不要慌，不要急，要沉着冷静；接着，是作冷眼旁观，看看风头如何；最后，再确定一个稳妥的方案安全过关。这用的是语言表达上的"别解"策略，既显得含蓄深沉，又具诙谐幽默的机趣，让人不得不爱上这个研究老古董学问的可爱老人，并深切地感佩其独到的语言表达艺术魅力！

　　向别人陈述或提供自己的意见见解，确实不是一件容易的事。但是，如果掌握了一定的陈述艺术，要达到自己的言语交际目标也不是很难的事。下面介绍的诸多先哲时贤的语言智慧，足可以供大家体会思考并借鉴学习！

一、取譬相成，义皎而明：盲乐师一语说醒晋平公

　　　晋平公问于师旷曰："吾年七十，欲学，恐已暮矣。"师旷曰："何不炳烛乎？"平公曰："安有为人臣戏其君乎？"师旷曰："盲臣安敢戏其君乎？臣闻之：少而好学，如日出之阳；壮年好学，如日中之光；老而好学，如炳烛之明，孰与昧行乎？"平公曰："善哉！"（汉·刘向《说苑·建本》）

　　这则故事中的晋平公与师旷，都是春秋时代的著名人物。晋平公有名，并非是他有多大能耐，而是因为他最不爱学习，几乎是一个文盲。可是，不知为什么，"少壮不努力，老大徒伤悲"的晋平公，年届七十时突然开窍了，想到要学习了。于是，他就问师旷怎么样，这想法现实吗？

　　师旷，何许人也？你要了解历史，你就知道，他不简单！他字子野，是一个盲人，但他有一技之长，善于弹琴，精于辨音。晋平公时铸有一个大钟（古代的乐器，可敲击为乐），众乐工都认为大钟之铸合乎音律，只有师旷独持异议，认为不然。于是，就请来当时的音乐权威师涓审度，果然不合音律。正因为师旷在音乐上有独特造诣，所以他能以一个盲人而在宫廷行走，成为晋平公的乐师。晋平公不仅喜欢听他奏的音乐，似乎也很赏识他的思想见识。所以，他七十岁有志于学习时，就首先想到跟师旷说说真心话，跟别的大臣说还真的说不出口呢！可见，晋平公跟师旷关系还蛮好，很是信得过他。师旷一听平公主动说要学习，心里那个高兴啊！平公

问他:"我都七十岁了,想学习,恐怕已经晚了吧。"师旷知道他的这位主儿是个什么样的人,如果是英明求上进的君主,怎么到了七十岁才想起学习呢?早该学习了!于是师旷就想找个什么巧妙的说法,让他明白学习的意义。哎,有了!他先回答说:"您何不点起蜡烛学习呢?"平公一听就生气了,我这么大岁数了,为什么要熬夜点蜡烛学习呢?白天不能学习吗?于是,就板起面孔对师旷说:"哪里有做人臣的却要戏弄君王的呢?"师旷见他不明白,知道他确实还是一个糊涂人,于是就给他打了一个比方来申述:"我一个盲臣怎么敢戏弄君王您呢?我听说有这样一个说法:少年时代好学,就好比是初升的太阳之光;壮年时代好学,就好比是正午的阳光;老年时代好学,就好比燃烛之光,虽然亮度不大,但与摸黑而走相比,哪个好呢?"这个比喻浅显,平公终于听明白了意思,师旷的这个比喻是委婉地告诉他:七十岁才想起要学习,虽然是晚了点,但总比不学习、不知悔悟要好得多!平公觉得有道理,话又说得婉转,给自己留了面子,就说:"说得好啊!"之后,平公是不是真的学习起来了,就不太清楚了,因为那时代还没有老花镜可戴,真的要看书学习,客观上确实有些困难了。

师旷所陈述的意见之所以能为晋平公肯定和采纳,关键是他善于表达。首先,他了解平公的情况,然后根据特定的对象,选择特定的表达策略——比喻,而且是"明喻",以"取譬相成"的方法,把道理说得浅显,说得易懂,表意还很婉转,从而使平公听得懂且乐意听。这就是师旷见解意向陈述的艺术!

二、稽古引经,语重心长:孟母训儿"不得休妻"

孟子妻独居,踞。孟子入户视之,白其母曰:"妇无礼,请去之。"母曰:"何也?"曰:"踞。"其母曰:"何知之?"孟子曰:"我亲见之。"母曰:"乃汝无礼也,非妇无礼。《礼》不云乎:'将入门,问孰存。将上堂,声必扬。将入户,视必下。'不掩人不备也。今汝往燕私之处,

入户不有声，令人踞而视之，是汝之无礼也，非妇无礼也。"于是孟子自责，不敢去妇。（汉·韩婴《韩诗外卷》卷九第十七章）

这段文字，讲的是孟子想休妻，被他母亲训了一顿，终知悔悟的故事。说到孟子，大家都知道，他在中国是位居孔子之后的亚圣，地位之高人所共知。但是，这位圣人并不是一开始就是圣人，而是他的母亲教育出来的。如果大家知道点历史或中国教育史，一定会知道孟子的母亲有多了不起！据《列女传·母仪》篇记载，孟子幼年时代家居墓园附近，年幼的孟轲嬉戏时就表演"墓间之事"。中国古人迷信（以现代心理学来看，也是有道理的，因为墓园肃杀阴郁的环境对幼儿成长有负面影响），孟子的母亲当然也不例外，于是就把家搬到了街市。可是，搬到街市后，孟轲就学起了街市商贩吆喝买卖之事。孟母觉得孩子这样下去要满脑子买卖金钱思想，长大了没什么出息。于是，孟母又把家搬到了学宫（古代学校）旁边，孟轲因看到学宫内的教演，回家就模仿表演起"设俎豆揖让进退"（即学起了摆设祭祀、设宴礼器和作揖礼让进退的礼节）。孟母见到儿子学这一套，情不自禁地感叹道："真可以居吾子矣！"（即学宫这地方真适合我的儿子居住啊！）于是，就一直定居于此。这就是历史上有名的"孟母三迁"的故事。

孟母不仅为儿子的幼年成长环境而操心，孟子长大了讨了老婆，她老人家还要不断对他进行继续教育，以磨砺他的道德情操。一次，孟子不在家，只有他的妻子一人在家，于是她不管什么起坐规矩了，就席地踞坐，放松放松。这一坐可不得了，犯了古代女人的大忌。中国古代的女人规矩多，站坐都要按古礼规定。对于女人，最大的禁忌就是踞坐。所谓踞坐，就是坐在地上（当然是指坐在铺了席子的地上，就像日本的榻榻米，其实日本人是跟中国人学来的，只是保留至今，中国反而丢了，所以国人就以为坐睡榻榻米是日本的异国风情，那是误会和不懂历史的缘故），伸直并张开两腿。这当然是不允许的，因为中国古代的女人都是穿裙子的，这样一坐容易泄露裙底风光。（男人虽没有这种明确的禁忌，但也被视为是不礼貌、无教养的行为。记得《史记》中曾多次提到刘邦"踑踞而骂"。太史公之所以要提刘邦"踑踞"的生活细节，那是在讽刺刘邦是地痞无赖出身，不懂起坐规矩。可见，男子也是不能踞坐的）然而，正当孟子妻子踞坐放松得快活之时，孟子突然回来了。孟子一见老婆竟然踞坐，真是气得七窍生烟，怎么这么没规矩、没教养？于是，他就找他母亲说，要求休掉这个老婆，说："我老婆无礼，请求您老人家允许我把她给休了。"孟母一听，心里一惊，心想：这儿子我从小管教得挺严呀，怎么现在道德这么败坏，喜新厌旧，要休老婆，是不是在外面有相好的情人才起了这个邪念？于是就问孟子："为什么要休妻？"孟子说："她踞坐。"孟母毕竟是比较明智的母亲，要是换了别的母亲，一听这话肯定不问青红皂白，就会毫不犹豫地批准儿子休妻的报告。因为自来婆媳就多有矛盾，母亲多会偏向儿子。孟母不然，她教子很严，一定要问出其中的真正因由，就追根究底地问孟子说："你怎么知道她踞坐了？"孟子说："我亲眼看见了。"孟母一听，马上批评孟子说："这是你无礼！不是你老婆无礼。《礼记》上不是说过吗？'将要进入大门时，首先要问一声，家中有人吗？将要进入厅堂时，要先大声说一句什么。将进入内室，眼睛一定要朝下看，不能平视。'这是教人不要乘他人不备之时突然闯入，搞得别人尴尬。现而今，你去老婆的隐私内室，进门却不吱声，使你老婆踞坐的情状被你看见，这就是你无礼，根本不是你老婆无礼。"骂得孟子无话可说。毕竟孟子是知书达礼之人，寻思一下，母亲骂得对，有道理，于是就自己作了深刻的反省与自我批评，没敢休妻了。

我们都知道，孟子是个能说会道的人，是战国时代的名嘴，经常出国游说别国国王，推销自己的政治主张与思想理念，为什么这次却被他的母亲说得心悦诚服呢？这是因为她老娘比他还厉害，说服表达艺术性极高。她运用的是"稽古引经"的方法，十分恰切地引用了中国封建时代最具权威和经典的《礼记》中所规定的行为规范，来说明孟子行为的失当，从而使孟子理屈词穷。因为经典或权威者的话是社会公认的正确无疑、不容讨论商榷的公理，任何人都会信服。就像文化大革命时期，引用毛泽东的话来说理，任何人都不敢反驳一样；又像老人教育年轻人常用"古话说"之类。即使是小孩子们也会这一套，他们之间如果有什么争议，或别人做了什么他们认为不对的事，他们就会说"老师说应该这样"、"老师说不可以这样做"。在他们心目中，老师的话就是最权威的，不可怀疑，无可争辩。孟母运用的表达策略虽然常见，但她老人家的"稽古引经"策略运用得十分贴切，针对性很强，所以效果奇好，从而使自己所陈述的意见被儿子心悦诚服地接受。

说到孟母谈到的《礼记》中规定的"入室规矩"，让笔者想起了日本人的习惯。如果在日本生活过并对日本文化有较深了解的人，都会知道日本人下班回家或从外面回来时，常常在门外或玄关外就高叫一声"ただいま"（我回来了）。为什么要叫这一声，这就是依据孟母所提到的《礼记》中关于"将入门，问孰存。将上堂，声必扬。将入户，视必下"的中国古礼而来，倒是我们中国人自己把这传统给丢了。关于坐的规矩，在现在的中国也是荡然无存了，倒是日本人因为要坐榻榻米的缘故，还保留了中国古代坐跪遗风。比方出席和式宴会或到日本人家中坐榻榻米，都是要讲究坐的规矩的，一般都要跪坐，即双膝跪在席子上，臀部落在脚后跟上。（我本人在日本出席过很多这种场合，开始不习惯，几分钟就腿脚酸痛得不行了，跟日本朋友明说后，只好就像刘邦那样"踑踞而坐"了，反正日本朋友能理解，这坐跪规矩虽是我们中国的老祖宗开创的，但我们已经很久不坐席子而坐凳子了，已经变得不习惯了）尤其是女人，更只能采取这种坐姿。（当然她们一人独处是否还采这种坐姿，就不得而知了。至于男人，踑踞倒是有的，尤其是年青一代）如果踑踞，则有泄露裙底春光的危险，日本女性穿裙子的时候为多，所以她们很注意这一点。即使在学校要坐椅凳，她们也很注意双腿摆放的方法，这一点日本的家长教育得颇好。而中国现在的情况，就有点糟糕了。很多女性即使穿着超短裙，也不在意双腿的摆放方法和坐姿，真是教养欠缺得太多。说到这里，倒是让我想起前几年在台湾发生的一件事。一次，台湾的"立法院"开会，一个女"议员"在台上坐着发言，大概说得忘情而没注意穿着的是短裙，双腿未摆放妥当，结果被坐在台下的两个无聊的男"议员"看见。于是，二人就在下面争论起那位女"议员"裙底穿的内裤是什么颜色。后被媒体捅出来，造成了喧嚣一时的"内裤风波"。经过此事，不知我们中国有多少男女反省到自己的行为。如果我们的男人能够记住《礼记》中所说的"将入户，视必下"的古礼，有点修养，也就不至于出现像台湾"议员"那样偷窥女人裙底秘密的无聊事情；如果我们的女人懂得点坐规，也不至于让心理有些不健康或变态的男人有偷窥的机会而自取其辱。可见，孟母教育孟子的话确实应该拿出来好好教育我们今天的男女众生，不是吗？

三、顺颂顺迎，归谬自省：搞笑明星搞定国际霸主

　　楚庄王之时，有所爱马；衣以文绣，置之华屋之下，席以露床，啖以枣脯。马病肥死。使群臣丧之，欲以棺椁大夫礼葬之。左右争之，以为不可。

　　王下令曰："有敢以马谏者，罪至死。"

　　优孟闻之，入殿门，仰天大哭。王惊而问其故。

　　优孟曰："马者，王之所爱也。以楚国堂堂之大，何求不得，而以大夫礼葬之，薄。请以人君礼葬之。"

　　王曰："何如？"

　　对曰："臣请以雕玉为棺，文梓为椁，楩枫豫章为题凑，发甲卒为穿圹，老弱负土，齐赵陪位于前，韩魏翼卫其后，庙食太牢，奉以万户之邑。诸侯闻之，皆知大王贱人贵马也。"

　　王曰："寡人之过一至此乎！为之奈何？"

　　优孟曰："请为大王六畜葬之。以垄灶为椁，铜历为棺，赍以姜枣，荐以木兰，祭以粮稻，衣以火光，葬之于人腹肠。"

于是王乃使以马属太官，无令天下久闻也。（汉·司马迁《史记·滑稽列传》）

春秋时代，周王朝的天威已不复存在，众诸侯国各自为政，自为号令，眼里根本没有了周家天子和王法。于是，一场场混战、兼并便在各诸侯国之间展开了。经过长期的争夺、角逐，最后决赛结果是齐桓公、晋文公、楚庄王等"春秋五霸"依次称雄。楚国在楚庄王执政时期政治、经济改革确实取得了很大的成功，国势亦日益强盛。到公元前594年前后，楚庄王已成为中原地区的一代霸主了。然而，人往往取得成就后会骄傲自满起来，楚庄王亦如此。他在争得中原霸主地位后，便逐渐地自大起来，而且开始沉溺于声色犬马之中，没有了当年争夺霸权时的那种锐意进取的精神。也许是因为听腻了声乐、玩够了女人的缘故，到后来庄王已不再喜欢声色而专爱犬马了。当时楚庄王得到一匹爱马，真是爱得不得了。庄王给它穿刺有文绣的衣服，给它住华丽的房子，特设露床给它睡觉，喂它枣脯吃。结果，这匹马太养尊处优了，不久就肥死了。庄王真是心痛难过啊！于是就叫群臣为之发丧，想用棺葬收敛，并准备以大夫的礼节规格举行葬礼。庄王亲近的大臣都跟他争论劝谏，认为这样做不妥。庄王大概爱马爱得情迷心窍了，竟然下令说："哪个再敢拿马的事提意见，就论他的死罪！"这下没人敢吱声了。伶人（就是古代帝王宫廷里养着的一批专供搞笑取乐的演员艺人）优孟听说了此事，进入楚王殿门，就仰天放声大哭。楚王见状，急问何故，优孟说："马是大王的所爱，以堂堂楚国的大国实力，要什么得不到呢？现在大王以大夫之礼来给您的爱马举行葬礼，礼太薄，不够规格。请求大王以国君之礼来为您的爱马举行安葬。"楚王一听，觉得还是优孟懂得自己的心情。就问："怎么个葬法？"优孟说："我请求大王用玉雕刻成棺，用梓树雕花做成椁（即棺外的大棺），用楩枫豫樟为题凑（古代天子的椁制，椁用厚木累积而成，至上为题凑。木头皆内向为椁盖，上尖下方，如屋檐四垂）。征发军队士兵挖墓穴，年老及幼弱者背土，齐国赵国的吊丧特使陪位在前，韩国魏国的特使陪位于后。以牛、羊、豕三牲全备的规格在庙里加以祭祀，并拨万户之邑来奉祀它。这样，让诸侯各国听说了，都知道大王轻贱人而重视马。"楚王终于听出来了，优孟这是在说反话，是把人与畜的地位搞颠倒了。于是马上知错了，说："没想到我的过错竟然到了这么严重的地步！怎么办？"优孟见楚王明白了，便说："请大王按处理六畜的规矩来安葬这匹马。安葬的方法是，以田垄大灶为椁，以铜历（古代的炊具之类）为棺，陪赠些姜枣，垫上些木兰，用些粮食作祭品，用火光给它做衣裳，葬到人的肚子里去。"（这七句意思是说，把马烧煮一下，用些佐料，请大家饱餐一顿）楚王听明白了，立即让人把马交给太官处理掉，不要让天下久闻这件事。

楚王做出以大夫礼埋葬马的荒唐决定后，许多大臣都谏阻不了，为什么偏偏一个优伶的一番话，就使楚庄王幡然悔悟了呢？其实很简单，因为优孟采用了委婉的表达法。优孟侍从庄王有年，熟悉庄王的性情，知道这位劝谏的对象是位难侍候的主儿，忠言直谏、强行硬谏都是行不通的。因此，他采用了一种"正话反说"的谏略，不去直接批评庄王之错，而是先顺着庄王之意推说下去，等到顺说顺依到了极点，自然在顺依顺颂中露出了讽意，让庄王自己去领悟。"楚国堂堂之大，何求不得"，是说庄王统治下的楚国是一个了不起的国家，是个实力雄厚的国度。"而以大夫礼葬之，薄"是从前一句所说的楚国富强的前提推演出来的结论，说明庄王以大夫礼葬马是对的，不仅无可非议，而且从道理上讲还嫌"礼薄"。由此，他请求庄王"以人君礼葬之"，并具体地建议庄王"雕玉为棺，文梓为椁，楩枫豫章为题凑，发甲卒为穿圹，老弱负土，齐赵陪位于前，韩魏翼卫其后，庙食太牢，奉以万户之邑"等。这话乍听起来于庄王颇是顺耳，庄王自然心里感谢优孟对自己爱马心情的深刻理解。但是，后来优孟的顺颂顺依却走入了极端"诸侯闻知，皆知大王贱人贵马也"。表面看来还是对庄王"贵马"行为的礼赞，实则在"极端"处语意堕入了深渊，细细玩味，庄王立即领悟出优孟这是在顺水推舟，把自己逼入死角，从称赞、礼颂他的"贵马"

精神的后面烘托出另一相反的语义：讽刺他的"贱人"的昏庸。因此，当庄王突然觉察这一语义转向之后，自然会悔悟不已，说出"寡人之过一至此乎，为之奈何"的痛心话了。最后，他终于接受了优孟的讽劝，烹马犒臣了。假如优孟不是采用迂回曲折的委婉说法，而是直白地说："国王应贵人贱马，不可贱人贵马，伤了众臣的心。以大夫礼葬马只会落得昏君的笑柄，还是不要这样做吧！"那么，庄王能被说服吗？不仅不能说服庄王改变主意，还会招来杀身大祸，因为在封建帝王看来，即使臣下是好心为国，也没有教训帝王的资格。可见，意见的陈述特别是向封建帝王陈述自己对国家政事的意见必须要懂一些表达的艺术。

四、借古讽今，意味深长：甘夫人说玉劝夫

> 先主甘后……生而体貌特异，年至十八，玉质柔肌，态媚容冶；先主致后于白绡帐中，于户外望者，如月下聚雪。河南献玉人高三尺，乃取玉人置后侧，昼则讲说军谋，夕则拥后而玩玉人。常称玉之所贵，比德君子，况为人形而不可玩乎？甘后与玉人洁白齐润，观者殆相乱惑，嬖宠者非唯嫉甘后，而亦妒玉人。后常欲琢毁坏之。乃戒先主曰："昔子罕不以玉为宝，春秋美之，今吴魏未灭，安以妖玩经怀！凡诬惑生疑，勿复进焉。"先主乃撤玉人像，嬖者皆退。当时君子以甘后为神智妇人。（晋·王嘉《王子年拾遗记·蜀》）

说到刘备，中国人都非常熟悉。有关刘备如何"桃园三结义"，如何"三顾茅庐"请出诸葛亮，如何由不名一文的贩夫成为建立蜀汉政权的先主的故事，简直是妇孺皆知。对于大多数人而言，即使没读过西晋陈寿的史书《三国志》，相信也会读过元末明初的小说家罗贯中的小说《三国演义》，自然对刘备的发迹史一清二楚。但是，对于刘备的婚姻生活状况未必都很清楚。

　　大家都知道，刘备有个糜夫人，后来又到东吴去招亲，娶了孙权的妹妹，这就是孙夫人。这二位夫人很有名，其生平行事，大家都可娓娓道来，如数家珍。其实，除了这二位，刘备还有一位夫人，就是甘夫人。甘夫人，原是沛人（跟刘备的老祖宗汉高祖刘邦是同乡）。甘氏不是什么大家闺秀，而是生于贱微之家。但是，当她还在幼年时代，就有一个乡里的相士给她相过面，说"此女后贵，位极宫掖（也就是将来能贵为皇后）"。甘氏小时候长得并不起眼，但等到长大成人后，却变得体貌特异、玉质柔肌、态媚容冶，真可谓"女大十八变，越变越好看"。当时刘备驻守徐州，闻甘氏艳名，便召入绡帐中为妾。后来刘备的元配夫人糜夫人早逝，刘备便逐渐提拔、扶正甘氏做了夫人。由于甘夫人天生丽质，加之肌肤洁白如霜雪，刘备常于户外望之，犹如月下聚雪的景观。因此，刘备就特别喜爱她，甚至在亡命途中也时刻不离。这个本来也不必加以厚非，天下哪个男人不好色呢？孔圣人还说："食、色，性也。"刘备好歹是个皇叔（是否真实不要紧，反正汉献帝这样跟他叙过宗亲关系），也是个有志于夺天下的英雄，英雄爱美人是天下至理。可是后来，刘备得诸葛亮等人帮助，又以哭哭啼啼的方法赢得很多人的同情而渐渐有了一些地盘之后，便走火入魔了。当时，河南有人送给刘皇叔一个玉人，非常精巧，高约三尺，栩栩如生，光彩照人。刘备反复把玩，爱不释手。于是取玉人置于甘夫人之侧，使之媲美，相映生辉。若说偶然为之，倒也罢了。只是自此之后，刘备常常白天与将帅军师讲论军谋，晚上就拥着甘夫人而玩玉人，并且振振有词地说："玉的可贵，可以德比君子，何况又是人形，怎么能不令人赏心悦目呢？"（其实，以现代心理学的观点看，刘备的这种行为是恋物癖，是一种变态心理[①]）甘夫人作为一个女人，当然有些吃醋。同时，她也觉得，刘备这样可能已经到了玩物丧志的地步了。为了夫君复兴汉室的大业，也为了她将来做帝后的梦想，她

---

　　① 参见［英］霭理士著，潘光旦译：《性心理学》，上海：上海三联书店，1987年，第262页。

必须劝醒刘备。于是，她就以玉为说辞："春秋时代的子罕不以玉为宝，当时的人们都赞美他。现在吴魏都未灭，统一大业还路途遥遥，正是奋发努力的时候，您怎么以这种不祥之物而分心挂念呢？今后凡是令您淫惑生疑的东西，都不要再让有进献的机会了！"刘备听了，觉得夫人说得有理啊！差点把大志大业给忘了，于是就把玉人给撤了，从此那些心术不正的小人也就望风而退了。当时的有识之士听说了甘氏的话，都认为她是神智夫人。

那么，甘夫人何以几句话就把沉迷不振的刘备说醒了呢？这是她见解意向的陈述艺术高明。她运用的是"借古讽今"的表达策略，以春秋时代"子罕不以玉为宝"的典故说起，切情恰境，自然而然。子罕不以玉为宝的故事见于《左传·襄公十五年》中的一段记载：

> 宋人得玉，献诸子罕。子罕弗受。献玉者曰："以示玉人，玉人以为宝也，故敢献之。"子罕说："我以不贪为宝，尔以玉为宝。若以与我，皆丧其宝也。……"

子罕（即乐喜），是春秋时代宋国的正卿，德操高洁，宋平公非常倚重他。但是，子罕官高位重，却从不以权谋私，而是廉洁奉公。当时，有个宋国人得了一块玉，就把它献给他。这也不是什么了不得的东西，对于丞相大人来说，收下一块玉，也算不了什么。可是，子罕就是不收。献玉的人说："大人，我这块是真玉，已经请玉石专家鉴定过，认为是个宝物，所以才敢拿来送您呀！"子罕说："我以不贪为宝，你以玉为宝，如果我收了你的玉，我们俩不都丧失了自己的宝了吗?"子罕是中国历史上知名度很高的圣贤，一般老百姓都知道他不收玉的故事。刘备刘皇叔是读书之人，当然知道这个典故。甘夫人说这个故事也并不显得她有多高的学问，关键是她引用这个故事引得好，引得自然贴切。刘备是因玩玉才消磨沉沦不能自拔的，她引子罕不以玉为宝的故事，来告诉刘备：您是志在得天下的人，境界眼光更应该比子罕高一筹，怎么可以因小小的一个玉人而毁了自己的前程呢？很明显这一说法针对性很强，因而说服力也强。刘备不是糊涂人，甘夫人的一番意见，既是至理，更包含了一片对自己期许殷殷的深情，可谓语重心长，他怎么能不从善如流地接纳她的意见呢？

五、皮里阳秋，假假真真：敬新磨"护"庄宗

> 庄宗好畋猎，猎于中牟，践民田。中牟县令当马切谏为民请。庄宗怒，叱县令去，将杀之。
>
> 伶人敬新磨知其不可，乃率诸伶走追县令，擒至马前，责之曰："汝为县令，独不知吾天子好猎耶？奈何纵民稼穑以供税赋，何不饥汝县民而空此地，以备吾天子之驰骋？汝罪当死！"
>
> 因前请亟行刑，诸伶共唱和之。
>
> 庄宗大笑，县令乃得免去。（宋·欧阳修《五代史·伶官传》）

这段文字，说的是伶人敬新磨反语谏庄宗的故事，在中国历史上颇有知名度。这里所提到的庄宗，就是中国五代后唐的开国皇帝李存勖。李存勖是唐代少数民族突厥人，其祖是西突厥的别部，当时称为沙陀部落。唐太宗贞观年间，居于金莎山（即今天的尼赤金山）之阳，蒲类海（即今天的新疆巴里坤湖）之东。因境内有大碛（今名古尔班通古特沙漠），所以称为沙陀突厥。唐宪宗时代，沙陀突厥的酋长朱邪执宜归附唐朝。后来，唐朝皇帝赐朱邪执宜之子朱邪赤心国姓李，名国昌。唐僖宗时，黄巢起义，攻占了京师长安。李国昌之子李克用（一目失明，外号"独眼龙"）率沙陀兵攻破长安，在镇压黄巢起义军的战斗中大出了一阵风头。因为镇压黄巢起义军有功，被提拔为河东节度使，成为割据一方的大军阀。势力坐大后，他竟然一度率兵进犯京师，纵火大掠。唐朝此时已经日落西山了，拿李克用之流的大军阀再也没办法了，只好采取怀柔政策，

进封他为晋王。黄巢的部将朱温降唐后，逐渐势力坐大而成为中原最大的军阀。李克用为了与他争夺天下，跟朱温进行了长期混战。唐哀帝天祐四年（907），朱温称帝，立国号为梁（史称后梁）。后梁开平二年（908），即朱温称帝后的第二年，独眼龙李克用撒手西去，他的儿子李存勖继位为晋王，据有太原。李存勖继承了他爹的策略，继续与朱温连年混战。朱温死后，他的儿子朱友珪（在位仅一年，未有帝号，就是这个不成器的儿子杀了他爹朱温）、朱友贞（即梁末帝）哪是李存勖的对手，梁末帝龙德三年（923）李存勖灭后梁称帝，立国号为唐（史称后唐）。这个李存勖比他爹要差得多，纯粹是个武夫。他会打天下，常自夸"在十指上取天下"，可是不会治天下，治国执政毫无章法，重任孔谦等人，重敛急征，杀鸡取卵，搞得民不堪命。做了三年皇帝，同光四年（926）因兵变被杀。其养子李嗣源继位，这就是唐明宗。

知道了李存勖的来历与背景，我们便知道这位皇帝是个不好侍候的主儿。由于是武将出身，打猎自然便是他最好的休闲娱乐项目了。一次，李存勖在中牟县（在今河南省郑州市东部、黄河南岸）打猎，马践民田。中牟县令是个好官，就挡住李存勖的马极力劝谏，为民请命，希望皇上不要马践民田，损伤百姓的谷物。李存勖大怒，认为他胆子太大，竟敢管起我皇上老子来了，于是就喝退中牟县令，并命令手下将他带走处死。这时，平时为李存勖搞笑取乐的艺员敬新磨觉得皇上这样干不对，但又不能直谏。于是，他便率众艺员跑着追回县令，并把他押到李存勖的跟前，数落起这位县令的"罪状"："你做县令，难道独独不知道我们的天子喜欢打猎吗？你为什么要放纵鼓励你的老百姓种庄稼以供国家的赋税？你为什么不让你中牟县的老百姓饿着肚子，将田地空出来，留供我们的皇上驰骋打猎取乐呢？你的这些罪行，是应该论处死罪的！"说完，一本正经地要求李存勖赶快行刑，不要拖了，就地杀了算了，其他艺员也跟着一起唱和。看着敬新磨和诸位搞笑艺员所演的双簧，李存勖忍俊不禁，大笑，于是中牟县令也在李存勖的笑声中获救了。

那么，敬新磨何以能从暴戾的李存勖手中救下中牟县令呢？这就要归功于他表达艺术的高明了。敬新磨整天给李存勖搞笑取乐，他知道李存勖的为人，所以他不得不在对此事陈述意见时格外注意表达的艺术性。皇上打猎取乐，马践民田，中牟县令为民请命，正言切谏，这位皇上不仅不肯听，反而要杀他，这当然是皇上李存勖不对。但是，天下无不是的皇帝。敬新磨作为一个艺员，是皇帝的弄臣，虽然他明知中牟县令正直，是个好官，也知道皇帝犯糊涂，但他又能拿李存勖怎样呢？如果正面直说，不但保不了中牟县令，肯定连自己的小命也会搭进去的。毕竟敬新磨是个搞笑能手，是个会说话的艺员，最终他选择运用了"皮里阳秋，假假真真"的表达策略，正话反说，最终救了中牟县令，又使皇帝知了错。因为敬新磨的话，表面是说：中牟县令不该鼓励百姓勤劳耕作，向朝廷交纳赋税，而应该禁止百姓耕作，空出田地供皇上畋猎驰骋，所以中牟县令该死。这话乍一听，似乎是历数中牟县令的罪状，替皇上的过失辩护。实则这话的正意全在字的背面，是在正话反说，是在为中牟县令歌功颂德，批评皇上的失政失德的错误行为。因为李存勖毕竟是开国皇帝，并不糊涂，他听懂了敬新磨的反语，所以就免了中牟县令的罪。由此可见，见解意向的陈述讲究表达的艺术性是何等重要！

六、指桑骂槐，打狗呵人：阿丑太监说相声

宪庙时，太监阿丑善诙谐。每于上前作院本，颇有方朔谲谏之风。

时汪直用事，势倾中外。丑作醉人酗酒，一人佯曰："某官至。"

酗骂如故。

又曰："驾至。"

酗骂如故。

曰："汪太监来矣！"

醉者惊迫，帖然。

傍一人曰："天子驾至不惧，而惧汪直，何也?"

曰："吾知有汪太监，不知有天子也。"

自是直宠渐衰。直既去，党人王钺、陈钺尚在。丑作直，持两斧，趋跄而行。或问故，答曰："吾将兵，惟仗此两钺耳!"

问钺何名，曰："陈钺、王钺也。"

后二人以次坐谪。保国公朱永，掌十二营役兵，治私第。丑作儒生诵诗，因高吟，曰："六千兵散楚歌声。"

一人曰："八千兵散。"

争之不已。徐曰："尔不知耶? 二千在保国公盖房。"

于是宪庙密遣太监尚明察之，保国即撤工，赂尚明得止。

成化末年，刑政颇弛。丑于上前作六部差遣状，命精择之。既得一人，问其姓名，曰："公论。"

主者曰："公论亦难行。"

最后一人，曰："胡涂。"

主者首肯，曰："胡涂如今尽去得。"

宪宗微哂而已。(明·文林《琅琊漫钞》)

这是明成化间进士文林所记的一则野史，说的是明宪宗（朱见深）时代有个太监叫阿丑，非常滑稽诙谐，常常在宪宗朱见深面前表演杂剧，颇有汉武帝时代东方朔滑稽诙谐而饱含讽谏的遗风。明朝是重用太监宦官的时代，宪宗时更是如此。当时有个太监叫汪直，是广西桂平大藤峡的瑶族人，开始时是御马监太监（也就是给皇帝看马的）。成化十三年（1477），朱见深为了加强特务统治，设立西厂。这西厂是个什么玩意呢? 就是与明成祖朱棣当初所设立的东厂性质一样的特务机关，都是监视镇压人民和官员中的反对派的。但是，西厂与东厂比较起来不仅人员权力要大得多，而且规模也大得多，活动范围自京师及于全国各地。提督西厂的就是这个当初的"弼马温"汪直。西厂这种中央情报局兼国家安全局性质的特务机关，可以直接将秘密情报上奏皇上，不仅老百姓怕西厂和汪直，朝廷大小官员更是怕得要死，因此当时的汪直简直是势焰冲天、权倾天下。阿丑也是太监，他觉得这样搞对大明江山社稷不利，于是就想跟宪宗朱见深陈述一下自己对西厂及汪直横行霸道行径的意见和看法。但是，中国封建时代，太监是不能干政的，没有议政权和奏事权。于是阿丑就利用自己的职业之便，给朱见深皇上表演了一个节目。阿丑装作醉人酗酒的样子，另一个太监就假装吓唬他说："某官来了。"阿丑酗骂如故，毫无惧色。那太监又吓唬他说："皇上来了！"他还是酗酒骂人如故，没把皇上当回事。最后，那太监说："汪太监来了！"阿丑扮演的酗酒醉鬼马上惊醒，服服帖帖。又一太监就从旁发问了："皇上驾到都不怕，为什么独独怕汪太监呢？"阿丑扮演的醉酒人就回答说："我只知道有汪太监，我从来不知道还有什么皇上不皇上！"宪宗听了，心中明白了，从此就逐渐不那么宠信汪直了。加上汪直当时屡兴大狱，弹劾罢免大臣公卿数十人，引起朝内外舆论的强烈抨击。最终，宪宗把他贬到南京看守监狱去了。汪直被贬除了，但他的党徒王钺、陈钺的势力还在。于是阿丑又在宪宗皇帝面前表演杂剧。阿丑扮汪直手持两斧，快步跟跄而行。另一个太监就问为什么这样，阿丑扮演的汪直就说："我统帅西厂官兵，依仗的只是这两钺（斧）罢了！"另一太监就问两钺（斧）什么名称，阿丑回答："一个叫陈钺，一个叫王钺。"宪宗自然明白，汪直虽然走了，但他的党人和影响还在，必须蓟除。后来汪直的这两个党人因犯欺骗罪而被论处。又有一次，宪宗皇上的皇室成员保国公朱永，因为掌管十二营役兵（即工程兵部队，为皇家建造宫室之类）之便，以权谋私，擅自动用皇家工程兵部队为自己建造私人府第。被阿丑太监知道了，他又想就此事向皇上陈述自己的见解，表达自己的意见。没有别的办法，还是那一套，表演杂剧。阿丑扮作一个儒生吟诗说："六千兵散楚歌声。"另一个太监马上说："不对，是八千兵散。"于是二人就"六千"与"八千"争个不休。最后，阿丑漫不经心地说出了原因："你不知道吗？还有二千在保国公家盖房。"皇上一听，明白了。于是就密派太监尚明去侦察，保国公吓得半死，只好撤工，并贿赂了尚明一些钱财，才算把这事搞定。成化末年，司法混乱，冤狱层出不穷。阿丑感而生喟，于是又在皇上面前表演起杂剧来陈述自己的意见。他自己扮作六部（吏、户、礼、兵、刑、工等中央六部）的刑部首长差遣官员行使司法职权的样子，命令要精挑细选，要官得其人。最后挑得一人，阿丑问他姓名，回答说："叫公论。"阿丑扮演的首长说："公论现在行不通。"最后，又挑得一人，问其姓名，回答说："叫胡涂。"阿丑扮演的司法部长说："胡涂现在可以去得。"宪宗皇帝也听懂了，是在讽刺当时司法界黑暗，没有公道。于是，微笑了之。

为什么没有议政权和奏事权的太监阿丑屡屡陈述意见能够被皇上采纳而无纤毫之祸呢？这就是阿丑太监善于表达的缘故。阿丑的聪明过人之处在于他明白自己的身份是太监，没有向皇帝进谏、表达意见的资格和权力，但是他有在皇上面前表演杂剧、说故事搞笑的职业特权。于是，他便利用这一特有的条件，与其他太监一起唱起双簧，运用"指桑骂槐，打狗呵人"的表达策略，明里说的是一件事，暗里表达的却是另一件事；明里是搞笑，内里是进谏，陈述自己对朝政的见解意见。由于这种方法有"寓教于乐，寓庄于谐"的效果，所以不但达到了他想进谏而不惹祸的目标，还最终说服皇上采纳了自己的意见。可见，中国古代宫廷艺人确实不简单，不都是仅供皇帝娱乐的弄臣，他们有些人的智慧见识甚至还在许多大臣之上，不是吗？以阿丑来说，还不够典型吗？

七、高手过招，点到即止：纪晓岚建言嘉庆为乾隆推恩

嘉庆四年初，乾隆皇帝驾崩，嘉庆帝开始亲政。嘉庆帝执掌朝纲后第一件事就是把权奸和珅及尚书福长安逮捕入狱，紧接着便想把几位为父皇做出过突出贡献，但一直受和珅之流的排挤而得不到重用的大臣，破格提拔到高位上来，委以重任。但这事需要和一些重臣商量一下。

在商量的过程中，有些大臣认为这样的破格提拔从无先例，表示难以接受；更多的大臣则是唯唯诺诺，死活不表态。这样一来，闹得嘉庆皇帝也没有了主张。

当时，纪晓岚正任武会试的正总裁官，没有参加此事的商议。嘉庆帝思来想去，实在无法决断这件事，只好把纪晓岚从考场中叫来，想听听他的意见。当嘉庆帝把事情的前后经过讲完后，纪晓岚也未说可否，却道："<u>万岁，臣做官数十年来，没有敢给我送礼的，因为他们都知道，为搞歪门邪道而给我送的礼，我根本不会收。惟有我的亲戚朋友，要我为他的先人点主或作墓志铭的时候，他们送的礼再厚我也敢收</u>。"嘉庆帝也不是昏庸之人，听了纪晓岚的这几句话，很快就理解了其中的意思，恍然大悟似地说道："朕欲提拔那几位大臣，也是为先帝推恩，以尽孝心，为何不可呢？"

于是，几日不能决断的难题，被纪晓岚几句话就给解决了。（贺治起等编《一代文宗纪晓岚传奇》）

这则故事说的是，清乾隆皇帝驾崩之后，嘉庆皇帝正式亲政，想破格提拔一批曾为父君乾隆作出重要贡献的官员。可是，他又苦于找不到祖宗成法，没有先例可援。于是就征求了一些大臣的意见，哪知道这些家伙都是官场上的老油子，都怕担责任，或怕自己提出建议又被嘉庆猜忌，所以大家都死不表态，来个"徐庶进曹营，一言不发"，弄得嘉庆也拿他们没办法。是啊！能拿他们怎么样？你自己是皇帝都没有了主意，我们是做臣子的，能比你聪明吗？要是比你聪明，还是你做皇帝吗？就是比你聪明也不能露呀！说不定你觉得我太聪明要猜忌我，给我加上个"莫须有"的罪名，随时都可整死我的，我犯那个傻干什么？再说了，你皇帝权力大无边，你都不敢拿主意的事，我来多嘴，到时候有什么不妥，闹出些什么乱子来，那谁负责？谁敢问你的罪？最终不还是要拿我们这些个臣子当替死鬼、代罪羔羊？嘉庆虽然比不了他爹乾隆，但还是一个蛮聪明的人，当然知道大臣们心里是怎么想的。想想也是，自己都拿不定主意的事，何必要难为别人呢？虽然如此，嘉庆毕竟亲政，自己当家做了皇帝，上台总得做件大事，如果他这件事都做不成，如何在今后的执政生涯中树立威信、建功立业、德比乃祖乃父呢？毕竟当皇帝的都想有所作为，想在青史上留个名什么的。要不然，他爹乾隆何必花那么大力气搞一部《四库全书》呢？不正是冲着这一点吗？大凡一个有点个性、有些思想的人，起念做一件自己想做的事，要他打消已起的念头，恐怕是比打胎还要难的。想来想去，嘉庆还是欲罢不能，决定要做。但做固然可以放手做去，可是总得有个理由，即找出一个理据，才能名正言顺，中国封建时代信奉这一套。于是，他就突然想到了纪晓岚。纪晓岚被嘉庆单独找来问计，他知道这是新皇上对自己的格外尊重，对于臣子来说，这是莫大的荣耀。所以，他就不能再耍其他大臣的那套油滑把戏了。他回答了嘉庆这样一句话："万岁，臣做官数十年来，没有敢给我送礼的，因为他们都知道，为搞歪门邪道而给我送的礼，我根本不会收。唯有我的亲戚朋友，要我为他的先人点主（笔者按：死者灵前一般要放一块木牌，上写："先考或先妣某某之神主"。出殡之前"主"字上的一点不写，写成一个"王"字，到出殡前的仪式上再请一位有学问或德望高的人把"主"字上的一点点上）或作墓志铭的时候，他们送的礼再厚我也敢收。"嘉庆一听，立即明白了其中的道理，于是终于拿定了主意，就这么干！理据呢？嘉庆终于名正言顺地拿出来了："朕欲提拔那几位大臣，也是为先帝推恩，以尽孝心，为何不可呢？"一大难题就这样解决了，我想嘉庆当时肯定心里就别提有多高兴了！

那么，纪晓岚何以一句话就解决了嘉庆的难题呢？这是因为他首先认清了交际的是皇上这个特殊的对象，然后又选择了一个恰当的意见陈述策略，即运用"高手过招，点到为止"的方法，巧妙、婉转地把自己想表达的意思暗示给皇上。他说自己做官从不贪，表面看来是自夸，实际用意不在此，而是意在衬托后一句：亲朋好友有丧事，他为其点主写墓志铭，即使他们给再多的礼金，他也从不推让，照收不误。那么，这话又是什么意思呢？是在暗示嘉庆皇帝：您想破格提拔那些为先帝做出了突出贡献的大臣，是在给您先父推恩，中国人是讲孝道的，孝子为父母做什么都是不过分的，谁敢说什么呢？就像我收死者亲属的礼金不怕人说话一样，我不收他们的礼金，他们的孝心就无法体现，我当然要成全他们。但是纪晓岚的这层意思没有直接说出来，他相信嘉庆能从他的话中体会得到。这样暗示给嘉庆，让嘉庆自己悟出没有直接说出的话，也是给嘉庆留了面子，让他感觉到这个理由不是纪晓岚找到的，是自己悟出来的，可以证明自己是个聪明的皇帝，自然他就有成就感了，就高兴了！如果纪晓岚把话都说尽了，反倒使嘉庆觉得纪晓岚认为他这个皇帝笨，智商不够，竟然要大臣把话说得那么明才懂。那样，嘉庆能高兴吗？不可能！所以，纪晓岚陈述意见的艺术性真是令人不得不佩服啊！

八、创意造言，引申阐发：梁漱溟赞言成立广西壮族自治区

1957年3月，周恩来总理在京召集少数知名人士座谈成立广西壮族自治区问题，梁应邀出席并讲了话，表示了赞成意见。他说："一让两有，一争两丑，汉族与少数民族都要以对方为重。"他的议论受到与会者的重视。周总理在总结时，特别强调说："今天，汉族应该多多替少数民族设身处地地想一想，不要让他们再受委屈，应该使他们也能得到较好的发展条件，只有汉族主动地替少数民族着想，才能够团结好少数民族。我同意梁漱溟先生在这次会议上说的一句话，要'互以对方为重'。"后来，梁先生在回忆起这桩事时，若有所思地说："当时，黄绍竑反对说，我们汉族是多数，为何要改？周总理给他解释，他听不进去，后来成了'右派'。"接着梁又说："我犯错误早，问题已经过去，我又没什么'右派'的那种表现，所以'反右'时没有我。因为我同意广西改为自治区，总理说

广西人不了解情况，要我回去宣传需要改的理由。"后来梁受周总理委托与陈迩冬、陈北生、载涛同行，先后到梧州、南宁、桂林、柳州等地与各界接触，宣传党的民族政策，为促进自治区成立而做出贡献。（白吉庵《物来顺应——梁漱溟传及访谈录》）

熟悉中国现代史的都知道，成立广西壮族自治区，这是毛泽东、周恩来等中共第一代领导人高瞻远瞩的伟大战略，其意义众所周知。按照中共处理政治问题的制度，重大问题在作出决策实施之前，总是会广泛征求各民主党派和无党派高层知名人士的意见，这是一个非常科学的政治制度。1957 年 3 月，周恩来总理召集梁漱溟等知名人士就成立广西壮族自治区一事进行座谈，正是贯彻执行这一政治制度的表现，也是对梁漱溟等知名人士的尊重。梁漱溟早些年因为"九天九地"的言论被毛泽东批评，思想上已经有了很大触动，对于政治问题的敏感性有所提高。梁漱溟这次对成立广西壮族自治区的政治意义理解得比较透彻，加上他本人又是广西人，他觉得自己在此问题上要有明确的态度。所以，当周恩来征询他的意见时，他只说了一句话："一让两有，一争两丑，汉族与少数民族都要以对方为重。"但是，这一句话说得却十分有水平，说到了问题的本质上，既有说服力，又生动形象，同时还表现出梁漱溟作为一个政治人物的胸襟与远大政治眼光。所以，当年对梁漱溟"九天九地"论也表示不满的周恩来，听了他的意见觉得非常透辟，故而在总结时引用了梁的话，并予以高度评价。可见，梁漱溟的这句话确实说得十分地高明。

那么，梁漱溟的话何以能引起周恩来总理的共鸣与高度评价呢？这是因为梁漱溟的这句话表达得非常有艺术性。他运用了"创意造言，引申阐发"的策略，先自己创造了一个类似于格言谚语的"一让两有，一争两丑"的八字箴言，然后据此加以引申阐发，说服力就显得特别强，一语中的，无可辩驳。因为格言或谚言都是前人无数生活处世经验的总结，是人类智慧的结晶，一般都具有很大的权威性和无可辩驳的说服力。梁漱溟正是认识到这一点，所以适情应景，临时创意造言，先造出"一让两有，一争两丑"这样的八字箴言，然后自然而然地在此基础上加以引申阐发，显得水到渠成，说服的力量在不经意间就臻至最大值。可见，意见的陈述是要讲究表达艺术的，话不在多，而在于说到点子上，说得有说服力。梁漱溟的表达艺术值得我们借鉴！

九、一二三四，举证说明：梅汝璈为中国地位争得第一

　　1946 年 2 月 15 日，盟军最高统帅部根据各盟国政府的提名，任命了远东国际军事法庭的 11 名法官，梅汝璈为其中之一。1946 年 5 月 3 日，正式开庭的前一天，各国法官、检察官、顾问、律师以及有关人员召开一次预备会议。11 个对日参战国的法官都庄严地坐在审判席上，中国法官梅汝璈身穿崭新的法官服，威严地坐在审判席的中间，审判席后面插着参战国的国旗，美国插在第一位，中国插在第二位。吴学义顾问一看中国国旗插在第二位，立刻向梅法官打手势，伸出了右手食指，意思是中国国旗应插在第一位，梅见吴的手势后，心领神会，立即向庭长韦伯提出："中国国旗应插在第一位。"美方法官漫不经心地回答说："为什么？"梅法官当即用流利的英语慷慨激昂地阐述了中国军民自 1931 年"九·一八"事变，直到 1945 年 8 月 15 日为打败日本军国主义的侵略所付出的巨大牺牲和代价。他说："14 年间，为抗击日本侵略者，我国军民伤亡逾 2 000 万，财产损失逾 2 000 亿美元，击毙击伤日军达 130 多万，占日军在第二次世界大战中伤亡总数的 70%。事实充分证明，中国正是打败日本军国主义的主力。"随后，中美双方进行激烈的争论，唇枪舌战，美方辞穷理屈，最终作出让步，中国国旗就此插在了第一位，美国国旗则移至第二位。这是自 1840 年鸦片战争之后，中国代表团出席国际会议有史以来国旗插在首位的第一次！

国内新闻媒介立即插发了这一重大新闻，有的报纸还及时刊出"号外"。（严玲霞《梅汝璈——远东国际军事法庭法官》）

这段文字见载于齐全胜编《复旦逸事》中，说的是复旦大学法学教授、著名国际法专家梅汝璈的故事。梅汝璈（1904—1973），江西南昌人。1926 年毕业于美国斯坦福大学，1928 年获芝加哥大学博士学位。1929 年回国，历任山西大学、南开大学、武汉大学、复旦大学教授。新中国成立后，任外交部法律顾问。梅汝璈除了学术上深有造诣外，在中国外交方面的贡献更是引人瞩目。其中影响最大的是作为远东国际军事法庭的大法官，参与了对东条英机等日本战犯的审理，使这些血债累累的战争狂人得到了应有的惩罚。

众所周知，由于中国人民八年艰苦卓绝的抗战，以及后来美国和苏联的对日宣战，曾经不可一世的日本军国主义政府终于支撑不住。1945 年 8 月 15 日，日本天皇宣布无条件投降。至此，中国的抗日战争取得了彻底的胜利。战争结束后，为了清算日本军国主义者的滔天罪行，1945 年 12 月，中、美、苏、英等 11 个对日宣战国决定成立远东国际军事法庭对发动侵略战争的日本军国主义分子进行审判。"中国国民政府接到驻日盟军统帅总部的通知，便指示我外交部和司法部遴选派往东京的外交、司法人员。两部官员立即从全国范围内挑选精英，组成了具有强大实力的参审班子。派往东京参审的法官、检察官和顾问是 3 个最重要的人选。由行政院提交选拔名单，最后由蒋介石选定了 42 岁的复旦大学教授梅汝璈博士为中国法官，东吴大学法律系教授向哲浚为检察官，44 岁的武汉大学法律系教授吴学义担任顾问。梅、吴俩人曾经担任行政院院长宋子文、外交部长王世杰的助手，参与和英、美、苏分别在 1943—1945年签订《中美平等新约》、《中英平等新约》、《中苏友好条约》的谈判，有丰富的国际外交经验，通晓英美诸国法律。"在审判中，梅汝璈作为远东国际军事法庭的 11 名大法官之一，与出席审判的中国全体成员一起时刻牢记祖国和人民的重托，在十分困难的情况下，凭着对正义事业的高度责任感，为了替中国千千万万的受害者报仇申冤，以自己渊博的国际法知识和高度的智慧，与东条英机、土肥原等狡猾的日本战争祸首在法庭上进行了艰苦的斗争。最后，梅汝璈和他的同伴们"没有辜负祖国人民的期望，28名甲级战犯得到了应有的惩罚，东条英机等7名主要甲级战犯被判死刑。梅汝璈作为中国代表团的主要成员，凭着他丰富的经验和渊博的法律知识，全程参加了这次审判，发挥了至关重要的作用"。①

开篇所引的一段文字，是审判开始前的一个小插曲，但这个小插曲因为有关国家尊严问题，所以也格外引人注目。美国因为于战争末期在日本广岛和长崎投下了两颗原子弹，直接促成了日本天皇宣布无条件投降，所以美国人就居功自傲，把自己看成是战败日本的首功之臣。其实，众所周知，美国本来并无同日本作战的打算，只是因为在1941年12月7日日本偷袭珍珠港，击毁击伤美国主要舰只十余艘、飞机一百八十八架，使美国太平洋舰队遭到惨重损失的情况下，才于1941年12月8日宣布对日作战，引发了太平洋战争，与中国一起走到了抗日的同盟战线中来。而中国在此之前已经同日本侵略者浴血奋战了近五年，军民生命财产损失无以计数。可是，美国人并不这样看，他们只知道自己的功劳，没有公正地看待别国特别是中国对抗日战争特殊的贡献。正因为如此，美国人才在远东国际军事法庭审判席上把自己的国旗插在了第一位，把中国的国旗插在第二位。这明显是不公正的，对于一个国家来说，这是外交侮辱。因此，中国代表团顾问就指示梅汝璈把这插旗顺序正过来。于是就有了梅汝璈审判前唇枪舌剑为中国立下的一功。要知道美国人向来是很傲慢自大的，你要他们把自己的国旗从第一位放回到第二位，没那么容易。但是，梅汝璈是留美的法学博士，是国际法专家。你不把你的国旗放回你应处的位置，我自然可以跟你讲理的，因为这是国际法庭，就是讲理讲法的地方。但是讲理讲法，大家都是法律专家，谁都是舌灿莲花的好手。因此，要讲得过别人才行。梅汝璈的聪明之处，在于不跟美国人讲法条，而是运用"一二

---

① 严玲霞：《梅汝璈——远东国际军事法庭法官》，见齐全胜编：《复旦逸事》，沈阳：辽海出版社，1998年，第116～118页。

三四，举证说明"的策略，说："14 年间，为抗击日本侵略者，我国军民伤亡逾 2 000 万，财产损失逾 2 000 亿美元，击毙击伤日军达 130 多万，占日军在第二次世界大战中伤亡总数的 70%。事实充分证明，中国正是打败日本军国主义的主力。"以确凿的资料说明了中国人民在抗日战争中才是主力，是打败日本侵略者的关键力量和首功之臣。结果说得美国人无话可说，只能无可奈何地把自己的国旗放回自己应该放的位置上。因为法庭是最讲证据的地方，美国人也知道在国际法庭上，在众目睽睽之下耍赖是不行的。可见，梅汝璈不仅是善于陈述己见的高手，还是一位擅长心理分析的高手。他为中国赢得了尊严和外交胜利，相信我们全体中国人都是感佩的。而作为复旦人，我们也为复旦历史上出了这位杰出的教授而感到自豪！

第五章　嬉笑怒骂的排调艺术

在台推行"顺我者昌，逆我者亡"的独裁统治的蒋家父子，对《自由中国》早存戒备之心，见胡适的言论与当年主持《新月》时如出一辙，怕他这位"自由主义"大师，《自由中国》的后台，挑起该刊在台舆论界的更大"混乱"，——对自由、民主的要求，更怕他兴风作浪，动摇其统治，便想寻机杀一下胡适的威风，扫一下他的兴致。于是，蒋介石在12月22日借检阅军队为名，邀请胡适参加。事后，蒋介石在与胡适单独谈话时，出示一份香港的《大公报》，其中有胡思杜《对我父亲——胡适的批判》一文。这是蒋介石事先准备好的杀胡适威风的道具，且以为会收到预期的效果，不料自讨个没趣。

蒋介石问胡适是否与大陆上的小儿子"断绝父子关系"（因胡思杜在文章中声明过此事），并假惺惺地询问思杜近况，对此事表示"关怀"。实际上思杜声明的与胡适"断绝父子关系"全是处于政治压力的"政治"化处理，并无什么法律、人伦的意义。蒋介石明知这是胡适的疼处，故意朝此捅。然而胡适也决非平庸之辈，虽无政治领袖的才能和手段，却毕竟是一代学人。他已识破了蒋介石是在借此事嘲弄自己儿子不肖不孝，"自由"到与父亲断绝关系，损自己的面子，便心中暗笑蒋介石竟忘了自己的过去的家事。于是胡适随机应变，反唇相讥，巧妙地兜出蒋公子经国的老底："我的小儿子天性愚钝，实不成器，不如总统令郎迷途知返！"……词真意切，透出胡适的几分幽默和睿智。此言一出，如医圣妙手，直捣蒋介石的疼处。蒋介石完全没有料到胡适入室操戈，反讥有方，只好报之以苦笑。于是，两人谈话陷入尴尬局面，不欢而散。
（沈卫威《无地自由——胡适传》）

上面这段文字是记胡适讽嘲蒋介石的故事。众所周知，1948年11月2日，辽沈战役胜利结束后，中国人民解放军第四野战军以迅雷不及掩耳之势迅速入关，直逼平津，北平很快便在解放军的重重围困之中，无形中成了一座死城。这时，还在北京大学校长任上的胡适仍然留在城中。11月底12月初，南京国民党政府下令北大、清华等高校南迁。12月5日，平津战役开始，北平形势更趋危急。12月中旬，蒋介石在朱家骅、傅斯年等人的建议下，派飞机飞抵北平，企图将胡适等北方学界名人接出。胡适仓皇飞逃北平时，不仅未能劝动诸如辅仁大学校长陈垣等名流同他一起南逃，而且连他的小儿子胡思杜也不肯跟他走，坚决要求留在北平。胡适无奈，他的妻子江冬秀也只能给思杜留够结婚用的金银首饰和一些细软。结果，胡思杜就永远留在了北平。1950年9月22日香港《大公报》登载了胡适的小儿子胡思杜公开发表的文章《对我的父亲——胡适的批判》，之后美国的英文报纸也作了报道。这使一向好面子的胡适十分狼狈，心中有说不出的苦。1952年11月16日，胡适应台湾大学和台湾师范学院的邀请，从纽约动身飞往台湾讲学。12月9日，胡适出席台北市编辑人协会的欢迎宴会，并作了题为"言论自由"的专题演讲。加以胡适又是当时台湾唯一的争取民主自由的刊物《自由中国》的发行人和后台老板。这自然引起在台湾大搞独裁统治的蒋氏父子的不满，于是就上演了这段胡蒋互嘲的故事。蒋介石拿出胡思杜公开批判胡适的文章给胡适看，并"关切"地问胡思杜的近况，实际上是暗示胡适：你不要再以"自由主义大师"自居了，你"自由"到连自己的儿子也与你唱反调，跟了共产党跑，与你翻脸了。你还有什么资格再跑到台湾大讲"自由""民主"？胡适与蒋介石当然有很多不同之处，但是二人在反共上却十分地一致，都是顽固不化的死硬派。胡适反共反了一辈子，儿子却跟了共产党跑，现在跟胡适自己作起对来，这怎么不让这个死要面子的人难堪呢？为了帮老蒋站台，胡适已经多次损害了自己早年树立起来的"自由民主的斗士"、"青年的导师"等光辉形象，没想到老蒋现在却不记前情，反往他伤口撒盐。所以，他必然气愤。但是，胡适毕竟是有修养的大学者，同时在蒋介石盘踞的台湾，他又不能公开表示激烈的愤怒之情。于是，胡适就巧妙地回答了老蒋一句："我的小儿子天性愚钝，实不成器，不如总统令郎迷途知返！"一句话就把老蒋说瘪了，只能"报之以苦笑"。

那么，胡适的这句话何以有这么大的力量呢？因为胡适这话采取的是"将计就计，反唇相讥"的语言策略，表面自怨自艾地叹息自己儿子不争气，对蒋介石之子蒋经国能迷途知返表示赞叹。好像是贬己颂蒋，实则"迷途知返"一词是把双刃剑，一刃是赞扬，另一刃则露出杀气的冷光，顺手牵羊地翻出了蒋介石儿子蒋经国的老底。因为大家都知道，蒋经国早年留学苏联，曾在莫斯科中山大学、列宁格勒红军中央军事政治研究院学习。在苏联期间，还曾加入共青团、共产党，并任乌拉尔重型机器厂技术员、助理厂长等职。1927 年蒋介石叛变革命，违背孙中山"联俄、联共、扶助农工"三大政策，破坏国共合作，进行了罪恶的"清党"大屠杀。蒋介石的这一罪恶行径，不仅遭到国内广大人民的反对，也遭到当时苏联共产党的强烈谴责。其时在苏联留学的蒋经国也积极地参加了要求严惩"革命的叛徒，帝国主义的帮凶"蒋介石的活动，并发表声明："过去他是我的父亲，革命好朋友；去了敌人的阵营，现在他是我的敌人。"蒋经国的这一反对反革命父亲的声明，经过影响巨大的苏联塔斯社传遍了全世界。[①] 老蒋是个反共死硬派，他讽刺胡适之子胡思杜跟着共产党反对胡适，却忘了自己的儿子蒋经国当年在苏联发表声明公布他老蒋是"反革命"、是"敌人"，搞得全世界都知道的旧账。不意这旧账，今天却被胡适顺手牵羊地彻底抖搂

---

① 事略参见沈卫威：《无地自由——胡适传》，上海：上海文艺出版社，1994 年。及《辞海》，上海：上海辞书出版社，1991 年，第 684 页。

出来，又丝毫不着痕迹，这怎么叫老蒋不窝心呢？他还有什么资格取笑胡适呢？要手段、玩阴谋，老蒋当然水平很高；但要斗嘴皮子，他哪里是胡适的对手？

我们都知道，人际交往中的言语冲突或言语竞争是难免的。那么，如何在这种言语冲突或言语竞争中战胜对方，并保持优雅的风度，显出自己的水平，同时避免可能由竞争或冲突所导致的种种麻烦，上述胡适与蒋介石的言语竞争是否给我们提供了足够的智慧与借鉴呢？如果还不足够，下面就请如下几位古今贤哲再为大家示范示教！

一、为情造文，应时对景：孔融调戏曹丞相，想做老公做公公

> 五官将（曹丕）既纳袁熙妻，孔文举与曹公书曰："武王伐纣，以妲己赐周公。"曹公以文举博学，真谓书传所记，后见文举问之，答曰："以今度之，想当然耳。"
> （明·何良俊《语林·排调第二十七》）

熟悉中国历史者都知道，东汉末年，董卓废少帝，立献帝，独断朝纲。曹操、袁绍等各路实力派军阀不服，举兵讨伐。董卓不敌，挟汉献帝西迁长安（今西安），自为太师。从此天下更是烽烟四起，由此造成了各地大小军阀纷纷割据称雄的局面。在混乱中，袁绍的势力逐渐坐大，占有了冀、青（约略是今天的山东东北部）、幽（今河北北部）、并（今山西大部及内蒙古、河北一部分）四州，成为当时地广兵多的割据势力。汉献帝初平三年（192），董卓被王允、吕布所杀后，曹操于建安元年（196）迎献帝定都许昌，从此"挟天子以令诸侯"，并先后削平了吕布等割据势力。建安五年（200），曹操在官渡（今河南中牟东北）大败北方劲敌袁绍，建安七年（202）袁绍病死。袁绍有三子，长子袁谭，次子袁熙，三子袁尚。袁绍死后，由小儿子袁尚继位。长子袁谭不服，遂与袁尚互相攻击，曹操乘机出兵将其击败。袁尚乃与二哥袁熙一同投奔辽东

的公孙康，结果被公孙康擒而斩之。袁氏二公子袁熙，字显雍，曾
为幽州刺史。他在中国历史上之所以有名，倒不是他的本事。论其
文韬武略都不及乃兄乃弟，但是他有一个美貌的妻子甄氏，当时天
下共传其名。袁氏三兄弟被曹操击败后，袁熙美妻甄氏遂被曹操军
队俘获了。据说，曹操早就垂涎甄氏，意欲收纳为己有。没想到他
的二儿子曹丕（当时还是五官将）打仗不行，抢女人却一马当先，
竟捷足先登，领先曹操一步将甄氏纳为己妻。曹操虽然心中怅恨不
已，可是也没办法了，总不能为女人而跟儿子翻脸吧。再说，肥水
不流外人田，好歹是自己的儿子。从人情上说，青年人总比老人更
需要美貌的女人。自己是丞相（实际上就是皇帝），总要顾及些体
面吧。这事不知怎么被孔圣人的后裔孔融（字文举）知道了，就给
曹丞相写了一封信，说："周武王伐纣王得胜后，将纣王之美艳而
妖的妃子妲己赐给了周公。"曹操看了这封信，不知何意，有些半
信半疑。但又一思量，孔融是孔圣人的后代，"知之为知之，不知
为不知，是知也"，他又那么博学，既然他这么说，大概总有出处
的吧，可能这是一个典故，出自哪一本古代典籍，自己没看到也有
可能。曹丞相因为有日理万机的军国大事要处理，也就没有将此事
放在心上。后来，遇见孔融，就问他"武王伐纣，以妲己赐周公"
出自何种典籍。没想到孔融回答说："以现在的情况看，是想当然
罢了。"可把曹操给气坏了，曹操多聪明，他能听不出这是孔融在
讽刺他纳甄氏而未成的怅恨吗？后来，孔融被曹操所杀，是否与记
了此恨有关系还不得而知，但曹操心中对此事耿耿于怀，那是肯定
无疑的，人之常情，可以揣度。

　　孔融这样讽刺曹操，揆之于曹操一生的行事，倒也不是没有道
理。曹操虽是一代大政治家，晚年还有"老骥伏枥，志在千里"之
志，意图一统江山。但是，他同时又是一个极端的及时行乐的享受
主义者，这从他"对酒当歌，人生几何"的诗句中，我们也可约略
感觉到。当然，喝一点酒对于男人是正常的事，况且我们的曹丞相
之所以喝酒，有时是因为"何以解忧，唯有杜康"的缘故。在中国
古代，男人的享乐无非是两件，一是喝酒，二是玩女人。这两样，

我们的曹丞相看来都很喜爱。喝酒不在话下，丞相还不会喝酒？他的家乡安徽亳州今天就是以"古井贡酒"出名的，那可是个自古以来的酒乡，曹操焉能不会或不喜爱喝酒？至于玩女人，我们不清楚具体情况，但历史上有两件大家都知道的事，也足可以说明他是好这个的。一件是在宛城与张绣决战时，因为贪被中之乐，结果折损了他心爱的典韦大将，令他痛悔不已；二是意欲收纳袁绍儿媳甄氏之事，上面已述及。正因为有把柄，所以孔融才排调（调侃讽刺）他。不过，孔融的排调倒是蛮有水平，他运用的是"为情造文，应时对景"的表达策略。他先前写信给曹操所说的"武王伐纣，以姐己赐周公"，即为讽刺曹操而自编的。这个典故事实上根本不存在。因为众所周知，周武王讨伐商纣王、灭商朝，事出姐己迷惑纣王，使纣王沉溺于酒色，偏信谗言，残杀忠良，搞得天下人心大怨。而周公是辅佐周朝的贤臣，武王怎么会把姐己这等妖妇赐给周公呢？曹操原来以为孔融博学，猜测他的话可能有出处，所以就没多想。待到二人见面时，曹操当面请教他典出何处时，孔融却说"以今度之，想当然耳"。于是，曹操这才联想到俘获袁绍儿媳甄氏的事，并把孔融的话前后一联系，明白过来了：孔融这是在编故事讽刺自己想纳甄氏为妾之事。不过，曹操心里虽然明白是这回事，但又抓不住孔融的把柄，所以只好"哑巴吃黄连，有苦没法说"，打落的牙齿往肚里吞了。孔融虽没出息，是个迂腐的儒生，但他这里调侃曹操的表达还是蛮有艺术性，你不能不佩服！

二、以牙还牙，以儆效尤：吴蜀外交之争，吴主败于蜀臣

张君嗣在益州，为雍闿缚送孙权。武侯使邓芝使吴，令言次从权请裔。裔自至吴，流徙伏匿，权未之知，故许芝遣裔。裔临发，乃引见，问裔曰："蜀卓氏寡女，亡奔相如，贵土风俗，何以乃尔？"裔曰："愚以为卓氏寡女，犹贤于买臣之妻。"（明·何良俊《语林·排调第二十七》）

这则故事中所说的张裔，字君嗣，是蜀郡成都人。据《蜀志》记载，张裔是专门研究《春秋公羊传》等先秦史的，但也博涉《史记》、《汉书》等史书，是个学富五车的大儒。东汉末年，董卓用兵夺权后，自任太师，专断朝纲。当时，董卓手下有个吏部尚书（专门掌管官员任免选拔的中央政府行政长官，约略相当于今天我们的中央组织部部长）叫周毖，尚书郎（约相当于副部长）叫许靖。许靖，字文休，很有政治头脑，与周毖共谋利用官员选拔任免大权秘密选拔贤才，以作匡正朝廷之计。后来，许靖与周毖各自举兵想杀掉大奸董卓。结果失败，周毖被害。许靖幸得一命，后来辗转到了蜀中（即四川），并做了广汉太守。刘备占领四川，并以此为基础建立蜀汉政权后，以许靖为太傅（即皇太子的老师），当时许靖已经七十岁了。许靖因为是做组织工作出身，十分喜欢提拔后辈，爱举人才，喜欢清谈，品评人物优劣，在当时蜀汉是德高望重的人物，即使是丞相诸葛亮也对他敬重有加。正因为如此，凡经许靖称道的人，丞相诸葛亮也是十分器重的。其中，就有一位，就是我们前面提到的张裔，许靖当初一入蜀中，就觉得他机敏能干，认为是钟繇之流的人才。因为张裔名望很大，刘备打下益州后，就任命他为益州太守。张裔奉命前往益州就职，不意却被雍闿捉住，缚送给了东吴的孙权。丞相诸葛亮知道后，立即派专使邓芝到东吴，让他想方设法说服孙权，把张裔给要回来。诸葛亮为什么要派邓芝专门跑这趟呢？这一来是因为张裔是个重要人才，二来孙权不一定肯放人，说服工作非邓芝不可。说到这邓芝，可是蜀汉了不得的外交人才。据《蜀志》记载，邓芝，字伯苗，义阳新野人，是东汉邓禹之后，因为逃避东汉末年的战乱，避到蜀中。刘备占领蜀中后，任命他为广汉太守。后来，刘备中道而崩，诸葛亮怕孙权变卦，改变两国联盟的关系，因为刘备是东吴的女婿，是孙权的妹婿，不管好歹，刘备健在，孙权即使为了江山，也得看着郎舅关系。而现在刘备一死，诸葛亮就特别担心。于是，就派邓芝为特使出使东吴。邓芝果然是外交奇才，最终与孙权达成共识，双方签订了友好同盟条约。条约签订后，孙权就跟他说："若天下太平，二主分治，不亦乐乎？"意思是说：如果我们共同打败曹魏，两国共分天下，不也很好吗？邓芝回答说："夫天无二日，土无二王。如并魏之后，大王未深识天命，君各茂其德，臣各尽其忠，将提枹鼓，则战争方始耳。"意思是说：天无二日，一个国家不能有两个国君。如果灭亡曹魏后，大王您看不清天命所在，一定要与我们蜀汉的皇帝争天下，那么我们两国的国君就各修其德，我们两国的臣子就各尽其忠。这样，两国的仗就有得打了。孙权一笑，说："君之诚欸乃尔耶？"意思是说：你很诚实呀！临走孙权又给诸葛亮写了封信，其中特别提到："和合二国，唯有邓芝。"意思是说：今后我们两国的和平共处，要赖邓芝从中发挥作用的。当然，这件事，是个后话了。

却说邓芝奉丞相诸葛亮之命，到了东吴，就径直找孙权要张裔。而孙权说，我不知道有这个人呀！孙权这话倒不是外交辞令。事实上，他真的不知道这回事。张裔被捉到东吴后，到处流迁，埋名隐姓。因为这个原因，再加那时代信息不灵，吴国的情报工作开展得也不够，所以张裔这样杰出的人才被捉送到东吴后，孙权一直不知道他的重要性。所以，邓芝一提，孙权一想，是个四川人，两国交好，人员相互引渡也是平常事，有什么大不了。于是，就答应了遣送张裔回四川。因为张裔是诸葛丞相派特使来要回去的人，孙权在张裔临走前就礼节性地召见了他。孙权以为张裔不是个人物，就没话找话说："听说你们四川有个卓姓的寡妇，私奔了司马相如，贵乡的风俗怎么这个样子？"张裔一听，孙皇帝这不是在嘲笑我们蜀汉风俗不淳吗？为了维护国家的尊严，张裔也就不客气地回敬了孙权一句："在下以为卓氏寡女，好像比贵国的朱买臣的妻子要好一些吧。"孙权那么聪明的人自然明白这话是什么意思，知道自己吃了亏，外交上也是失了利的。这时，他心里肯定后悔都来不及了，怎么把这样的人给轻易放回去了呢？但是，要知道，孙权是皇上，金口玉言，说话是要算数，不能反悔的。可以推测孙权那时该有多窝心！后来，大家都知道，张裔回国后，即被诸葛亮任命为参军，署府事（代理相府日常行政事务），累加辅汉将军。

那么，我们为什么说孙权吃了亏，外交上失了利呢？孙权的话

用的是一个典故，说的是西汉时代临邛（今四川邛崃）巨富卓王孙
有个女儿卓文君，善鼓琴，丧夫回娘家寡居，爱文士司马相如风流
倜傥，遂与相如私奔，逃往成都。不久，无以为生，就在成都与相
如开起小酒店，文君亲自当垆卖酒。文君他爹卓王孙觉得丢了自己
的面子，就给了女儿一笔钱。其实，文君正是为了这个目的。要知
道，在汉代女人改嫁虽然并不是不可，但毕竟给人印象不佳。而文
君一个寡妇却爱上了别的男人，还跟他私奔，这叫什么话？在封建
时代，即使是未嫁的女子自作主张爱上别人也不行，跟爱上的人私
奔更是大逆不道了。可见，文君的事在中国封建社会做得实在是太
过分、太丢脸了。孙权之所以翻出这事，其意就是要羞辱蜀汉，说
蜀汉民风不淳，因为文君正是蜀汉中人。张裔当然明白孙权的用
意，知道这是外交斗争，所以不能输给孙权，于是就回了他一句：
"愚以为卓氏寡女，犹贤于买臣之妻。"也是用了一个典故，说的是
西汉时代会稽吴（今属江苏）人朱买臣，字翁子，家贫，靠上山打
柴卖柴度日。但买臣是个自信开朗和乐观主义者，行歌诵书，不以
为意。他的老婆觉得很丢脸，一个大男人一点出息也没有，家里连
温饱都解决不了，还好意思边走边唱小调，念什么破诗书？日子过
不下去了，她就向买臣提出离婚的要求。买臣就跟她说："你不要
没有眼光，困难是暂时的，你忍耐一下，我五十岁一定会富贵的。
现在已经是四十岁了，待我富贵时，再好好补偿报答你，好不？"
他老婆怎么也听不进去，觉得买臣是在吹牛，是在白日做梦，痴人说
梦，就天天跟他闹，要求离婚。买臣见这样，就随她去，要离就离
吧。于是他老婆就改嫁了一个田夫（大概是一个耕田耕得比较好，
日子过得好的田夫）。汉武帝时，买臣时来运转，得到一个叫严助
的大官的荐举，被汉武帝任命为会稽太守，由一介书生平步青云，
做了郡守。朱郡守走马上任后，要视察地方工作，就"乘传入吴"
（即坐着公家的车马回到家乡吴地）。在车上，他看见前妻正与现任
丈夫在整治道路迎接他这个郡守。买臣"命后车载其夫妇舍园中"，
款待他们一个月。前妻这时非常惭愧，于是上吊自杀了。后来买臣
竟然做到了丞相长史，可谓大器晚成。因为朱买臣的家乡吴，现在

正是孙权的东吴属地，那么，张裔说这典故的用意也就十分明显了：东吴的民风更坏。我们蜀汉的女子卓文君爱的只是司马相如的才华，悦的是他的风流才情；而你们东吴的买臣之妻爱的却是钱，嫌贫爱富。自然卓文君比买臣之妻品位要高了不少，蜀汉也自然比东吴要强。张裔运用"以牙还牙，以儌效尤"的表达策略所说的上述话，说得自然，答得巧妙，令孙权自愧不如，大悔自己失策放了一个奇才回蜀汉，给东吴又添了一个劲敌。

三、投之以桃，报之以李：陶大使出言不逊，吴越王巧上"依样葫芦羹"

> 陶谷使吴越，忠懿王宴之，因食蝤蛑，询其族类，忠懿命自蝤蛑至蟛蚏，凡取十余种以进。谷曰："真所谓一蟹不如一蟹。"宴将毕，或进葫芦羹相劝，谷下箸，忠懿笑曰："先王时，庖人善为此羹，今依样馔来者。"谷一语不答。（明·何良俊《语林·排调第二十七》）

这则故事中的主人公陶谷，在历史上颇有名气，算得上是个闻人。他字秀实，宋代新平（在今陕西境内）人。历任后晋翰林学士，后汉给事中，后周兵部侍郎。入宋朝后，先后任礼部（掌礼仪、祭享、贡举等职）、刑部、户部（掌管全国土地、户籍、赋税、财政税收等事务）三部尚书（三部最高行政长官）。所以历史上都称他为陶尚书。陶尚书很会做官，不管怎么改朝换代，他都有高官做。后周的周世宗（柴荣）显德六年（959），柴荣因病驾崩归天，其子柴宗训（即恭帝）即位尚幼，由符太后摄政。第二年（即显德七年，960），掌握兵权的殿前都点检赵匡胤，乘孤儿寡母立足未稳之机，在部将赵普、石守信等人的策划下，借口北汉与辽会师南下，率军从大梁（今河南开封）出发，北上防御。走到陈桥驿（在今河南封丘东南陈桥），授意部下给他穿上黄袍，拥立他为皇帝。（老赵后来还假惺惺地说："黄袍加身，你不做皇帝行吗？"）老赵还是有点头脑的，他不想用兵搞得天下大乱，社会动荡不安，经济衰退，就以武力相威胁，要符太后和周恭帝柴宗训和平交出大权，即把皇位禅让给他。孤儿寡母能怎么样呢？只能让！可是，在举行禅让大典时，老赵不知是兴奋得过了头，还是武人不懂禅让大典的许多规矩，在按仪式要宣读禅位的禅文时，却拿不出禅文来。这下可把老赵急坏了。既然要大家体面，你就得把表面文章做好，做不好岂不贻笑大方，更令天下议论纷纷了吗？如果真的当场拿不出禅文宣读，这禅让帝位的事得搁一搁了，这怪不得别人，周恭帝是小孩子，符太后是妇道人家，他们懂什么？再说了他们也没有要禅让皇位的思想准备，你总不能苛求他们自己拿出禅文吧。正在这十分困难也是万分尴尬之时，陶谷不慌不忙地从怀中掏出早已准备好的禅让帝位的禅文，让老赵顺利地完成了既要面子又要里子的所谓"禅让大典"，如愿以偿地做起了大宋的皇帝，历史上称之为宋太祖。

　　一般来说，陶谷为老赵帮了这么大的一个忙，老赵登上皇位后，应该好好报答一番，给他加个官进个爵什么的。可是，老赵却始终没有。不但不记大恩，而且还很刻薄。当陶谷沉不住气，托人向他暗示后，他还当众大大奚落了陶谷一番，说："翰林草制，皆检前人旧本，俗所谓依样画葫芦耳！"意思是说，你给皇上我写个诏书什么的，都是照抄前代的老套套，又没有什么创见，是俗话所说的照葫芦画瓢罢了。这可把陶谷气坏了，我帮你体面地受禅登上帝位，你不但不记得报答，向你讨个位置高一点的官做做，还当众侮辱我，真是气死我也！但是，陶谷是书生，又能拿这个武夫皇帝什么办法呢？可是，陶谷越想越气，老是咽不下这口恶气。于是，就在画堂（宫中殿堂）之上题了一首诗："官职须从生处有，才能不管旧时无。堪笑翰林陶学士，年年依样画葫芦。"于自我解嘲中发发牢骚。当然，凭陶谷三朝不倒的本事，最终还是搞定了老赵，老赵还是给他升了官。后来老赵还挺信任他呢！开宝九年（976）宋灭南唐后，老赵派陶谷为外交特使，前往南方的吴越国，一是探探吴越王的虚实，二是见机劝劝吴越王早日归降，免得大家大动干戈，涂炭生灵。

　　陶谷到达吴越国后，吴越王钱俶（初名弘俶）自然不敢怠慢大宋王朝的特使，很和气地设宴招待陶大使。因为吃的都是高级海鲜，吃到蝤蛑时，陶大使因是北方内地人，没见过更没吃过海鲜，就问到这些海鲜的名称。吴越王以为他爱吃，就叫御厨从蝤蛑上到蟛蜞，总共有十余种海鲜陆续呈上宴会。这陶大使真是不识好歹，你只是个特使，人家皇上招待你，还请你吃那么多好的海鲜，你却自以为是大宋特使就了不得了，吃到最后，竟然说："真所谓一蟹不如一蟹。"这话当然不礼貌，还别有深意，吴越王也算是一代豪主，怎么能不解其意呢？他也没吱声，待到宴席快结束了，有人送上一道葫芦羹。吴越王一见，就来劲了，就殷勤地劝陶谷喝点汤。陶谷下筷子吃了一点，吴越王就说："先王时，御厨很善于做这道汤，现在我们依样做来，多吃点。"陶谷一听这话，一句话也说不出来了。

奇怪，傲慢的陶大使怎么听了吴越王的话就一句都说不出呢？吴越王请陶谷吃那么多种高级海鲜，陶谷却说："真所谓一蟹不如一蟹。"这话表面听来是埋怨主人所上的蟹类味道一道不如一道。实际上陶谷并不是这个意思，而是说吴越国自从开国帝王钱镠以来的历代皇帝是一代不如一代，现在马上就要被我大宋吞并了。吴越王钱俶是何等聪明之人，你陶谷这个被老赵骂为"穷措大"的臭书呆子竟然这么不识相，我迁尊降贵地招待你吃这么好的宴席，你却骂我们吴越国的帝王一代不如一代，真是岂有此理？但他是皇帝，不便于发火，就运用"投之以桃，报之以李"的表达策略，利用最后所上的一道葫芦羹做文章，说："先王时，庖人善为此羹，今依样馔来者。"表面是说，这道名羹是按照先王时名厨的做法做的，实际上是在翻赵匡胤当初骂他陶谷"依样画葫芦"，没什么本事却厚着脸皮要官的老底。你想，为了这话，陶谷当初气得要死，丢了老面子了，为此还写了那首牢骚诗，此事他怎么不记得呢？现在吴越王把它翻出来，他还能说什么呢？再说这话也是自己不厚道在先，人家才反击的，自己理上就亏，他当然不能说什么了。

吴越王后来识时务，以所属十三州归顺了赵匡胤，并帮助老赵在平定江南的过程中立有大功，所以老赵对他特别尊重，恩礼备至，封他为邓王。钱俶在宋朝被数次封王，死后谥为忠懿。可见，吴越王钱俶确实不是平庸之辈，陶谷在他面前摆谱，真是不知天高地厚。不知老陶后来与钱俶在大宋王朝共事是如何相处的？我们真替他难为情，感到尴尬。

四、对景应境，咏月嘲风：刘原父再娶成"新郎"，欧阳修续弦"弄小姨"

　　刘原父晚年再娶，欧公作诗戏之云："<u>仙家千载一何长，浮世空惊日月忙。洞里桃花莫相笑，刘郎今是老刘郎</u>。"

　　原父得诗不悦，思报之。初，欧公与王拱辰同为薛简肃公婿。欧公先娶王夫人姊，再娶其妹，故拱辰有"旧女婿为新女婿，大姨父作小姨父"之戏。

　　一日，三人会间。原父曰："<u>昔有一学究训学子，诵《毛诗》至'委蛇委蛇'，学子念从原字，学究怒而责之曰：'蛇当读作姨，毋得再误。'明日，学子观乞儿弄蛇，饭后方来。问：'何晏也？'曰：'遇有弄姨者，从众观之，先弄大姨，后弄小姨，是以来迟。'</u>"

　　欧公亦为之嘿然。（明·冯梦龙所编《古今谭概·酬嘲》）

　　这则掌故，讲的是欧阳修与刘原父互相调笑之事。宋代的欧阳修是中国历史上知名度很高的文学家和政治家，他曾做过宰相（参知政事），领导过北宋的文学革新运动，诗文都是冠绝一时的。甚至连大才子苏东坡在读了他的散文后也要慨叹弗如，认为其文"论大道似韩愈，论事似陆贽，记事似司马迁"，实是天下之至文。大概是因为名气太大，往往就有点不注意小节了，大凡名人皆有这毛病，以致无意间就得罪了人。欧阳修有一位朋友叫刘敞，那是老交情了。刘敞，字原父，是庆历年间的进士，他学问渊博，为文敏捷，是当时出了名的。有一次，恰逢皇上要封王主等九人，要刘敞拟诏书，他立马却坐，顷刻间九道诏书即成，让所有的人佩服得不得了。欧阳修虽然学问很好，也要常常写信向他请教很多疑问。另外，刘敞还有外交才能，曾出使契丹，素知山川道径及野兽形状，辽人非常佩服。刘敞官做得也不错，历任右正言（皇帝身边的规谏官员）、知制诰（负责起草诏令的官员，即皇帝的秘书）、集贤院学士。刘敞晚年丧妻，娶了一个美貌的少妇。欧阳修就写了一首诗给他："仙家千载一何长，浮世空惊日月忙。洞里桃花莫相笑，刘郎今是老刘郎。"跟他开了个玩笑。刘敞觉得老友玩笑开得太过分，男人老而丧妻，生活比较寂寞，续娶个老婆也不算过分，新娘子年轻点也不是什么稀奇，不找个年少的，难道续娶个老太婆不成？所以，刘敞得诗后就不高兴，想着找个机会报这一箭之仇。后来，终于来了机会。欧阳修后来自己也丧了妻，又续娶了他的小姨子。欧阳修的前妻和后妻不是别人，而是宋仁宗时代很有政声的宰相（参知政事）薛奎（死后谥简肃）的女儿。薛奎有三女，长女嫁欧阳修，次女嫁王拱辰。这个王拱辰可是个不得了的人物，他十九岁就中了状元，宋仁宗时官任御史中丞（约略相当于今天的监察部长官），多次向皇帝提出谏议，性格强直。一次，他向仁宗提意见说夏竦不适合当枢密使（即枢密院长官，在宋代，枢密使与同平章事等合称"宰执"，即宰相），仁宗没听明白就要急急离开，他竟然上前一把将仁宗皇帝的衣裾拉住，硬让仁宗听明白，并将夏竦罢免。后来，官至武安军节度使，官终彰德节度使（节度使可是那时的封疆大吏，相当于今天我们大军区的司令员）。第三个女儿后来因欧阳修中年丧妻，薛公又把她嫁给了欧阳修。因为欧阳修的前妻是王拱辰之妻的姐姐，后妻则是王拱辰之妻的妹妹。所以，王拱辰就开玩笑说："旧女婿为新女婿，大姨父作小姨父。"因为有这些事情和背景，后来有一天欧阳修、刘敞、王拱辰三人聚到一起，刘敞就想起了早先欧阳修嘲笑他是"老刘郎"的事，于是就跟他说："以前有一个学究教学生，诵《毛诗》至'委蛇委蛇'一句，学生把'蛇'念成原字，学究怒而责之说：'蛇当读作姨，毋得再误。'第二天，有一个学生看乞儿弄蛇，饭后才来学校。学究就问：'为什么来晚了？'学生回答说：'路上遇到一个弄姨的乞儿，就跟大家一起围观，见乞儿先弄大姨，后弄小姨，所以来迟了。'"说得大家捧腹大笑，欧阳修知道这是刘敞在嘲弄他，但刘敞说得实在太可笑了，所以也忍俊不禁，跟着大笑。

那么，刘敞何以能既嘲弄了欧阳修，又让欧阳修自己不能生气，还要忍俊不禁而大笑呢？这就是刘敞的表达艺术太高明的缘故。他运用的是"对景应境，咏月嘲风"的表达策略，根据欧阳修先娶薛公大女儿，再续娶其小女儿的事，再联系到《毛诗》中有"委蛇委蛇"一句的"蛇"应该读成"姨"的常识，临时编了一个学究训学生读别字，而学生观乞儿弄蛇来晚的情节，让学生在回答老师时故意把"先弄大蛇，后弄小蛇"念成"先弄大姨，后弄小姨"，以此嘲弄欧阳修。由于编得实在是出人意表，又巧妙贴切，表意含蓄而妙趣横生，实在让人不得不佩服，也不能不笑。这就是刘敞的高明处，由此也可见出刘敞确是宋代的大才子，他这种语言表达艺术实在是很少人可以企及的！

五、触景生情，图穷匕见：好友调笑无妨，东坡贡父互嘲一比一平

刘贡父滑稽辩捷，世推无对，晚年虽得末疾，乘机决发，亦不能忍。

一日，拥炉于惠林僧寮，语东坡曰："吾之邻人，有一子稍长，使之代掌小解。不愈岁，误质盗物，资本耗折殆尽。其子引罪请曰：'某拙于运财，以败成业，今请从师读书，勉赴科举。'其父大喜，择日具酒肴遣之。既别，且嘱之曰：'吾老矣，恃子以为穷年之养，今子去我而游学，傥或侥幸，改门换户，固我之大幸，然切有一事不可不记，或有交友与汝唱和，须子细看，莫更和却贼诗，狼狈而归。'"

盖讥东坡前逮诏狱，王晋卿、周开祖之徒，皆以和诗为累也。

贡父语始绝口，东坡即曰："某闻昔夫子自卫反鲁，

会有召夫子食者，群弟子相与语曰：'鲁，吾父母之邦，我曹久从夫子，辙环四方，今幸俱还乡里，伺夫子之出，当共寻访亲旧，因阅市肆。'众欣然许之。始过阛阓，未及纵观，而稠人中望见夫子巍然而来，惶惧相告，由夏之徒，奔踣越逸，无一留者，独颜子拘谨，不能遽为阔步，顾市中石塔似可隐蔽，即屏伏其傍，以俟夫子之过，群弟子因目之为避孔子塔。"

盖讥贡父风疾之剧以报之也。（明·何良俊《语林·排调第二十七》）

熟知中国文学史者皆知，北宋时代有一对宝货，一是苏东坡，一是刘攽。苏东坡的生平行事，大家都知道，至于刘攽，则因为知名度小一点，很多人都不太清楚。其实，他在北宋时代还是蛮有名气的。他字贡父，与其兄刘敞（字原父，上文我们刚刚说过他）同登进士，这在当时是很不容易的。宋神宗熙宁初官任同知太常礼院。王安石变法，他写信给王，论新法有诸多不便实行处，结果被贬到曹州为知府。曹州是个有名的盗贼横行区，历任知府用重法亦不能禁止。刘攽实行宽大公平的政策，结果盗风渐渐衰歇。宋哲宗元祐年间，刘攽被召回中央，官拜中书舍人直至逝世。刘攽对于史学有很深的造诣，与司马光共同编写《资治通鉴》，专门负责《汉史》部分。其为人疏放，不讲究威仪，从不摆什么官爷架子，喜欢谐谑，屡招怨悔，但终不能改。苏东坡是有名的喜欢搞笑的人，而刘攽正好是他的最好搭档，常在一起调笑取乐。刘攽不仅善滑稽，而且机辩敏捷，当时被公认是举世无双。

刘攽晚年虽得了风疾，痛苦不堪，但还是找着机会就要发谑，改不了。一天，他抱着火炉在好友惠林僧舍与东坡等人小聚，见了东坡，又忍不住搞起笑来，说："我的邻居有个儿子，稍长大了点，他爹就叫他代掌典当行。不到一年，因为误质了盗物，资本耗得就差不多了。这个儿子自知有错，就向其父请罪说：'孩儿天生不善于经营生意，以致败损了祖宗的成业。现在我想请求父亲大人让我从师求学读书，勉力应试科举。'他父亲一听，非常高兴。儿子有出息了，想通了。早就应该如此，男子汉大丈夫，就该应科举做官，出人头地。士农工商，做生意总是末业，是没什么地位和出息的。于是，就选了个好日子，备了酒饭，送儿子出外求学。父子道过别后，老爹不放心，又跟儿子再三嘱咐说：'我老了，就靠你养老送终了。现在你离我而去游学，如果侥幸能够考中，为我们家改换门庭，光宗耀祖，固然是我家的大幸。可是，有一件你要切记在心，如果有朋友与你写诗唱和，必须看仔细了，不要唱和了贼诗，狼狈而归。'"刘攽的这番话意在讥讽东坡此前因为写了反对朝廷变法的诗而下诏狱，王晋卿、周开祖之徒，因为唱和了东坡的诗而被连累的事情。东坡听出了刘攽话中的意思，于是，等刘攽话刚结束，就马上接口说："我也有一个故事。我听说昔日孔夫子从卫国返回鲁国，恰逢有人请孔子吃饭，于是众弟子就商议说：'鲁国是我们的父母之邦，我们跟从老师周游四方已经很久了，现在庆幸都能平安地回到家乡。我们不如趁老师外出吃酒之机，一起去拜访一下亲朋故旧，顺便逛逛街市。'大家都高兴地同意了。可是，他们刚刚经过闹市区，还没来得及好好逛，就见稠人广众之中孔夫子威严地过来了。众弟子惊惶失措，相互转告快逃。子由、子夏等人，奔跑跳跃，一溜烟都逃光了。只有颜渊一人拘谨，仓促间不能快跑。回头看到街市中有一座石塔似乎可以躲避，于是就躲在石塔旁边，等待孔子走过去。之后，众位师兄弟便把这座塔命名为'避孔子塔'。"东坡的话，很明显是讽嘲刘攽晚年风疾发作厉害时不能走路的事，以此来报复他刚才对自己的嘲弄调笑。

　　熟悉历史者都知道，宋神宗初年，神宗重任王安石，意在实行打击豪强地主、增强国家实力的政治改革，推行青苗、均输、市易、免役、农田水利等新法。此次改革一开始就遭到诸如司马光等很多保守派势力的反对，苏东坡也上书反对变法，并因此出京任杭州通判，然后转任密州、徐州、湖州知府。神宗元丰二年（1079）东坡因作诗"谤讪朝廷"，讽刺新法，被捕入狱，出狱后贬为黄州团练副使。据《乌台诗案》记载，东坡因作"谤讪朝廷"、讽刺新法的诗而被逮入狱，而当时与东坡有诗赋往来的王诜（字晋卿）与收到东坡寄赠诸诗的周邠（字开祖），都曾唱和过东坡的"反诗"。东坡收狱后，二人却不将这些文字申缴有关部门，结果连及而被治罪。刘攽排调东坡的故事就是根据东坡因写反对变法的"反诗"而祸及王、周二位朋友的事件临时编造出来的，以此调笑东坡写诗惹祸并殃及朋友。东坡是个通达之人，与刘攽又是好朋友，这种玩笑在知己知彼的朋友中开开也是无妨的。再说，刘攽所编故事也确实很巧妙、自然，并无恶意，因此算是一个很好的排调文本。而东坡回敬刘攽的故事，也是自己编出来的，所谓"避孔子塔"根本没有这回事，博学的刘攽自然更清楚。所以，这故事的实质就是嘲弄刘攽晚年得了风疾，腿不能行的事。二人都是运用"触景生情，图穷匕见"的表达策略，通过临时编造故事，排调对方，虽有嘲弄，却并无恶意，是一种苦中作乐，博对方一笑的语言游戏。正因为如此，才能成为文苑佳话，千古流传。

六、因势利导，水到渠成：齐雅秀"母狗"对"公猴"

　　三杨学士当国时，有一妓名齐雅秀，性最巧慧。众谓之曰："汝能使三位阁老笑乎？"

　　对曰："我一人就令笑也。"

　　一日，被唤进见，问何以来迟，对曰："在家看《列女传》。"

　　三公闻之，果大笑。乃戏之曰："我道是齐雅秀，乃是脐下臭。"

　　即应声曰："我道是三位老爹是武职，原来是文官。"

　　三公曰："母狗无礼。"

　　又答曰："我是母狗，三位老爹便是公猴也。"

（明·浮白斋主人《雅谑》）

这则掌故，讲的是明代"三杨学士"与妓女调笑，结果被妓女排调挖苦之事。"三杨学士"即明代的杨士奇、杨溥、杨荣。杨士奇（1365—1444），名寓，字士奇，江西泰和人。他不是通过科举考试走上仕途的，而是在湖广等地做了很多年塾师（即小学教师），于建文帝初年被人举荐进入翰林院，充当编纂官，修《太祖实录》。明成祖朱棣上台后，入内阁典机务。成祖北巡北京，常留他在南京辅助太子，颇是信任。明仁宗执政时，升任礼部侍郎。宣宗时，升任兵部尚书。一生历任永乐、洪熙、宣德、正统四朝内阁，长期辅政，是个很有名的阁老。杨溥（1372—1446），字弘济，湖广石首（今属湖北）人。他倒是通过正宗的科举考试，中了建文帝时代的进士后进入官场的，先任编修官。成祖永乐年间为东宫洗马（侍奉皇太子之官），后因太子遣使迎成祖太迟，结果账算到他头上，被下狱十年，受尽了牢狱之苦。仁宗上台执政后获释，并官任翰林学士，是个虚职。到宣宗即位后，时来运转，被召入内阁，官至礼部尚书。到了英宗初年，则升为武英殿大学士（实握宰相之权）。杨荣（1371—1440），初名子荣，字勉仁，福建建安（即今建瓯）人。他与杨溥一样，也是建文帝时代的进士，由科举进入仕途。初为编修官，明成祖永乐年间进入文渊阁，因为善谋能断，深得朱棣皇上的重用，多次随皇上北巡，后来升至文渊阁大学士（实是宰相之职位）。与杨士奇一样，一生历任永乐、洪熙、宣德、正统四朝内阁，长期辅政，是老资格的阁老。因为杨士奇、杨溥、杨荣三人年龄相当，都是四朝元老，长期辅政，故历史上将他们三人合称"三杨"或"三杨学士"。

　　"三杨"都是位极人臣的几朝辅国重臣，都先后官至大学士，因而不仅在政治上影响大，在文学上也有不小的影响。以"三杨"为代表的"台阁体"诗派影响着明代永乐、弘治前后的诗风，其流风所及绵延了一百年左右。所谓"台阁体"诗歌，就是那些歌功颂德、粉饰太平的诗作。其所以会产生这种诗体，是因为"三杨"高居太平宰相的地位，平时除了撰写朝廷诏令奏议之外，便是大量写应制、颂圣或应酬、题赠的诗歌。这些诗作号称词气安闲、雍容典雅，其实陈陈相因，极度平庸乏味。可是，因为"三杨"位置高，官大学问好，自然诗也好了，所以当时追随他们的人很多，形成了一种时尚与潮流。再者，一般追求利禄的文人在未中进士前致力于八股文，而得官以后，为了迎合潮流，顺利爬上高位，自然就模仿"台阁体"，逢迎应酬。① 这无形中又对"台阁体"的盛行起了推波助澜的作用。不过，这也不怪，人在官场，身不由己。从文学自身发展来看，"台阁体"不是什么进步或好的东西，但其在当时文坛的影响，你不能不正视，它对"三杨"政治地位和社会影响所发挥的作用不能不说是很大的。

　　"三杨"除了会玩政治、玩文学、领导时代潮流外，还会休闲娱乐。上引的这则故事就是明证。"三杨"当国之时，有一个妓女名叫齐雅秀，生性机敏巧慧，在当时的娱乐界知名度非常高。三位宰相是政界要人，娱乐场社交界上是风头人物，自然也是与齐小姐有交往的了。一次，一帮官场人物跟齐小姐"白相"（上海话，玩的意思）。谈到"三杨"，他们就对齐小姐说："你能不能让我们这三位阁老一笑？"齐小姐自信满满地说："我一人就可以让他们笑。"看来，娱乐界都知道这三位阁老是个难伺候的主儿（这是必然，官一大自然就有架子，要摆个谱什么的，要装正经，玩深沉，自古一理，不奇怪），平时要让他们笑，大概要很多人唱双簧、说相声之类才行。一天，三位宰相大人来到齐小姐所在的青楼消费休闲。齐小姐是公司的头牌名妓，自然就被三阁老点名去服务。可是叫了半天，齐小姐才进去相见。三阁老就有点不高兴了，责问为什么迟迟才来。只见齐小姐轻启朱唇，先道了个万福，恭恭敬敬地回答说："小女子在家看《列女传》。"三阁老一听，果然忍俊不禁，捧腹大笑。这一笑，气氛就活跃轻松了，三阁老也放松了，不再假装正经了，就跟齐小姐调起情来，说："我说是齐雅秀，原来是脐下臭。"齐小姐不愧是机敏过人，聪明过人，马上反应过来，接口就答："我原以为三位老爹是武职官员，原来是个文官。"三阁老一听，立

---

　　① 游国恩等主编：《中国文学史》第四册，北京：人民文学出版社，1982 年，第56 页。

即骂道："母狗无礼。"齐小姐不卑不亢，又回答说："我是母狗，三位老爹便是公猴了。"说得三阁老哭笑不得，吃了亏也没办法发作。

那么，齐小姐何以能说得"三杨"宰相破口而笑，又能反唇相讥让他们无奈她何呢？这在于她的表达艺术高明。她先是被唤而迟迟不进，目的就是要引起"三杨"的责问。等到"三杨"果然上了她的圈套，问她何以来迟时，她说"在家看《列女传》"。这就造成了身份与所说内容的偏离，引发"三杨"情不自禁地大笑。因为齐雅秀是个妓女，既然是妓女自然就不是什么良家女子，怎么可能读《列女传》呢？众所周知，题为西汉刘向所撰的《列女传》，所载都是堪具母仪、贞顺、贤明、仁智、节义等优良品德的女子事迹。这些被列入传记的女子所具备的品德，一般良家女子都很难做到，没有多少人能够学得。怎么一个妓女却看起她们的传记来呢？难道妓女想入选《列女传》？这不是太荒唐吗？正因为如此，齐雅秀的这句话才能让"三杨"大笑，从而搞活了休闲娱乐的气氛。这种搞笑的表达艺术之高明，恐怕一般人想都想不到。所以我们不得不佩服齐小姐的锦心绣口，虽然她的身份不足道！其实，更让人称道的还不是齐小姐会搞笑，而是妙语能讽，运用"因势利导，水到渠成"的表达策略，排调三位阁老，维护了自己的人格尊严，这不容易！"三杨"先是以她的名字齐雅秀做文章，利用谐音双关的修辞手法，说她"不应该叫齐雅秀这样的优雅姓名，而应该叫'脐下臭'"。这是很刻薄的、赤裸裸的骂人话，一点没顾及他人的人格尊严。所以，齐小姐就因势利导，就着他们的话水到渠成地回了他们一句："我道三位老爹是武职，原来是文官。"也是利用谐音双关的修辞手法，表面说的是对"三杨"身份是"武职"还是"文官"的认识，实际上这"文官"是谐音"闻官"。意思是说：我脐下臭不臭，你们没闻过怎么知道？你们说我是脐下臭，说明你们不仅喜欢干那事，还喜欢下作地闻嗅那个部位，你们才是最下流的人呢！正因为齐小姐话中巧妙地含着这层意思，不着痕迹地骂了他们，让他们吃了大亏，所以"三杨"才生气地骂齐雅秀是"母狗"。可是，齐小姐并不示弱，又因势利导地接上一句："我是母狗，三位老爹便是公猴也。"这话也骂得巧妙，也是利用谐音双关的手法，其中的"公猴"可以作"公侯"和"公猴"两解。如果作"公猴"解，大家都知道这是骂"三杨"像公猴一样滥交滥发情；如果"三杨"要板起脸来认真，她又可以辩解说她说的是"公侯"，宰相自然是"公侯"大人，这话一点没说错，没骂你，是恭维呀！正因为这话说得如此巧妙高明，所以"三杨"自然不能拿她怎么样，吃了亏也说不出的。齐雅秀也由此既维护了自己的人格尊严，又痛斥调侃了这帮臭男人，为自己和广大的妓女同胞出了口恶气。

七、省文约字，捶句成双：吴稚晖调戏汪精卫

吴稚晖在国民党内，有"名骂"之称。早年，他骂皇帝、骂太后、骂当朝大臣。接着，他骂过曹锟、章士钊。国共分家以后，他也骂过共产党。而被他骂得最多的，要数汪精卫。

在国民党内，汪精卫与蒋介石是唱对台戏的，而吴稚晖却对蒋介石情有独钟。在蒋汪对立中，吴稚晖与汪精卫也成了死对头。汪精卫骂吴稚晖"昏庸老朽"、"老狗"，吴稚晖则骂汪精卫"口是心非"、"反复无常"、"私德荡然，自坏人格"。

汪精卫在清末刺杀摄政王载沣后被捕，曾写《被捕口占》三首，其中一首云：

慷慨歌燕市，从容作楚囚；

引刀成一快，不负少年头。

诗中满是英雄气概，从狱中传出后，被广为传诵。等到1939年初汪精卫叛国逃到河内，吴稚晖奉送给汪氏两句名骂：

卿本佳人，奈何作贼。

汪精卫看到后，气得三天没吃下饭。（罗平汉《风尘

逸士——吴稚晖别传》)

这段文字，乃是记述吴稚晖骂汪精卫做汉奸的事。吴稚晖（1865—1953），原名眺，后改名敬恒。曾中清光绪举人，后去日本东京高等师范留学。1905 年加入孙中山领导的同盟会，与孙中山过从甚密。他虽是反清先锋，是国民党元老，却是个中国近现代最著名的无政府主义者，一生不肯出任任何行政官职。1943 年国民政府主席林森因车祸死亡，蒋介石要他出任国民政府主席，他死也不肯。甚至连他曾担任过的里昂中法大学校长职务，他后来也不肯承认。他一生所担任的主要职务都是诸如国民党中央监察委员、国民政府委员、中央评议委员之类的非行政官员的职务。虽然他坚决不肯做官，但对政治十分热衷。作为国民党元老，每在关键时刻都要站出来说话，包括反共的"清党"运动都有他的首功。他跟蒋介石关系非常好，在国民党的内部斗争中，每到关键时刻都要主动跳出来帮助蒋介石，为蒋介石站台。所以，他以 89 岁高龄在台湾逝世后，蒋介石十分悲痛，亲题"痛失导师"的匾额，并由蒋介石本人亲自主持国民党中央的公祭，举行海葬仪式。

吴稚晖是一介书生，何以有那么大本事帮蒋介石的大忙呢？他有何法宝？他确实有法宝，至少有两件，大家都得让他三分：一是他是国民党元老，资历深；二是他特别会骂人，能骂人，敢骂人。国民党内，除了章太炎章疯子，他有点怕以外，其他人都不是他的对手。他骂人有个最大的特点，就是粗俗、俚野。比方说，早年他骂慈禧太后，其粗野不文令人想象不到是出自一个有学养的文人之口：

那拉曰：哀家七十矣！搔首弄姿，风韵不减二八入宫时，尚堪一试乎？

李莲英曰：容我探入插花的大袖子里，扣那干软的乳头，心肝的佛爷爷，你肉食四百兆人，以四百兆人之血，华佛爷之色，自然色如朝霞；以四百兆人之膏，泽佛爷之肤，自然肤如凝脂；老李何生修得，享此艳福！

这是吴稚晖骂西太后的《卖淫实状》一文中的一个片断，发表在《新世纪》第 76 号上。他不仅在骂西太后和满洲人时如此粗野刻毒，就是骂政敌也是如此。比方说，他在《新世纪》第 91 号发表的《猪生猪养之中国人》一文，骂非国民党的政敌梁启超说：

> 三年以前，粪味将浓时（笔者案：指 1906 年清廷派五大臣出洋后同意预备立宪），纵有一个剿灭人种的梁贼、梁强盗、梁乌龟、梁狗、梁畜生，所谓梁启超者，无端倡满洲皇统万世一系之说，洗净了屁眼，拉鸡巴来干，然用其雌雄之声，犹有什么政治革命、责任政府之屁说，自欺欺人。

这种骂法，恐怕中国历史上没有一个文人出身的人能够骂得出来。正因为他是这样一种"下三路"的骂法，所以国民党内是没有不怕他的。

汪精卫（1883—1944），浙江绍兴人，生于广东番禺，毕业于日本政法大学。他早年投身反清斗争，很有些声名，特别是 1910 年暗杀清摄政王载沣被捕，在狱中写下"慷慨歌燕市，从容作楚囚；引刀成一快，不负少年头"的诗句，传播到社会后简直成了一个大英雄。据说他长得也不错，是民国时代的几大美男子之一。他的口才也不错，早年去南洋宣传革命，陈璧君母女听了他的演讲，为之倾倒，后来陈璧君就嫁给了汪精卫。《大公报》的著名记者徐铸成在《旧闻杂忆》一书中也几次提到采访汪精卫的情形，说他口才很好，善于说话。辛亥革命后，汪精卫为袁世凯收买，拥袁窃国。袁世凯死后，他又投奔孙中山，1925 年在广州任国民政府常务委员会主席兼军事委员会主席，从此发迹变泰。后来，蒋介石在南京另立国民政府，架空汪精卫的武汉国民政府，由此造成了蒋汪二人不可调和的矛盾。在蒋汪矛盾中，吴稚晖全力为蒋介石站台，于是就跟汪精卫干上了。要知道汪精卫是很善于说话和演讲的"名嘴"，自然骂人也是高手。于是汪吴二人就时常相骂，汪精卫骂吴稚晖"昏庸老朽"、"老狗"，吴稚晖则骂汪精卫"口是心非"、"反复无常"、"私德荡然，自坏人格"。两人倒是棋逢对手，将遇良才，谁也没骂赢过谁。不过，最后吴汪交锋，还是以汪精卫的失败而告终。汪精卫这张"名嘴"之所以最终敌不过吴稚晖这个国民党内的"名骂"，一方面是因为吴的专业就是骂人，骂一切的人，骂他想骂的所有人，没有什么话骂不出口的。这一点汪比不上，他还要些面子。另一方面汪精卫最后做了全国人民唾骂的汉奸，在人格上就一钱不值了，再无资格与吴对骂了。可是，令人奇怪的是，1938 年 12 月当汪精卫逃到越南河内，发表《艳电》，公开投敌，并于 1939 年与日本签订了卖国密约《日支新关系调整要纲》后，一向骂人粗野不堪的吴稚晖，却没有破口大骂，只骂了八个字："卿本佳人，奈何作贼？"结果，汪精卫从报上看到后，气得三天没吃下饭。

那么，一向以骂人粗野、俚俗、刻薄且淋漓尽致的吴稚晖何以这次骂得这么文雅含蓄呢？为什么吴只骂了八个字，汪就气得三天吃不下饭呢？这就要归功于吴稚晖表达艺术的高明了。以前吴跟汪是党内"同志"，大家在党内和社会上都有很高的地位，要想骂倒对方，则非用最恶毒、最刻薄的语言不可，不骂得淋漓尽致不足以在气势上盖过对方。而今汪精卫做了汉奸，在人格上已是一文不值了，汪此时根本就无资格与吴同台竞技相骂了，吴也不屑于跟这种人再费口舌了。所以，他只骂了八个字，而且他还改变了以前的粗野俚俗的骂人策略，以"省文约字，捶句成双"的表达策略，用八个字的对偶句表而出之，将汪精卫早年的风光与晚年的堕落加以对比，让人在对比联想中对汪精卫的所作所为予以彻底的否定，让汪精卫这个卖国贼永远钉在历史的耻辱柱上不得翻身。同时，也对那些早年有过革命历史的人作一深刻的警示，告诫他们千万不要做卖国的汉奸！汪精卫是何等聪明的一个人，他怎么能解不出吴稚晖这八个字的名骂的精妙所在呢？正因为如此，汪精卫能对吴以前的谩骂无所谓，独独这次才气得三天吃不下饭！可见，吴稚晖被称为一代"名骂"，也不是浪得虚名的，他骂人的水平和排调讽刺人的语言也是很有艺术性的。

八、引类搭挂，妙成文章：胡适之骂人，是妙语不是脏话

胡适揭开文学革命的序幕，提倡白话文学，宣扬民主与科学，推出德先生（democracy）与赛先生（science），鼓动新思潮，开风气之先，居功奇伟。曾经遭受到若干保守人士的攻讦，开始还讲道理，后来演变成人身攻击，胡适虽然修养不错，终究按捺不住，脱口而出：

"狮子和老虎向来是独来独往的，只有狐狸跟狗才联群结党！"（沈谦《我的朋友胡适之》）

这是台湾学者所记胡适的一段文坛佳话。众所周知，胡适是"五四"新文化运动的开风气之人，提倡科学与民主，提倡白话文学，特别是在倡导"国语的文学，文学的国语"的白话文学建设方面可谓"居功奇伟"。但是，在当时的情况下，他所遭遇的来自各方面的反对与压力之大也是空前的。不仅"五四"初期就有章太炎、林琴南、黄侃等国学大师们群起反对他所提倡的白话文和白话文学，就是到了"五四"运动过后很多年的三十年代，甚至还有学生在课堂上公开反对胡适提倡的白话文。可见，就是提倡白话文这一小小的事儿，也是有那么大的阻力。说到这里，想起以前曾看到过这样一段记述的文字：

1934年秋，胡适在北大讲课时对白话文的优点大加颂扬。这时，有些醉心文言文的同学不免萌生了抵触情绪。正当胡适讲得畅快时，一位同学突然站起来，声色俱厉地提出抗议道："胡先生，难道说白话文就没有缺点吗？"胡适冲他微笑着说："没有的。"那位同学更是激愤地反驳道："肯定有的！白话文语言不精练，打电报用字多，花钱多。"胡适扶扶眼镜，透露出沉思的目光，然后解释道："不一定吧！前几天行政院有位朋友给我打来电报，邀我

去做行政院秘书，我不愿从政，决定不去，为这件事我复电拒绝。复电是用白话写的，看来也很省字。请同学们根据我这一意愿，用文言文编写一则复电，看看究竟是白话文省字，还是文言文省字？"

15分钟过后，胡适让同学们自动举手，报告用字数目，然后从中挑选出一份用字最少的文言电稿，电文是这样写的："才疏学浅，恐难胜任，不堪从命。"

胡适说："这份写得确实简练，仅用了12个字，但我的电报却用了5个字：'干不了，谢谢。'"

胡适解释说："'干不了'，就含有'才疏学浅，恐难胜任'之意；'谢谢'既对友人费心介绍表示感谢，又暗示拒绝之意。由此看来，语言的精练与否，不在白话与文言的差别。客观事物是曲折复杂的，必须反复研究，才能恰当地反映，所谓研究就是细心琢磨问题的中心所在，恰如其分地选用字词，白话文较文言文是更可省字的。"

经胡先生这一精辟阐述和热情鼓励，那些对白话文不感兴趣的同学都受到了启迪和教育。（杨哲辑《胡适的"白话"电报》[①]）

我们都知道，胡适很善于说话，当然能说服他的学生。因为学生毕竟是青年人，思想上没有那么多旧包袱，自然不会像老人或有地位的上层人士那样固执己见，说通了也就说通了。转变青年学生的思想，胡适是有办法的。（比方说将黄侃的得意弟子傅斯年、顾颉刚等人拉入自己麾下，成为"五四"新文化运动的得力干将，就是明证）可是要想许多上层的知识精英们都改变观念，支持或不反对实在是难上难的事。为了各自的理念，胡适遭到更多的围攻自然是在意料之中的事。然而，胡适有常人不可及的地方，他对于来自各方面的围攻或批评，总是表现出很有风度，很有包容的雅量。关

[①] 引见于《演讲与口才》2000年第12期，第39页。

于这一点，记得曾有一文略有述及：

1919 年，胡适的白话诗集《尝试集》出版。这部中国文学史上的第一本白话诗集，轰动一时，赞誉的，诋毁的，讥笑的，纷至沓来。有人在他的诗集上题了刻薄的文字："乍放天足，色香俱坏，未见新机，仍存故态。"胡适得知之后非但没有生气，反而以足喻诗，说他的白话诗"很像一个缠过脚后来放大了的妇人。"在一次演讲中，胡适一方面指出，学白话文"应该从活的语言下手"，另一方面又坦承，自己"如同旧时女人的小脚解放，无论怎样解放，都不能和天足媲美。有人说我的白话文说得好，其实是解放后的小脚，鞋子里却装上了棉花。"（见江苏古籍出版社《民国名人逸闻》）对于批评，乃至是谤讪，胡适持平和心态，从批评、谤讪中寻找自己的不足，绝不因为自己是白话文运动的权威，就唯我独尊，老虎屁股摸不得！他始终保持一个学者的谦逊，尊重事实，服膺真理，从不以一贯正确、完美无缺自诩，真正具备"海纳百川，有容乃大"的气度。

早年的胡适与章士钊结缘文字，后来却因文言和白话之争，彼此失和，章士钊屡次贬损胡适倡导的白话文浅薄。有次，两人应邀同赴一个宴会，遂相沟通，并合影留念。章在给胡的照片上写了一首白话词：

你姓胡来我姓章，你讲甚么新文字，我开口还是我的老腔；

双双并坐各有各的心肠！将来三五十年后，这个像片可作文学纪念看。

哈，哈，我写白话歪词送给你，总算是俺老章投了降。

而胡适则在给章的照片上题了一首文言诗：

　　　　但开风气不为师，龚生此言吾最喜；

　　　　同是曾开风气人，愿常相亲不相鄙。（乐朋《胡适的

雅量》①)

　　于此，我们可见胡适雅量之一斑，不由得不衷心感佩他那种与不同理念观点的学者"愿常相亲不相鄙"的阔大胸襟。不过，话又说回来，即使再好的脾气，再好的修养，总还是有一定的容忍限度的。胡适当然也不例外。对于保守派人士的意见，胡适总是认真而耐心地跟他们讨论。可是，后来有些保守派人士不讲理了，开始结伙对胡适进行人身攻击，胡适实在按捺不住怒火，就说了一句当时很有名的话："狮子和老虎向来是独来独往的，只有狐狸跟狗才联群结党！"虽然骂了人，却不失学者优雅的风度。正因为这句名骂骂得非常巧妙，所以在当时知识界传得很开，想来那些攻击胡适的保守派人士听了肯定要气破肚肠的。

　　那么，我们为什么说胡适的这句话有那么大的威力和魅力呢？这就是胡适善于表达的缘故，他排调嘲弄人也是水平很高的。胡适的这句名骂其实是两个比喻，运用的是"引类搭挂"的表达策略。他把自己比作是光明磊落、独来独往的狮子与老虎，把对手比作是联群结党，专门偷偷摸摸在阴暗处搞些见不得人的小动作的弱劣动物——狐狸与狗。但是，胡适的这一比喻，没有采用明喻的形式表达，而是采用借喻形式。"狮子和老虎向来是独来独往的""只有狐狸跟狗才联群结党！"两句，前句省略了本体"我"和喻词"像"，后者省略了本体"你们"和喻词"像"。这样一比，前句形象地写出了自己才能的超群和人品的高尚，自负而不露声色；后句骂结伙对自己进行人身攻击的保守派人士能力低下、人格低下、手段卑劣，形象而含蓄。这样骂人不带脏字，不失大学者风度的妙语，实在是只有胡适这样的大师才能做到，令人不得不打心眼里感佩他！

————————————

　　①　载《文汇报》，2003年10月10日11版。

九、明修栈道，暗度陈仓：王瑚的"顺讲"与"倒讲"

我亲眼看到这位王瑚先生时，是一九二九年在太原，正在中原大战酝酿期间，阎锡山还在举棋不定，阎、冯（玉祥）联合反蒋的局面还未形成。各杂牌军如刘湘、刘文辉、唐生智、刘镇华等的代表，都云集太原，连早已背冯投蒋的韩复榘、石友三也派有代表。他们大概在两面看风色，两面讨价还价，待善价而贾。冯是最坚决反蒋的，他手下有一批人专门做拉拢、接待各方代表的工作，其中就有王瑚。他那时已是银髯飘胸，至少已七十高龄了。所有二集团军的人，对他都很尊敬，称他王铁老（他字铁珊），遇事总先请他发表意见。

李锡九先生是老同盟会，一直是坚决反蒋的，他当时却以汪精卫的代表身份长驻太原。有一天，他对我说："今天各方代表要在山西大饭店开会，你何妨去听听。"我问："今天主要商量什么事？"他说："韩向方（复榘）真不是东西，前几天他表示很坚决，一定要参加联名反蒋通电。昨晚他的代表韩多峰忽然说，接到济南来电指示，说暂不在通电上列名。大家听了很气愤，今天开会，主要讨论这件事。"

我满怀兴趣去列席旁听。参加的，除冯、阎双方各有四五人外，其他各方代表有二三十人，主要是地方实力派的代表，此外，还有汪精卫的、西山会议派的；张学良也有非正式代表参加。新闻记者，只有我一个。

会上吵得很激烈，主要是针对韩、石，有的骂，有的劝他们不要对蒋再存幻想，韩多峰解释了一通后，最后答应把各方的意见，电告韩复榘。这样，会议的主题算是结束了。有一个代表站起来说："大家不忙散，请王铁老说个笑话好不好？"

于是，铁老在一片掌声中站了起来，以洪亮的嗓子说："我的笑话，各位都听烂了，没什么新鲜的，讲一个我们家乡的小故事吧！"又是一阵掌声。他接着说："我们家乡有一个小地主，想聘个私塾老师来教他的儿子。钱不肯多花，却多方挑剔，总找不到他认为合适的。有一天，来了一位饱学秀才，自称博通今古。地主不信，问他会不会教四书五经？他说：'太会了，四书五经我是滚瓜烂熟。只要你出足束修，翻来覆去我都能讲。'地主纳罕地说：'四书五经，还有倒过来，翻过去讲的？'秀才说：'有，比如《论语》第一句是"子曰"，怎么解释呢？顺着讲是：儿子说，倒过来讲"曰子"就是爸爸说：喂，儿子！'地主诧异地问：'怎么同一段文，又是爸爸，又是儿子呢？'秀才庄严地说：'要把书说透，倒讲（倒蒋）当然是好样儿的，是爸爸，顺讲（顺蒋）当然是龟儿子了。'"讲到这儿，举座哄堂大笑，只有韩多峰的脸涨得通红。（徐铸成《王瑚的诙谐》）

这段文字，见载于徐铸成《旧闻杂忆续篇》一书中，记述王瑚编故事讽刺嘲弄不跟冯玉祥同心协力反对蒋介石的其他军阀们的故事。王瑚，字铁珊，早年曾被北洋政府任命为江苏省长。徐铸成在上引的同一篇文章中回忆道："我还在读中学的时候，就听到王瑚的名字了。大约在一九二二年左右，齐燮元刚当上苏督，北京政府发表王瑚为江苏省长，南京的官员天天到浦口去迎候，总是接不着。有一天，一个六十开外的土老儿，夹一个布包，提着把雨伞，走进省长衙门。如狼似虎的门警上前轰叱，他微笑地说：'我就是王瑚，来接事的。'这件事，当时报上曾详细叙述，我看了，仿佛重读《包公案》、《彭公案》一样。"可见，他在当时是个颇有些名气的人。1926年9月冯玉祥在五原誓师，宣布脱离北洋军阀，加入国民革命军，1927年5月任国民革命军第二集团军总司令。不久，冯玉祥与蒋介石发生矛盾，并于1929年开始策划反蒋战争。1930

年3月，由阎锡山、冯玉祥、李宗仁三方合作，推举阎锡山为中华民国军总司令，冯、李为副总司令。4月始，阎、冯、李联军与蒋介石的军队在东起山东，西至襄樊，南迄长沙的数千里战线上展开了长达七个多月的军阀混战，双方共出动了多达一百多万兵力，死伤三十余万，最终以蒋介石的胜利而告终。这就是中国现代史上所称的"中原大战"（又叫"蒋冯阎战争"）。"中原大战"前，1929年各路军阀或代表都云集阎锡山所盘踞的山西太原，共同策划反蒋大计，其中早已背叛冯玉祥而投蒋的军阀韩复榘和石友三也派代表参加会议，目的是两面观风，讨价还价，待善价而沽。开会前几天，韩复榘曾表示坚决反蒋，参加联名通电。可是，到各方代表聚齐要开会的前一天晚，韩复榘又电话指示其代表，暂不在通电上列名。韩复榘如此出尔反尔，自然引起各方代表的愤慨。王瑚与冯玉祥关系密切，且在冯玉祥任总司令的第二集团军中颇具威望，加上此次倒蒋的主角是冯玉祥，王瑚自然要对韩复榘的恶劣行径表示自己的反对与批评意见。那么，如何表达这种意思呢？是破口大骂，还是婉约其辞不痛不痒地表示呢？如果破口大骂，既不利于争取韩复榘对倒蒋战争的实质性支持或道义上的支持，同时也失了一个高层人士的君子风度。如果婉约其辞地表示不满，就显得自己太窝囊，心中的那口恶气如何咽得下？于是王瑚就巧妙地选择运用了"明修栈道，暗度陈仓"的表达策略，通过编造一个秀才倒讲经书的故事，由地主的疑问而逼出秀才的解释："要把书说透，倒讲（倒蒋）当然是好样儿的，是爸爸，顺讲（顺蒋）当然是龟儿子了。"表面上说的是倒讲书经才有本事，是爸爸；顺讲没什么稀奇，没本事，是儿子。实际上是故意由"倒讲"谐音"倒蒋"，由"顺讲"谐音"顺蒋"（听从、跟蒋介石跑），从而不露声色、不着痕迹地讲出了这样一句他想说的话：参加倒蒋的是英雄，顺蒋的是胆小鬼，是龟儿子。表意既含蓄，又骂得淋漓尽致，还显得幽默风趣，不失君子风度，真是绝妙好辞！排调嘲弄别人到了这等水平，实在是叫高明！

十、自怨自艾，蓄意贬人：朱镕基调侃克林顿

4月8日，朱镕基与克林顿联合举行记者招待会。在记者招待会上，朱镕基一上场便再显他的幽默、谈笑风生的本色："<u>我作为总理，去年3月17日刚刚上任，开这样的记者会是第一次，我正心跳加速。我没有他（克林顿）有经验，他对付你们是很有经验的，我没有。因此如果我说错了话的时候，请你们笔下留情，隐恶扬善。</u>"

这是1999年4月12日《参考消息》第8版刊登的《朱总理访美花絮》（转载的是香港《星岛日报》4月10日的报导）一文的片断。①

大家大概都还记得，20世纪末有一件全世界媒体都大肆渲染、各国民众都津津有味地谈论的一件事，这就是美国总统比尔·克林顿与白宫女实习生莫妮卡·莱温斯基的性丑闻。这件事抖搂出来后，不仅克林顿本人颜面尽失，他的家庭也受到巨大的冲击，而且美国也成了世界各国嘲笑的对象。记得克林顿夫人希拉里在2003年成书的回忆录《亲历历史》（*Living History*）中谈她当时的感受："如果仅作为他的妻子，我真恨不得拧断他的脖子，但他不只是我的丈夫，他同时也是美国的总统。"倒是把克林顿因性丑闻对他个人、家庭乃至美国的损害说得很透辟。这件丑闻对克林顿个人与家庭，以及对民主党的损害，希拉里在回忆录中说得非常详细真切，相信很多人都读过这本回忆录的中译本。至于对美国国家形象的影响乃至对美国国民心理的冲击，也是显而易见的。说到这一点，我倒是有切实的感受。1999年正是克林顿性丑闻闹得最凶的时候，当时我正在日本做客员教授。课余时间，我脱去西装，换上备好于教

① 此例转引自高胜林编著：《幽默技巧大观》，上海：上海科技文献出版社，2002年，第15页。

授办公室衣柜中的休闲装，混迹于各国留学生中听日本语课程。有一次，日本教师说到课文中的一个单词"会谈"（かいだん），请学生们用这个词造句。其中一个缅甸学生造句说："今天中午我跟教授会谈。"教师说："不对，跟教授说话不能用'会谈'，只有国家首脑之间的交谈才能用'会谈'。比如美国总统克林顿与日本首相小渊惠三交谈，可以用'会谈'。"话还没说完，一个美国学生（他的日文名字叫"白熊"，他长了一头的白发，皮肤特白，他自己取的这个日文名，还写了个牌子放在桌子上）马上说："克林顿？"摇摇头，然后用英文补了一句："Sex。"这个单词各国的学生谁都听得懂，结果弄得哄堂大笑。我们中国的学生都觉得美国人真是坦率，他们对他们的总统很失望，丝毫不在别国学生面前有所避讳。从这件小事，我们可以直观真切地感到克林顿性丑闻对美国人心理上的冲击。

中国总理朱镕基 1999 年 4 月初对美国进行国事访问，正是处于克林顿被全世界的新闻媒体搞得最尴尬的时候。因为有这个背景，所以朱镕基与克林顿一起召开记者招待会时说："我作为总理，去年 3 月 17 日刚刚上任，开这样的记者会是第一次，我正心跳加速。我没有他（克林顿）有经验，他对付你们是很有经验的，我没有。因此如果我说错了话的时候，请你们笔下留情，隐恶扬善。"表面上是向各国的记者讨饶，希望他们不要提太刁的问题让他为难，因为他当总理是新手，没有答记者问的经验。实际上呢？这话不是那么简单，他这是运用"自怨自艾，蓄意贬人"的策略，是一种一语双关的表达，调侃克林顿在"绯闻案"事件中善于用花言巧语对付记者的事，顺手幽了克林顿一默，既展示了中国领导人机智风趣的大国领袖风度，也不露痕迹地调侃了美国的总统，在外交上为中国得了一分。因为两国领导人的任何公开记者招待会都或多或少地带有一种外交较量的意味，找着机会调侃对方一下，只要无伤大雅，不过分，这是许可的，也是一种风度与外交艺术的表现。正因为如此，所以许多报纸才竞相报道朱镕基的这番妙语。

参考文献

1. 吴礼权:《游说·侍对·讽谏·排调:言辩的智慧》,杭州:浙江人民出版社,1991 年。

2. 吴礼权:《妙语生花:语言策略秀》,上海:上海文化出版社,2002 年。

3. 吴礼权:《修辞心理学》,昆明:云南人民出版社,2002 年。

4. 吴礼权:《中国言情小说史》,台北:台湾商务印书馆,1995 年。

5. 沈 谦:《修辞学》,台北:台湾空中大学印行,1996 年。

6. 沈 谦:《林语堂与萧伯纳》,台北:台湾九歌出版社,1999 年。

7. 骆小所主编:《公关语言学教程》,昆明:云南人民出版社,2002 年。

8. 高胜林:《幽默技巧大观》,上海:上海科技文献出版社,2002 年。

9. 《辞海》,上海:上海辞书出版社,1991 年。

10. 臧励和等:《中国人名大辞典》,上海:上海书店,1984 年。

11. 张炼强:《修辞理据探索》,北京:首都师范大学出版社,1994 年。

12. [英] 霭理士著,潘光旦译:《性心理学》,上海:上海三联书店,1987 年。

13. 沈卫威:《无地自由——胡适传》,上海:上海文艺出版社,1995 年。

14. 游国恩等主编:《中国文学史》,北京:人民文学出版社,1982 年。

后　记

　　这本名曰《表达的艺术》的小书，与前此完成的第一本《修辞的策略》一样，也是我一直想写而久不得便完成的一本。

　　之所以很久就想写这本《表达的艺术》，是基于如下几个方面的原因：

　　一是感于自己的认识。我是研究修辞学出身的学者，对中国人讲究言辞的文化传统知之甚深。记得早在先秦时代，孔圣人就有名言："言之不文，行而不远"；《周易·易辞上》有云："鼓天下之动者，存乎辞"；荀子则说："言语之美，穆穆皇皇"；汉代学者刘向更明确宣示："说不可不善，辞不可不修"；南朝文论家刘勰则说："一人之辩，重于九鼎之宝；三寸之舌，强于百万之师"。可见，中国人之所以讲究修辞，是有其深刻的历史背景的。正因为如此，中国有非常丰富的关于表达艺术的历史遗产需要我们作认真的清理，前人有许多有关如何提升我们表达艺术水平的经验可供我们学习借鉴。因此，认真而系统地清理前人有关语言表达艺术的理论，总结中国古今贤哲语言实践中表达艺术的有益经验，写成一书，供大家参考是不乏其现实意义的。

　　二是感于自己的责任。我们都知道目前的出版现状，坊间市面上向来不乏诸如《说话的技巧》、《写作的技巧》之类与表达艺术相关的书面世。但是，情况众所周知。这类书要么写得太专业，作者学究气太重，学术八股腔过浓，所以往往写得艰涩不忍卒读，普通大众没人感兴趣；要么是既不专业又不普及，好比"驼背摔跤，两头不着地"，专业人士觉得太浅，没什么学理性、学术性，非专业人士又因为它们虽意在普及，却搞来搞去，仍是学术著作的简单化，枯燥乏味，没什么可读性。所以，我常常自大地认为，这样

194

搞，都把我们研究语言学和修辞学专业的人的名誉搞坏了，把我们的学科形象搞砸了。所以，长久以来就有一种强烈的情感冲动，想自己来写一本《表达的艺术》这类面向大众的书，改变一下现状。

三是我想挑战一下自己的极限。一般说来，在学术界"混事儿"，只要智商中等以上，肯用心且勤奋，态度严谨认真，写些学术论文或专著，大多没什么问题，只是水平有高下而已。因为写学术论著有一套国际通行的学术规范，诸如如何"破题"，如何"立论"，如何"注解"，如何使用最新的学术术语等等，都有一整套范式可以参考，而且你必须这样做。只有这样做，你才会被同行认可，你才会被认为是与国际接轨了，你才能在学术界混事儿。否则你就得出局，被斥为"没有学术性"，是"野狐禅"，大家就不带你"玩"了。说得不好听点，写学术论著就是一种"学术八股"，是不需要什么技巧与才情的。这个，我觉得我还蛮行，因为我在海内外出版的学术著作、在国内外发表的学术论文数量与质量，学术界是有公论的，我就不必过分的谦虚，免得有矫情和虚伪之嫌。但是，要把自己所研究的学问，用生动通俗的语言讲给大众，并让他们觉得可读且叫好，这个我不太有信心。似乎大家都有共识，写科普之类的东西，只有学养深厚、才情洋溢、笔力老到的大师级学者才敢接活。我虽然没有成为大师的"野望"（日语词，可以理解为是"野心"，也可以理解为是"雄心"），但有一试这活的"贼心"，因为我喜欢挑战自己。所以一直想写这本面向大众的《表达的艺术》。

四是自认为目前自己具备了写作这本书的条件。一是经过长期的思辨和充分的资料准备，基础已经确立；二是在写这本小书之前，我有两次较为成功的"前科"，一次是在读研究生期间，写过一本书叫做《游说·侍对·讽谏·排调：言辩的智慧》，1991年由浙江人民出版社出版发行，据说前后发行了约五万余册。此书被台湾国际村书店引进发行繁体字本，至今多年还在岛内热销；另一次是在做了教授之后完成的《妙语生花：语言策略秀》一书，发行效果相当不错，互联网上都在热卖。这本书其实是在几年来我在国内及日本的几次有关语言表达的讲演稿基础上改写而成的，不意却颇受欢迎。这些经历就成了我本次壮起胆子写这本《表达的艺术》的直接动力。

有了上述四个方面的原因，加上这次我所遭逢的"天时、地利、人和"三者皆备的机遇，便加速催生了这本小书。吉林教育出版社的资深编审张景良先生是我多年的好友，一直给我以鼓励。今年暑假，一次偶尔的机会，我跟张先生电话中说到我的写作计划，他即要我提出具体选题。于是我报送了三个选题，希望从中确定一个。不意，吉林教育出版社的领导不仅给予热情的支持，而且决定三本都要，特为我出一个丛书系列。张景良先生还多次飞上海向我传达社领导的意见和他自己许多建设性的意见。另外，出版社还从上海请了专门的美编设计插图。吉林教育出版社全社上下，为了出我这套小丛书而如此大动干戈，真是始料未及。在受宠若惊的同时，心情就像诸葛亮《出师表》所云："受命以来，夙夜忧叹，恐托付不效"，于是就抱着当年的书生胡适去做驻美大使一样的态度——"作了过河卒子，只有努力向前！"这样，就连续写出了两本。不过，还有一本，不知会写成什么样？做梦都在忧惧！

前一本《修辞的策略》与这本《表达的艺术》，在写作目标上各有侧重。前者侧重于书面语方面，后者则侧重于口语方面。但两书的宗旨与写作目标是一样的，都是意在面向大众。写作的态度也是一样，虽然是意在面向大众，但并不因为是非学术专著就马马虎虎，而是用十分的认真、百倍的勤奋、万分的苦心来写作的，所付出的劳动远远超出我此前所写的学术专著。不仅书中所用到的材料绝大多数都是我"采铜于山"的第一手资料，而且它们多是我海外朋友所助，一般学者不易获取到的。即使是这样难得的材料，我也是从中选了又选，挑了又挑。有时，为了获取更好更新的材料，我会去买几十本书，往往也只是为了一两个新例而已。另外，需要说明的是，这本小书虽是非学术著作，但我并没有放弃著书立说的基本学术规范，而是严格贯彻。凡是引用他人的学术观点，甚至自己的观点、成果，都会清楚地注明出处。即使是转引别人的材料，我也会注明出处，以表示对他人材料搜集工作的尊重，因为我自己知道搜寻资料的辛劳。对于书中运用到的我自己的许多研究心得，我尽力做到用最浅显的语言表述，力争通俗易懂，不用学术名词或艰深的术语来装腔作势，藉以吓人。因为那样，我认为既是自己学术水平低能的表现，也是对读者最大的不尊重。这一点，我在《修辞的策略》的后记中已经说过，在此续作重申。

最后借此机会，再次感谢吉林教育出版社的领导给我写作这本小书的机会和热情支持，感谢责任编辑张景良先生的精心编辑和对书稿修改所作的大量工作，感谢在校、印、营销等各环节为本书付出了艰苦劳动的吉林教育出版社的各位朋友，也感谢上海古籍出版社美术编辑室主任严克勤先生为此书所作的插图和封面设计。

吴礼权

2003 年 11 月 2 日于复旦园

修订版后记

　　这本小书，连同《传情达意：修辞的策略》、《能说会道：表达的艺术》，从属于吉林教育出版社为我个人出版的个人丛书"中华语言魅力丛书"。

　　这套丛书出版后，承蒙读书界与学术界朋友的厚爱，发行情况颇是不错，第一次印刷就有 2 万多册。后来还先后获得不少奖项，让我受宠若惊。记得是 2005 年底，当时我在日本做客座教授，责任编辑张景良先生给我发电子邮件贺年，同时告诉我一个消息，说这套丛书获得了"长白山图书奖一等奖"。2006 年，我结束日本客座教授任期回到上海后，年底又收到了张景良先生的电话，告知 2006年 12 月这套丛书在吉林省首届"新华杯"读书节被评为读者最喜爱的十种吉版图书之一。当 2006 年刚刚过去、2007 年的新年日历刚刚翻开时，张景良先生又告诉我一个好消息："中华语言魅力丛书"于 2007 年 1 月获得"吉林省新闻出版奖图书精品奖"（政府奖）。这更让我深受鼓舞，觉得当初勇敢地抛弃一切，花那么多时间完成这套丛书还是值得的。老话说："一分耕耘一分收获"，实在言之不虚。

　　2009 年 2 月至 6 月，我受聘为台湾东吴大学客座教授。教学之余，我常在台北市的书店流连，无意间竟发现了我在学生时代所写的试笔之作，即 1991 年由浙江人民出版社出版的《言辩的智慧》。没深入台湾书店还不知道，一旦深入，这才惊讶地发现，原来这本小书在台湾竟然有国际村文库书店、林郁出版社、台原出版社、新潮社等四家出版社的不同版本，近 20 年间一直在台湾市面上保持常销的状态。这一发现，既让我深受鼓舞，又让我纳闷，我什么时候授权他们大印特印我的书了？在非常讲究"智慧产权"的台湾，竟然也有这等盗版成风的情况，实在让我不解。最近上网又发现，大陆的一家出版社没经过我授权，竟然也无视我的"智慧产权"而印刷销售我的这本 20 年前的书，真是岂有此理！

我之前在台湾出版过很多学术著作，与包括台湾商务印书馆、远流出版公司在内的顶级出版社都有密切联系。有一次，在与台湾商务印书馆主编李俊男先生谈到《言辩的智慧》一书时，他也很有兴趣。但是，我告诉他，我还有比这本更好的书，就是指这套丛书。他一听非常兴奋，遂让我给他看一看电子版。我给他看了一部，他立即决定引进版权。于是，我就从中牵线。但是，最后因为版权纠葛，没有做成。从台湾回到大陆后，突然收到香港商务印书馆编辑毛永波先生的电子邮件，说看到我很多书都想引进。毛先生是我在复旦大学时的同学，研究生毕业后到北京的商务印书馆高就。之后，我们几十年没有联系。接到他的邮件，这才知道他的最新动态。于是，我将在大陆发行得很好的《语言策略秀》的简体字版权给了香港商务印书馆。不久，香港商务印书馆将此书改名为《中文活用技巧：妙语生花》，以繁体字在香港上市。没过多久，香港商务印书馆会计科与我结算版税时，竟然已经销售了 1000 册。这个数字在大陆不算什么，在香港这个弹丸之地，实在是个大数目。要知道，莫言在未获得诺贝尔文学奖之前，香港文学界引进他的作品卖了几十年也没卖出几百本。可见，香港的读书风气并不盛。受到这一鼓舞，香港商务印书馆又与我签订了好几本著作的繁体版权，其中就包括这套"中华语言魅力丛书"，说一俟在大陆的版权期限满了，就在香港市场推出。

其实，与此同时，大陆的两家出版社也早已看中了这套丛书，责任编辑跟我达成了口头初步意向，有一家还将此列入了年度出版计划中。但是，我一直犹豫，没跟他们签订出版协议。因为暨南大学出版社人文编辑室主任杜小陆兄不断给我打电话，也想要这套丛书。我因跟别的出版社有约在先，所以好几次都只好坦言说明实际情况。可是，小陆兄并不放弃。每个星期都跟我通电话，谈我在暨南大学出版社的几本著作的编辑进度。每次在通话结束时，他都不忘提及这套丛书。我考虑了好久，感于他的诚意，也考虑到这套丛书的版权期限将满，可以考虑修订再版的问题了。于是，向小陆兄提出一个过分的要求，只给简体版权（因为繁体版权我已经授予香港商务印书馆了），而且合约期限是五年而非十年。这些要求，小陆兄都爽快地答应了。在此情况下，我这才开始动笔对这套丛书进行了部分修订。之所以只进行部分修订，而不是"大修"，一是因为我实在没有时间、精力，二是想保留原来的面目，不想用今天高度的我拔高十年前的我，那样不符合历史的真实。

最后，衷心希望这次的修订版能够带给读者新的印象，并希望能继续得到广大读者的厚爱。否则，便辜负了暨南大学出版社领导的支持，辜负了杜小陆先生的期待。

值此机会，衷心感谢十多年来一直对我的这套丛书给予厚爱的海内外读者朋友，没有大家的厚爱，它恐怕早就被人遗忘了。衷心感谢暨南大学出版社及出版社的领导、人文分社社长杜小陆先生的盛情厚谊，感谢责任编辑的辛劳，感谢为这套丛书修订版在校对、印刷、销售等工作环节付出辛勤劳动的所有暨南大学出版社的工作人员。

吴礼权

2013 年 4 月 28 日于复旦园

吴礼权主要学术论著一览

一、主要学术著作

1. 《游说·侍对·讽谏·排调：言辩的智慧》（专著），浙江人民出版社，1991 年 10 月版。

2. 《中国历代语言学家评传》（合著），复旦大学出版社，1992 年 1 月版。

3. 《世界百科名著大辞典·语言卷》（合著），山东教育出版社，1992 年 11 月版。

4. 《中国智慧大观·修辞卷》（专著），浙江人民出版社，1993 年 8 月版。

5. 《言辩的智慧》（繁体版，专著），台湾国际村文库书店，1993 年 8 月版。

6. 《中国笔记小说史》（繁体版，专著），台湾商务印书馆，1993 年 8 月版。

7. 《中国言情小说史》（专著），台湾商务印书馆，1995 年 3 月版。

8. 《中国修辞哲学史》（专著），台湾商务印书馆，1995 年 8 月版。

9. 《中国语言哲学史》（专著），台湾商务印书馆，1997 年 1 月版。

10. 《中国笔记小说史》（简体版，专著），（北京）商务印书馆，1997 年 8 月版。

11. 《公关语言学》（合著），北京工业大学出版社，1998 年 3

月版。

12.《中国现代修辞学通论》（专著），台湾商务印书馆，1998年7月版。

13.《阐释修辞论》（合著，并列第一作者），首都师范大学出版社，1998年7月版。

14.《中国修辞学通史·当代卷》（合著，第一作者），吉林教育出版社，1998年9月版。

——获第三届陈望道修辞学奖二等奖（最高奖），2000年3月；第十二届"中国图书奖"，2000年11月。

15.《修辞心理学》（专著），云南人民出版社，2002年1月版。

——获复旦大学2003年度"微阁中国语言学科奖教金"著作二等奖，2003年9月。

16.《妙语生花：语言策略秀》（专著），上海文化出版社，2002年9月版。

17.《修辞的策略》（专著），吉林教育出版社，2004年1月版。

——获2005年吉林省长白山优秀图书一等奖（吉林省政府奖）；吉林省首届"新华杯"读书节读者最喜爱的十种吉版图书，2006年12月；吉林省新闻出版奖图书精品奖，2007年1月。

18.《表达的艺术》（专著），吉林教育出版社，2004年1月版。

——获2005年吉林省长白山优秀图书一等奖（吉林省政府奖）；吉林省首届"新华杯"读书节读者最喜爱的十种吉版图书，2006年12月；吉林省新闻出版奖图书精品奖，2007年1月。

19.《演讲的技巧》（专著），吉林教育出版社，2004年1月版。

——获2005年吉林省长白山优秀图书一等奖（吉林省政府奖）；吉林省首届"新华杯"读书节读者最喜爱的十种吉版图书，2006年12月；吉林省新闻出版奖图书精品奖，2007年1月。

20.《中国历代语言学家》（合著），上海文化出版社，2004 年 2 月版。

21.《大学修辞学》（合著），福建人民出版社，2004 年 10 月版。

22.《假如我是楚霸王：评点项羽》（专著），台湾远流出版公司，2005 年 6 月版。

23.《古典小说篇章结构修辞史》（专著），台湾商务印书馆，2005 年 12 月版。

24.《现代汉语修辞学》（专著），复旦大学出版社，2006 年 11 月版。

25.《语言学理论的深化与超越》（主编），云南人民出版社，2007 年 1 月版。

26.《20 世纪的中国修辞学》（合著），中国人民大学出版社，2007 年 12 月版。

——获上海市第十届哲学社会科学优秀成果奖（2008—2009）著作三等奖。

27.《中国修辞史》（副主编，下卷第一作者），吉林教育出版社，2007 年 4 月版。

——获 2007 年国家新闻出版总署"第一届中国出版政府奖图书奖提名奖"；2008 年上海市第九届哲学社会科学优秀成果著作类二等奖；2010 年全国"高等学校科学研究优秀成果奖（人文社会科学）"一等奖。

28.《委婉修辞研究》（专著），山东文艺出版社，2008 年 4 月版。

29.《语言策略秀》（增订本）（专著），上海文化出版社，2008 年 6 月版。

30.《名句经典》（专著），吉林教育出版社，2008 年 6 月版。

——获第二届吉林省新闻出版奖精品奖，2010 年 1 月。

31.《中国经典名句小辞典》（专著），吉林教育出版社，2008 年 8 月版。

32.《中国经典名句鉴赏辞典》（专著），吉林教育出版社，2009 年 7 月版。

33.《表达力》（专著），台湾商务印书馆，2011 年 8 月版。

34.《清末民初笔记小说史》（专著），台湾商务印书馆，2011 年 8 月版。

35.《现代汉语修辞学》（修订版）（专著），复旦大学出版社，2012 年 6 月版。

36.《中文活用技巧：妙语生花》（专著），香港商务印书馆，2012 年 3 月版。

37.《远水孤云：说客苏秦》（长篇历史小说），简体版，云南人民出版社，2011 年 9 月版；繁体版，台湾商务印书馆，2012 年 6 月版。

38.《冷月飘风：策士张仪》（长篇历史小说），简体版，云南人民出版社，2011 年 11 月版；繁体版，台湾商务印书馆，2012 年 6 月版。

二、主要学术论文

1.《试论孙炎的语言学成就》，核心期刊《古籍研究》1987 年第 4 期。

2.《试论汉语委婉修辞格的历史文化背景》，核心期刊《修辞学习》1987 年第 6 期。

3.《中国现代史上的广东语言学家》（合作），《岭南文史》1988 年第 1 期。

4.《试论古汉语修辞中的层次性》，《淮北煤炭师范学院学报》1988 年第 4 期。

5.《"乡思"呼唤着"月夜箫声"——香港诗人杨贾郎〈乡思〉〈月夜箫声〉赏析》，《语文月刊》1988 年第 5 期。

6.《中国哲学思想在汉语辞格形成中的投影》，《营口师专学报》1989 年第 1 期。

7.《试论吴方言数词的修辞色彩》,《语文论文集》,上海百家出版社,1989年10月版。

8.《试论黄遵宪的诗歌创作与成就》,《岭南文史》1990年第2期。

9.《〈经传释词〉在汉语语法学上的地位》(合作),综合类核心期刊《复旦学报》1991年第1期;中国人民大学《语言文字学》1991年第1期转载。

10.《〈西湖二集〉:一部值得研究的小说》,核心期刊《明清小说研究》1991年第2期。

11.《情·鬼·侠小说与中国大众文化心理》,核心期刊《上海文论》1991年第4期。

——获"第一届全国青年优秀社会科学成果奖"优秀论文奖(中国社会科学院),1994年11月。

12.《点化名句的艺术效果》,《学语文》1992年第4期。

13.《情真意绵绵,绮思响"雨巷"——谈戴望舒〈雨巷〉一诗的修辞特色》,核心期刊《修辞学习》1992年第5期。

14.《回顾·反思·展望——复旦大学组织全国部分青年学者关于中国修辞学研究的过去现状及未来的讨论综述》,《鞍山师范学院学报》1993年第4期。

15.《语言美学发轫》,综合类核心期刊《复旦学报》1993年第5期。

16.《汉语外来词音译艺术初探》,核心期刊《修辞学习》1993年第5期。

17.《论〈文则〉在中国修辞学史上的地位》,《鞍山师范学院学报》1994年第2期。

18.《汉语外来词音译的特点及其文化心态探究》,综合类核心期刊《复旦学报》1994年第3期。

19.《旧学商量加邃密,新知培养转深沉——评王希杰新著〈修辞学新论〉》,核心期刊《修辞学习》1994年第3期。

20.《试论赋的修辞特点》,核心期刊《修辞学习》1995年第

1 期。

21. 《先秦时代中国修辞哲学论略》，核心期刊《上海文化》1995 年第 2 期。

22. 《试论汉语委婉修辞手法的范围》，《南昌大学学报》1995 年第 3 期。

23. 《关于中国修辞学发展的历史分期问题》，核心期刊《修辞学习》1995 年第 3 期；中国人民大学《语言文字学》1995 年第 10 期转载。

24. 《王引之〈经传释词〉的学术价值》，核心期刊《古籍整理研究学刊》1995 年第 4 期；中国人民大学《语言文字学》1996 年第 4 期转载。

25. 《修辞结构的层次性与修辞解构的层次性》，《延边大学学报》1995 年第 4 期；中国人民大学《语言文字学》1996 年第 4 期转载。

26. 《两汉时代中国修辞哲学论略》，综合类核心期刊《江淮论坛》1995 年第 5 期；中国人民大学《语言文字学》1996 年第 2 期转载。

27. 《〈经传释词〉对汉语语法学的贡献》，《中西学术》（第 1 辑），学林出版社，1995 年 6 月版。

28. 《创意造言的艺术：苏轼与刘攽的排调语篇解构》，台湾《国文天地》1995 年第 11 卷第 6 期（总第 126 期）。

29. 《旧瓶装新酒：一种值得深究的语言现象》，香港《词库建设通讯》1995 年第 4 期（总第 6 期）。

30. 《改革开放与汉语的发展变化学术研讨会综述》，《上海社联年鉴 1995》，上海人民出版，1995 年 11 月版。

31. 《〈经传释词〉之"因声求义"初探》，核心期刊《古籍研究》1996 年第 1 期。

——获 1998 年上海市（1996—1997 年度）哲学社会科学优秀成果奖三等奖。

32. 《谐译：汉语外来词音译的一种独特型态》，《长春大学学报》1996 年第 1 期。

33．《英雄侠义小说与中国人的阿 Q 精神》，台湾《国文天地》1996 年第 11 卷第 8 期（总第 128 期）。

34．《论修辞的三个层级》，《云梦学刊》1996 年第 1 期。

35．《音义密合：汉语外来词音译的民族文化心态凸现》，《西安外国语学院学报》1996 年第 2 期。

36．《咏月嘲风的绝妙好辞——晏子外交语篇的文本解构》，核心期刊《修辞学习》1996 年第 2 期。

37．《论汉语外来词音译的几种独特型态》，《雁北师范学院学报》1996 年第 4 期。

38．《触景生情的语言机趣——陶縠与钱俶外交语言解构》，台湾《国文天地》1996 年第 12 卷第 6 期（总第 138 期）。

39．《〈语助〉与汉语虚词研究》，《平原大学学报》1996 年第 4 期。

40．《关于〈声类〉的性质与价值》，核心期刊《古籍整理研究学刊》1996 年第 6 期。

41．《论夸张的次范畴分类》，核心期刊《修辞学习》1996 年第 6 期。

42．《新世纪中国修辞学的发展和我们的历史使命》，综合类核心期刊《复旦学报》1997 年第 1 期。

43．《论委婉修辞生成与发展的历史文化缘由》，核心期刊《河北大学学报》1997 年第 1 期。

44．《清代语言学繁荣发展原因之探讨》，《云梦学刊》1997 年第 1 期；中国人民大学《语言文字学》1997 年第 8 期转载。

45．《论中国修辞学研究今后所应依循的三个基本方向》，核心期刊《修辞学习》1997 年第 2 期；中国人民大学《语言文字学》1997 年第 6 期转载。

46．《80 年代以来中国修辞学理论问题争鸣述评》，《黄河学刊》1997 年第 2 期。

47．《论委婉修辞的表现形式与表达效应》，核心期刊《湘潭大学学报》1997 年第 3 期。

48.《中国修辞哲学论略》，核心期刊《云南师范大学学报》1997 年第 4 期。

49.《论夸张表达的独特效应与夸张建构的心理机制》，核心期刊《扬州大学学报》1997 年第 4 期。

50.《训诂学居先兴起原因之探讨》，《语文论丛》（第 5 辑），上海教育出版社，1997 年 6 月版。

51.《语言美学的建构与修辞学研究的深化》（第一作者，与宗廷虎教授合作），核心期刊《修辞学习》1997 年第 5 期。

52.《"夫人"运用的失范》，核心期刊《语文建设》1997 年第 6 期。

53.《论〈马氏文通〉在中国语言学史上的地位》，《江苏教育学院学报》1998 年第 1 期。

54.《论委婉修辞生成的心理机制》，核心期刊《修辞学习》1998 年第 2 期。

55.《论孔子的修辞哲学思想》，《雁北师范学院学报》1998 年第 3 期。

56.《"水浒"现象与历史变迁》，《人民政协报》1998 年 4 月 27 日第 3 版《学术家园》。

57.《二十世纪中国现代修辞学发展的省思》，核心期刊《社会科学》（上海）1998 年第 5 期。

58.《修辞心理学论略》，综合类核心期刊《复旦学报》1998 年第 5 期；中国人民大学《心理学》1998 年第 11 期转载。

59.《中国现代修辞学研究走向语言美学建构的历史嬗变进程》，核心期刊《云南师范大学学报》1998 年第 6 期。

60.《二十世纪的汉语修辞学》（与宗廷虎教授合作），北京大学百年校庆丛书《二十世纪的中国语言学》，北京大学出版社，1998 年 6 月版。

61.《关于中国修辞学发展的历史分期及各个时期研究成就的估价问题》，《郑子瑜〈中国修辞学史稿〉问世十周年纪念论文集》

（宗廷虎教授主编），中国社会出版社，1998 年 2 月版。

62.《潘金莲形象的意义》，台湾《古今艺文》1998 年第 25 卷第 1 期。

63.《进一步沟通海峡两岸的修辞学研究》，核心期刊《修辞学习》1998 年第 4 期。

64.《吴方言数词的独特语用效应》，《修辞学研究》（第 8 集），南海出版公司，1998 年 6 月版。

65.《中国风格学源流研究的理论与实践意义》，核心期刊《湘潭大学学报》1998 年第 6 期。

66.《语言理论新框架的建构与 21 世纪中国语言学的发展》，云南省一级学术期刊《学术探索》1999 年第 1 期。

67.《修辞学转向与现代语言学理论》，核心期刊《修辞学习》1999 年第 2 期。

68.《论夸张》，《第一届中国修辞学学术研讨会论文集》，台湾师范大学，1999 年 6 月版。

69.《论修辞文本建构的基本原则》，核心期刊《扬州大学学报》1999 年第 2 期。

70.《平淡情事艺术化的修辞策略》，《徐州师范大学学报》1999 年第 2 期。

71.《修辞主体论》，《锦州师范学院学报》1999 年第 2 期。

72.《方言研究：透视地域文化的重要途径》，云南省一级学术期刊《学术探索》1999 年第 3 期。

73.《〈请读我唇〉三人谈》（与宗廷虎教授、陈光磊教授合作），核心期刊《语文建设》1999 年增刊。

74.《看文人妙笔生花，让生命得到舒畅——评沈谦教授〈林语堂与萧伯纳〉》，台湾《中国语文》1999 年第 4 期（总第 508 期）。

75.《修辞学研究新增长点的培植与催化》（与宗廷虎教授合作），核心期刊《修辞学习》1999 年第 4 期。

76.《借代修辞文本建构的心理机制》，全国人文和社会科学核心期刊《云南师范大学学报》1999 年第 6 期；《高等学校文科学报文摘》2000 年第 2 期选摘。

77.《论中国现代修辞学发展嬗变之历程（上）》，日本京都外国语大学《研究论丛》第 54 号（1999 年）。

78.《〈金瓶梅〉的语言艺术》，《经典丛话·金瓶梅说》，江西教育出版社，1999 年 1 月版。

79.《中国古典言情小说模式与中国传统文化心理》，台湾《国文天地》2000 年第 1 期（总第 181 期）。

80.《论中国现代修辞学发展嬗变之历程（下）》，日本京都外国语大学《研究论丛》第 55 号（2000 年）。

81.《评黎运汉著〈汉语风格学〉》（与宗廷虎教授合作），《文汇读书周报》2000 年 12 月 9 日第 2 版。

82.《论比拟修辞文本的表达与接受心理》，《深圳教育学院学报》2000 年第 2 期。

83.《照花前后镜，花面交相映——论中国文学中的双关修辞模式》，台湾《国文天地》2000 年第 4 期（总第 184 期）。

84.《委婉修辞的语用学阐释》，《语文论丛》（第 6 辑），上海世纪出版集团·上海教育出版社，2000 年 9 月版。

85.《修辞学研究的深化与修辞学教材的改革创新》，核心期刊《修辞学习》2001 年第 1 期。

86.《比喻修辞文本的心理分析》，《平顶山师专学报》2001 年第 3 期。

87.《论精细修辞文本的心理机制》，《锦州师范学院学报》2001 年第 3 期。

88.《异语修辞文本论析》，核心期刊《修辞学习》2001 年第 4 期。

89.《语言的艺术：艺术语言学的建构》，核心期刊《云南师范大学学报》2001 年第 5 期。

90.《论旁逸修辞文本的建构》，《湘潭师范学院学报》2001 年第 5 期。

91.《论拈连修辞文本》，《湖北师范学院学报》2001 年第

4 期。

92.《论结尾的修辞策略》,《江苏教育学院学报》2002 年第
1 期。

93.《顶真式衔接:段落衔接的一种新模式》,核心期刊《修辞学习》2002 年第 2 期。

94.《论顶真修辞文本的类别系统与顶真修辞文本的表达接受效果》,《平顶山师专学报》2002 年第 4 期。

95.《论锻句与修辞》,《锦州师范学院学报》2002 年第 5 期。

96.《吞吐之间,蓄意无穷——留白的表达策略》,台湾《国文天地》2002 年第 18 卷第 3 期(总第 207 期)。

97.《关于建立言语学的思考》(合作),核心期刊《长江学术》(第 3 辑),长江文艺出版社,2002 年 11 月版。

98.《论事务语体的修辞特征及其修辞基本原则》,《平顶山师专学报》2003 年第 1 期。

99.《从统计分析看"简约"与"繁丰"的修辞特征及其风格建构的原则》,核心期刊《修辞学习》2003 年第 2 期。

100.《与时俱进:语言学由理论研究走向应用研究的意义》,《楚雄师范学院学报》2003 年第 2 期。

101.《基于计算分析的法律语体修辞特征研究》,核心期刊《云南师范大学学报》2003 年第 6 期。

102.《论学习修辞学的意义》,《平顶山师专学报》2004 年第
1 期。

103.《论起首的修辞策略》,核心期刊《湖南科技大学学报》2004 年第 2 期。

104.《论口语体的基本修辞特征和修辞基本原则》,《语文论丛》(第 8 辑),上海世纪出版集团·上海教育出版社,2004 年 1 月版。

105.《平淡风格与绚烂风格的计算统计研究》,核心期刊《云南师范大学学报》2004 年第 2 期。

106.《韵文体刚健风格与柔婉风格的计算研究》,《湖北师范学

211

院学报》2004 年第 3 期。

107. 《庄重风格与幽默风格的计算统计研究》，《渤海大学学报》2004 年第 5 期。

108. 《中国修辞学：走出历史偏见和现实困惑》，核心期刊《福建师范大学学报》2004 年第 6 期。

109. 《从〈汉语修辞学〉修订本与原本的比较看王希杰教授修辞学的演进》，《修辞学新视野》，中国文联出版社，2004 年 12 月版。

110. 《从计算分析看文艺语体的修辞特征及其修辞基本原则》，《修辞学论文集》（第七集），新华出版社，2005 年 5 月版。

111. 《评谭学纯、朱玲〈修辞研究：走出技巧论〉》，核心期刊《福建师范大学学报》2005 年第 2 期。

112. 《关于建立言语学的思考》（合作），《言语与言语学研究》，崇文书局，2005 年 8 月版。

113. 《话本小说"正话"结构形式及其历史演进的修辞学研究》，《语言研究集刊》（第二辑），上海辞书出版社，2005 年 8 月版。

114. 《话本小说"篇首"的结构形式及其历史演进》，核心期刊《云南师范大学学报》2005 年第 4 期。

115. 《话本小说"题目"的形式及其历史演进》，《平顶山学院学报》2005 年第 6 期。

116. 《话本小说"头回"的结构形式及其历史演进的修辞学研究》，综合类核心期刊《复旦学报》2006 年第 2 期；中国人民大学《中国古代、近代文学研究》2006 年第 7 期全文转载。

117. 《论修辞学与语法学、逻辑学及语用学的关系》，《平顶山学院学报》2006 年第 4 期。

118. 《汉语外来词音译的四种特殊类型》，《词汇学理论与应用》（三），商务印书馆，2006 年 3 月版。

119. 《由汉语词汇的实证统计分析看林语堂从中西文化对比的角度对中国人思维特点所作的论断》，《跨越与前进——从林语堂研究看文化的相融与相涵国际学术研讨会论文集》，台湾东吴大学，2006 年 10 月版。

120.《八股文篇章结构形式的渊源》，日本京都外国语大学《研究论丛》，2006 年（平成十八年七月）第 67 期。

121.《评朱玲〈文学文体建构论〉》，核心期刊《福建师范大学学报》（哲学社会科学版）2007 年第 1 期。

122.《修辞学的科学认知观与中国现代修辞学的发展》，载《继往开来的语言学发展之路：2007 学术论坛论文集》，语文出版社，2008 年 1 月版。

123.《八股文"收结文"之"煞尾虚词"类型及其历史演进》，载《修辞学论文集》（第十一集），中国社会科学出版社，2008 年 4 月版。

124.《比喻造词与中国人的思维特点》，综合类核心期刊《复旦学报》（社科版）2008 年第 2 期；《高等学校文科学术文摘》2008 年第 3 期转摘。

125.《〈史记〉史传体篇章结构修辞模式对传奇小说的影响》，核心期刊《福建师范大学学报》（哲学社会科学版）2008 年第 1 期。

126.《"用典"的定义及其修辞学研究》，核心期刊《武汉大学学报》（人文社会科学版）2008 年第 1 期。

127.《段落衔接的修辞策略》，《平顶山学院学报》2008 年第 4 期。

128.《南北朝时代列锦辞格的转型与发展》，《楚雄师范学院学报》（月刊）2009 年第 8 期。

129.《从〈全唐诗〉所存录五代诗的考察看"列锦"辞格发展演进之状况》，核心期刊《湖南科技大学学报》（社科版）2010 年第 1 期。

130.《学术史研究与学科本体研究的延展与深化》，《外国语言文学》（季刊）2010 年第 1 期。

131.《从〈全唐诗〉的考察看盛唐"列锦"辞格的发展演变状

况》，《阜阳师范学院学报》（社科版）2010 年第 1 期。

132．《从〈全唐诗〉所录唐及五代词的考察看"列锦"辞格发展演进之状况》，《楚雄师范学院学报》（月刊）2010 年第 1 期。

133．《不迷其所同而不失其所异——论黎锦熙先生的汉语修辞学研究》（第一作者），核心期刊《北京师范大学学报》（社科版）2010 年第 5 期。

134．《"列锦"修辞格的源头考索》，核心期刊《长江学术》2010 年第 4 期。

135．《修辞学与汉语史研究》，核心期刊《福建师范大学学报》（哲学社会科学版）2010 年第 4 期。

136．《"列锦"辞格在初唐的发展演进》，《平顶山学院学报》2010 年第 3 期。

137．《还原海峡两岸现代汉语词汇差异的真实面貌》，《楚雄师范学院学报》（月刊）2011 年第 1 期。

138．《艺术语言的创造与语言发展变化的活力动力》，《楚雄师范学院学报》（月刊）2011 年第 5 期。

139．《网络词汇成活率问题的一点思考》（第一作者），核心期刊《江苏大学学报》（社会科学版）2011 年第 3 期。

140．《名词铺排与唐诗创作》，《蜕变与开新——古典文学国际学术研讨会论文集》，台湾东吴大学，2011 年 7 月版。

141．《海峡两岸词汇"同义异序"现象的理据分析兼及"熊猫"与"猫熊"成词的修辞与逻辑理据》，载郑锦全、曾金金主编《二十一世纪初叶两岸四地汉语变迁》，台湾新学林出版社，2011 年 12 月版。

142．《晚唐时代"列锦"辞格的发展演进状况考察》，《平顶山学院学报》2012 年第 1 期。

143．《关于中国修辞学研究走向的几点思考》，《北华大学学报》（社会科学版）2012 年第 1 期。

144．《海峡两岸现代汉语词汇"同义异序"、"同义异构"现象透析》，综合类核心期刊《复旦学报》2012 年第 2 期。

145.《王力先生对汉语修辞格的研究》，核心期刊《北京大学学报》（哲社版）2012 年第 4 期。

146.《由〈全唐诗〉的考察看中唐"列锦"辞格发展演进之状况》，核心期刊《湖南科技大学学报》（社科版）2012 年第 4 期。